# »Richtig wandern«
## Allgäuer und Ammergauer Alpen

Übersichtskarte Allgäu

# »Richtig wandern«

# Allgäuer und Ammergauer Alpen

Text und Fotos
Wilfried Bahnmüller

DuMont Buchverlag Köln

*Umschlagvorderseite:* Pfronten-Ried, St. Nikolaus-Kirche vor den Tannheimer Bergen
*Vignette S. 1:* Radhaube der Allgäuer Tracht
*Frontispitz Seite 2:* Von Siplingerkopf über den Gratweg zum Heidenkopf

**Über den Autor:** Wilfried Bahnmüller, geboren 1939 in Rosenheim, studierte in München Chemie und promovierte auf dem Gebiet der Wissenschaftlichen Photographie. Seine Bild- und Textpublikationen beschäftigen sich besonders mit Bayern, aber auch mit Kultur, Kunst, Landschaft und Geschichte Mittel- und Südeuropas im allgemeinen. Heute lebt er in dem kleinen Dorf Gelting südlich von München.

Die Deutsche Bibliothek – CIP-Einheitsaufnahme

**Bahnmüller, Wilfried:**
Allgäuer umd Ammergauer Alpen / Wilfried Bahnmüller – Köln : DuMont, 1993
(Richtig wandern)
ISBN 3-7701-2847-8

© 1993 DuMont Buchverlag, Köln
Alle Rechte vorbehalten
Satz: Fotosatz Harten
Druck: Rasch, Bramsche
Buchbinderische Verarbeitung: Bramscher Buchbinder Betriebe

Printed in Germany   ISBN 3-7701-2847-8

# Inhalt

# Was wir Ihnen als Allererstes sagen wollen

*An Stelle einer Einleitung*

Dieses Buch haben wir für Sie, den Leser und Wanderfreund, geschrieben. Wir möchten Sie als unsere Gäste sehen und Sie durch die herrliche Allgäuer Berglandschaft begleiten. Unser Wandergebiet erstreckt sich vom Ostufer des Bodensees bis nach Oberammergau. Der Westteil, das eigentliche Allgäu, liegt im bayerischen Regierungsbezirk Schwaben, der kleinere östliche Teil zwischen Füssen und Oberammergau, die Ammergauer Alpen, in Oberbayern. Im Süden berührt es die Landesgrenze nach Österreich. Doch das wollen wir nicht so ganz genau nehmen: Einige Wanderungen liegen in den österreichischen Zollausschlußgebieten Jungholz und Kleinwalsertal, ein paar Mal werden wir die Grenze im Laufe einer Tour überschreiten. Im Norden endet unser Wandergebiet etwa dort, wo die Alpen ins hügelige Vorland auslaufen.

Dieses Gebiet bietet uns ein breites Spektrum von Landschaften und damit vielfältige Wandermöglichkeiten: Vom Hochgebirge bei Oberstdorf über die Weideberge zwischen Oberstaufen und dem Ammergau und den runden Buckeln der Vorberge bis zum Moränenland, in dem es keine großen Anstiege mehr gibt. Wir haben für dieses Buch Wege ausgewählt, die, wie wir meinen, möglichst vielen Ansprüchen genügen können. Auf den einfachsten Wanderungen läßt sich sogar ein Kinderwagen mitnehmen, viele Wege kann man an einem halben Tag gehen, andere erfordern jedoch ein gewisses Training und gute Kondition.

Wenn wir auch darauf geachtet haben, daß praktisch alle Ausgangspunkte mit öffentlichen Verkehrsmitteln erreichbar sind, so haben wir bewußt darauf verzichtet, am Schluß einer Wanderung einen Bus o. ä. zu benutzen, um zum Ausgangspunkt zurückzukehren. Wir wollen damit vermeiden, daß Sie am Nachmittag ständig auf die Uhr schauen müssen, um die letzte Rückfahrmöglichkeit nicht zu versäumen.

So dürfen wir nochmals die Einladung aussprechen: Kommen Sie mit uns in dieses wunderschöne Fleckerl Erde, erlauben Sie, daß wir Sie – unsichtbar – begleiten, und haben Sie viel Freude an Ihren Tagen im Allgäuer Bergland.

Grüntensee und Grünten bei Wertach ▷

# Natur und Landschaft

# Wie die Allgäuer Alpen entstanden sind

## Geologie

Der geologische Aufbau des Allgäus ist recht kompliziert. Das hat für uns Wanderer große Vorteile, denn wir können durch eine so große Vielfalt an Geländeformen marschieren wie in kaum einer anderen Region der Alpen. Allerdings ist es dadurch gar nicht so einfach, auf wenigen Seiten das Entstehen dieser Landschaft zu erklären. Kompromisse und Vereinfachungen sind dabei unausbleiblich, der Fachmann möge das verzeihen.

Gehen wir etwa 500 Millionen Jahre zurück. An der Stelle der heutigen Alpen standen bereits zu dieser Zeit Berge. Reste davon finden wir heute noch als Granit, Gneis und Schiefer zum Beispiel im Schwarzwald oder im Bayerischen Wald. Im Allgäu liegen diese Schichten mehrere tausend Meter tief begraben. Das Gebirge wurde abgetragen, eine Sandwüste entstand, die dann vor etwa 250 Millionen Jahren in einem Meer versank, das sich über große Teile des heutigen Mitteleuropas erstreckte. Die Kalkablagerungen von Muscheln oder Korallen bildeten große Riffe, die Zwischenräume wurden von Ablagerungen ausgefüllt, die die Flüsse ins Meer spülten. So entstanden die »Raibler Schichten«, die wir vor allem in den Tannheimer Bergen finden, ein Gemenge aus Ton und Kalk. Als das Meer durch Verdunstung immer flacher wurde, stieg die Konzentration der gelösten Salze an, bis diese sich als neues Mineral am Boden ablagerten: Es entstand der Dolomit, der aus Calcium- und Magnesiumcarbonaten besteht. Die Dolomitfelsen am Hochvogel, am Widderstein (s. Wanderung 23) oder an der Trettachspitze sind heute noch Zeugen dieses Vorgangs.

Die Last dieser Ablagerungen wurde dem labilen Meeresboden schließlich zu schwer, und er sank wieder ein. Damit wurde der Wasseraustausch zwischen diesem Binnenmeer und dem offenen Ur-Ozean wieder gefördert, es gediehen erneut Muscheln und Korallen, die, nachdem sie abstarben, wieder Plattenkalk bildeten, wie wir ihn am Imberger Horn (s. Wanderung 16) oder auch am Iseler (s. Wanderung 14) beobachten können. Doch der Meeresboden senkte sich weiter ab. Mit zunehmender Wassertiefe wurde das Korallenwachstum und damit die Kalkbildung unmöglich, dafür sanken Überreste der verschiedensten Meereslebewesen als feiner Schlamm langsam zu Boden. Es entstand der dunkelgraue Mergel, der immer wieder von Kalkplatten durchsetzt ist. Er ist das wichtigste Gestein in den Allgäuer Alpen. Weil er so leicht verwittert, entsteht auf ihm vor allem an den Südhängen der bekannt gute Weideboden. Die für das Allgäu so berühmten Grasberge wie der Höfats sind ebenfalls aus Mergel.

Schließlich war das Meer viele hundert Meter tief, mit vermutlich sehr steilen Ufern, an denen die Flüsse Geröll und Schlamm ablagerten. Diese Ablagerungen türmten sich immer weiter auf, bis sie schließlich wie eine Lawine in die Tiefe sausten. Dieser Vorgang wiederholte sich mehrmals im Lauf der Jahr-

Nagelfluhkette bei Immenstadt

tausende, so daß sich die Gesteinsmassen als Schichten aufeinanderlegten. Als »Flysch« finden wir diese heute noch in den Vorbergen, in der Hörnergruppe, am Fellhorn oder in den Ammergauer Bergen. Charakteristisch für ihn ist, daß die gröberen Steine immer unten liegen, darauf folgen kleinere und schließlich ganz feine, fast sandige Schichten, bis wieder ein neuer Schichtverband mit gröberem Gestein beginnt. Das kommt daher, daß beim Abrutschen der Gesteinslawine die größten Steine am schnellsten unten ankamen und dann vom nachfallenden feineren Gestein zugedeckt wurden.

Im Laufe der Jahrmillionen wurde das Meer durch die ständigen Einschüttungen wieder flacher. Jetzt konnte sich erneut Kalk bilden. Wir bezeichnen ihn heute als »Schrattenkalk«, den wir am besten am Gottesackerplateau beobachten können (s. Wanderung 24). Im Tertiär, also vor etwa 50 Millionen

Jahren, sind diese Schichten dann in Falten gelegt worden. Im Norden, wo die Biegung am größten war, sind sie oft abgebröckelt und verwittert, so daß die bekannte Struktur der erstarrten Wellen entstand.

In dieser erdgeschichtlichen Epoche war der eigentliche europäische Kontinent noch weit im Norden. Nun aber begannen die abgelagerten Gesteinsmassen, sich nach Norden zu verschieben, und glitten auf den Kontinentalsockel auf. Ihr Gewicht drückte den ganzen Sockel nach unten, erneut konnte Wasser eindringen, wieder entstand ein Meer. 120 km breit, erstreckte es sich vom heutigen Genfer See bis in die Gegend des späteren Wien. Die gewaltige Schubkraft faltete die Schichten südlich des Meeres regelrecht auf. Ein Gebirge, die Alpen, entstand, das im Zuge der Auffaltung immer höher wuchs, gleichzeitig aber vom Wasser wieder abgetragen wurde. Beide Vorgänge, das Auffalten und das Abtragen, dauern bis heute an.

Die Flüsse, die aus diesem Gebirge herausflossen, schleppten ungeheure Schutt- und Geröllmassen mit sich und füllten langsam das eben entstandene Meer wieder auf. Heute ist diese Geröllschicht, die »Molasse«, zum Teil bis 5000 m dick und hat sich weitgehend verfestigt. In der Nähe des eigentlichen Gebirgsrandes wurde sie mit aufgefaltet. Als »Nagelfluh« können wir sie vom Pfänder bis zum Auerberg beobachten, am schönsten wohl in der Nagelfluhkette (s. Wanderung 29) oder am Siplinger Kopf (s. Wanderung 28).

Geologisch war der Aufbau der Alpen damit abgeschlossen. Das heutige Gesicht unserer Landschaft wird jedoch von den Eiszeiten geprägt, sie haben ihr die Feinstruktur gegeben.

Vor etwa 3 Millionen Jahren sanken die Temperaturen auf der ganzen Erde plötzlich ab. An den Polen entstanden riesige Eiskappen, die ganz Nordeuropa und halb Kanada bedeckten. In den Bergen wuchsen die Gletscher, die sich vereinigten und langsam in das Voralpengebiet hinauskrochen. Die Firnlinie, also die Höhe, in der Schnee nicht mehr schmilzt, sank auf 1000 bis 1500 m ab. (Zum Vergleich: Heute liegt sie im Norden der Alpen zwischen 2500 und 3000 m.) Doch es blieb nicht ständig kalt. Zwischendurch stiegen die Temperaturen immer wieder an, so daß das Eis abschmolz und sogar in Mitteleuropa tropische Pflanzen gedeihen konnten. Aus diesen Zwischenperioden stammen unsere Kohle- und Erdöllager. Die letzte Vereisung, die Würmeiszeit, begann vor etwa 70000 Jahren und ging vor 10000 Jahren zu Ende. Sie vor allem hat unsere Landschaft entstehen lassen.

Wir dürfen uns aber nicht vorstellen, daß die Alpen in dieser Zeit restlos von Eis bedeckt waren, wie wir das von Grönland her kennen. Einzelne Berggipfel ragten wie Inseln aus dem Eis; in den Zentralalpen nur die höchsten Spitzen, am Rand der Vereisung auch relativ niedrige Berge wie der Pfänder, die Kugel oder der Auerberg, die dann der Verwitterung ausgesetzt waren. Die Täler hingegen wurden vom Eis abgeschliffen und ausgehobelt. So entstand die heute bekannte Geländeform: trogförmige Täler, die von der Talmitte her erst relativ flach ansteigen, dann aber plötzlich in fast senkrecht aufragende Felsen übergehen. Man kann noch heute gut sehen, bis zu welcher Höhe das Eis gereicht hat, wenn man sich das aufgeschüttete Verwitterungsmaterial wegdenkt. Seitentäler hatten naturgemäß kleinere Gletscher, die das Tal nicht so tief aushobeln konnten. Auf diese Weise sind die hohen Talstufen an ihrer Mündung entstanden, wie zum Beispiel die Talkante des Dietersbachtals bei Gerstruben (s. Wanderung 21). Der Talbach hat sich im Laufe der Jahre tief in den Steilabfall eingegraben und einen Tobel, eine Schlucht, gebildet.

Das verwitterte Gesteinsmaterial, das von den aus dem Eis ragenden Felsen auf die Gletscher gefallen war, wurde bis weit in das Voralpenland getragen und dort als Hügel zusammengeschoben und abgelagert. Wo dem abfließenden Gletscherwasser von diesen »Moränen« der Weg versperrt wurde, stauten sich Seen auf, die zum Teil wieder verlandeten. So sind die Voralpenmoore wie das Agathazeller Moor oder das Ammermoor entstanden.

# Die Landschaften

## Ein kurzer geographischer Abriß

Drei Flüsse und ein großer See sind für unser Wandergebiet bestimmend: die Ammer, der Lech und die Iller sowie, ganz im Westen, der Bodensee. Sie gliedern das Land in vier Abschnitte: das **Ammergebirge** zwischen Ammer und Lech, die **Tannheimer Berge** und die eigentlichen **Allgäuer Alpen** zwischen Lech und Iller, und schließlich das Land westlich der Iller, das zu den Ausläufern des **Bregenzer Waldes** gezählt wird.

Iller und Lech gehören zu den großen Alpenflüssen wie Inn und Isar, die in die Donau münden. Aber auch die Ammer, ein kleiner Nebenfluß zwischen Lech und Isar, prägt ähnlich wie die weiter östlich fließende Loisach mit ihren Mooren die Landschaft.

Das Allgäu ist auch außerordentlich reich an Seen. Die natürlichen Seen sind alle am Ende der Eiszeit entstanden. Der Bodensee, vom Rhein durchflossen, ist wohl der bekannteste unter ihnen. Der Alpsee bei Immenstadt, der Niedersonthofner See bei Waltenhofen oder die Seen um Füssen können durch ihre landschaftlich einmalige Lage durchaus mit ihm konkurrieren. Bei den Füssener Seen gibt es eine Ausnahme: den Forggensee. Er ist nichts anderes als der aufgestaute Lech. Doch zumindest in den Sommermonaten liegt er so natürlich in seinen buchtenreichen Ufern, daß man den künstlichen Ursprung erst an der Staumauer am Nordende erkennt. Im späten Herbst, im Winter und im Frühjahr belehrt uns die Wasserwirtschaft schnell eines Besseren, da ist er leer und eine häßliche Schlammwüste. Auch der Grüntensee oder der Rottachspeicher sind künstlich angelegt. Man kann über den Sinn solcher Stauseen diskutieren, nicht zu leugnen ist, daß sie sich hier hervorragend in die Landschaft eingefügt haben.

Blick vom Tegelberg über den Forggensee

Charakteristisch für das Allgäu ist ein sehr langsamer Übergang von hohen Felsbergen hinunter zur Ebene. Das unterscheidet die Landschaft ganz wesentlich vom östlichen Oberbayern. Während dort der Sprung von 1500 Höhenmetern in die Moränenebene unmittelbar erfolgt, ist im Allgäu mindestens noch eine Stufe dazwischen gelagert, die sich weit nach Norden hinaus erstreckt. Am schönsten sieht man das auf einer Fahrt durch das Illertal. Die Berge südlich von Oberstdorf sind mindestens 2500 m hoch, dann folgt, so etwa beim Nebelhorn beginnend, eine Gruppe, die nur bis ungefähr 2000 m aufragt. Nördlich von Sonthofen findet man Höhen zwischen 1500 und 2000 m. Ab Immenstadt hat sich die Landschaft weiter gesenkt, und draußen, nördlich von Kempten, reicht der Hohentanner Wald immer noch an 1000 Höhenmeter.

Oberammergau an der Ammer, Füssen am Lech, Oberstdorf, Sonthofen, Immenstadt und Kempten an der Iller, Bregenz und Lindau am Bodensee – die großen Orte liegen ausnahmslos am Wasser. Das ist nicht unlogisch, denn der Wasserweg war in der Vergangenheit stets einfacher und gefahrloser zu befahren als der Landweg. Das Wort »groß« ist allerdings relativ, es bezieht sich auf einen dörflichen Maßstab. Nur Kempten hat es mit seinen 60 000 Einwohnern fast zur Großstadt gebracht. Nach wie vor ist der Schwerpunkt der Allgäuer Erwerbstätigkeit die Landwirtschaft und, nicht zu vergessen, der Fremdenverkehr. Daß dadurch in manchen Orten zur Sommerzeit mehr Gäste als Einheimische schlafen, verkraftet das Land noch recht gut. Man hat es verstanden, den Erholungswert der Landschaft nicht zu zerstören.

Die großen Nord-Süd-Abschnitte werden durch einige Quertäler gegliedert. Die Ammer selbst fließt von ihrem Ursprung im Graswangtal zunächst von Westen nach Osten, bis sie bei Oberammergau endgültig die Richtung nach Norden findet. Vom Lech zur Iller zieht sich das Tannheimer Tal und trennt die Lechtaler Alpen vom Stock der Tannheimer Berge. Das daran anschließende Ostrachtal schließt mehr oder weniger die Allgäuer Hochalpen vom Vorgebirge um Grünten und Wertacher Hörnle ab. Etwas nördlich versetzt verläuft von Immenstadt aus das Tal der Konstanzer Ache nach Oberstaufen. Parallel dazu trennt südlich davon das Tal der Bolgenach die Nagelfluhkette vom Karstgebiet des Ifen.

Die verkehrstechnische Erschließung ist dem Lauf der Täler gefolgt. Beim Bau der Eisenbahnen im vorigen Jahrhundert wurde dabei keine Ausnahme gemacht. Im Osten ist Oberammergau der Endpunkt der Bahnstrecke von München; Füssen erreicht man mit dem Zug von Buchloe über Marktoberdorf, während das in der Nähe liegende Pfronten an der Strecke Kempten – Innsbruck liegt. Natürlich hat man auch ins Illertal eine Bahn gebaut: Von Kempten läuft der Schienenweg nach Immenstadt, wo er sich nach Oberstdorf und nach Oberstaufen bzw. Lindau verzweigt.

Vom großen Fernstraßenboom dieses Jahrhunderts ist zumindest der Kern unseres Wandergebietes weitgehend verschont geblieben. Gott sei Dank gibt es hier keinen lockenden Paß nach Süden, der die Straßenplaner hätte verführen können. Die Autobahn von Ulm über Kempten in Richtung Pfronten ist ohnehin ein gewaltiger Eingriff in die schöne Voralpenlandschaft, der allerdings, und das sei auch einmal bemerkt, den Vorteil hat, daß er die umliegenden Landstraßen merklich entlastet.


# Was wächst und gedeiht


## Flora und Fauna

Beginnen wir mit unserer Reise durch Wald, Feld und Wiese im Wald. Längst treffen wir ihn nicht mehr in seiner ursprünglichen Form als Fichten-Tannen-Buchenwald an. Im Gegenteil, er ist das Ergebnis einer jahrhundertelangen Pflege, die vordringlich das Ziel hatte und auch heute noch hat, Holz zu erwirtschaften. Nur in hohen Lagen, wo er als Bannwald gegen Lawinen diente, ge-

noß er einen gewissen Schutz. Jeder
andere Nutzen, etwa das Zurückhal-
ten von Wasser oder gar die Erho-
lung, war eine angenehme Beigabe,
die, vor allem in der Vergangenheit,
kaum Mühe und Kosten für Pflan-
zung und Pflege ausgeglichen hätte.
Daß wir dies heute neu überdenken,
ist eine andere Sache.

Die vorherrschende Baumart ist
nach wie vor die Fichte, die wegen ihrer Schnellwüchsigkeit lange Zeit
sehr beliebt war. Man hat heute jedoch erkannt, daß solche Monokul-
turen große Gefahren in sich bergen.
So pflanzt man inzwischen bei allen
Neuaufforstungen nicht mehr nur
Fichte und Tanne, sondern auch Bu-
che, Esche und Ahorn. Es wird jedoch
noch viele Jahrzehnte dauern, bis aus
unseren Nadelwäldern wieder bunte

Wollgras

Mischwälder entstehen. Die Natur kennt eben keine Eile.

In den höheren Regionen, wo auf Grund der klimatischen Verhältnisse
Bäume nicht mehr aufkommen können, wächst die Latsche oder Krüppelkie-
fer aus der Familie der Föhren. Sie ist streng geschützt, selbst das Mitnehmen
von wenigen Zweigen kann erhebliche Strafen kosten.

Auf nassen und morastigen Böden finden wir verschiedene Weidenarten
und natürlich die Birke, die sich, etwas zwergwüchsig zwar, sogar auf Höhen
bis 1500 m noch recht wohl fühlt.

Die Blütenpracht des Allgäus ist in ihrer Vielfalt einmalig in der gesamten
Alpenregion. Das hängt mit den verschiedenen Bodenarten zusammen, die
hier dicht nebeneinander vorkommen. Dem letzten Schnee im Frühling folgen
die Soldanellen und unzählige Krokusblüten. Wo es etwas trockener ist, an einem Hang vielleicht, tauchen Enzian und Bergaurikel auf. »Schusternagerl«
(Frühlingsenzian), Alpenhahnenfuß und die allgegenwärtigen Gänseblüm-
chen ergeben dann die schöne bunte Frühlingswiese. Am Waldrand blüht der
giftige Seidelbast, an feuchten Stellen später auch der seltene Türkenbund.

Akelei, blauer Eisenhut, Gelber Enzian und die vielbesungenen Alpenrosen
blühen im frühen Sommer, Frauenschuh und sogar das berühmte Edelweiß
lassen sich an versteckten Stellen immer noch finden. Daß diese Pflanzen
streng geschützt sind, braucht nicht besonders betont werden. Wiesen mit
Edelweiß werden sogar vom Naturschutz bewacht.

Im späten Sommer beginnt die Zeit der Pilze, der »Schwammerl«. Mit etwas
Glück finden wir die begehrten Steinpilze, die Pfifferlinge, Birkenschwämme,
Rot- und Braunkappen, man stößt aber auch auf den berühmten Fliegenpilz

oder sogar den hochgiftigen Knollenblätterpilz. An dieser Stelle eine dringende Bitte: Selbst der giftigste Pilz hat das Recht zu leben Lassen Sie ihn also stehen, schließlich schadet er niemandem. Auch einen Pilz, den man nicht genau kennt, rührt man nicht an.

Den Herbst künden schließlich die Silberdisteln an, die wir als Vorboten der kalten Jahreszeit mit etwas traurigem Gefühl betrachten, genauso wie die giftigen Herbstzeitlosen, die im Gegensatz zu den Disteln mehr feuchten Boden lieben. Nicht vergessen werden dürfen die roten Vogelbeeren. Sie bieten unseren gefiederten Sängern bis weit in den Winter hinein Nahrung.

Damit wären wir bei der Tierwelt. Finken, Meisen, Lerchen oder auch die Feldsperlinge gehören Gott sei Dank noch zu den alltäglichen Begleitern auf einer Wanderung. Wenn die Spechte im Wald klopfen, ist das ein gutes Zeichen für halbwegs unzerstörte Natur. Die schwarzen Bergdohlen sind auf jedem Gipfel zu Hause. Sie haben sich in den letzten Jahren unglaublich vermehrt, kein Wunder, denn ihre erfolgreiche Futterbettelei deckt ihnen nicht nur an Wochenenden den Tisch. Wir alle bewundern uneingeschränkt ihre Flugkünste. Sie waren in der Lage, sich selbst an den Massenansturm von Bergwanderern zu gewöhnen. Großvögel wie Auerhahn und Birkhuhn tun sich damit sehr viel schwerer. Trotzdem, in einigen abgelegenen, nicht viel begangenen Gebieten kann man sie mit viel Glück noch beobachten oder zumindest hören. Während Greifvögel wie Falke, Bussard oder Habicht durch die strengen Schutzbedingungen schon wieder relativ häufig zu sehen sind, gehört der Adler nach wie vor zu den extrem gefährdeten Tierarten. Im Rappental, im Bärgündletal und im

Stengelloser Enzian

Gemsteltal gibt es ganz versteckt noch Horste, in denen Junge aufgezogen werden.

Im Gemsteltal hat man übrigens eine Tierart angesiedelt, die bereits früher hier heimisch war: die Steinböcke. Offensichtlich ist die Auswilderung gelungen, denn ganz langsam vermehrt sich das Rudel. In die steinigen Hänge oberhalb der Baumgrenze gräbt das possierliche Murmeltier seine Höhlenbauten. Mit einem

Soldanellen

Immer
wachsam:
Das Murmeltier

schrillen Warnpfiff verrät es uns seinen Standplatz; hat man genug Geduld, so läßt es sich bei seinen munteren Spielen leicht beobachten. Daß Rehe und Hirsche nach wie vor in den großen Allgäuer Wäldern zu Hause sind, dafür sorgt schon die Jägerschaft, wenn auch manchesmal nicht eben zur Freude der Waldbauern, die unter dem Verbiß der Jungpflanzen zu leiden haben. Die Gemse, die vor ein paar Jahrzehnten durch die Gamsräude stark bedroht war, hat sich wieder erstaunlich gut erholt, zur Zeit zählt man in den Allgäuer Alpen etwa 3000 Exemplare. An häufig begangenen Wegen sind die Tiere recht zutraulich geworden, wohl wissend, daß ihnen die Wanderer absolut nicht gefährlich werden können.

Eigentlich gehören auch die Kühe, Kälber, Pferde oder Ziegen zur Fauna, die auf den Alpen in der Sommerzeit die Weiden beleben. Ohne diese regelmäßige Beweidung würden die Bergwiesen schnell verkrauten, dann würden Sträucher und Bäume aufwachsen, das Ergebnis wäre in einigen Jahrzehnten ein wilder, undurchdringlicher Wald.

In den Hochmooren hält sich die unscheinbare Ringelnatter oder die Kreuzotter auf. Wenn diese auch allenthalben gefürchtet ist, so wird sie doch dem Menschen für gewöhnlich nicht gefährlich. Im Gegenteil, man hat einige Mühe, in ihre Nähe zu kommen, um sie zu beobachten, da sie bei der geringsten Bodenerschütterung flieht. Sie ist streng geschützt, denn sie gehört zu den vom Aussterben bedrohten Tierarten. Schwarze Alpensalamander und gelb-schwarze Feuersalamander lassen sich in den Ammergauer Bergen bewundern, wenn der Weg am Morgen noch taunaß ist. Auch sie verdanken ihr Überleben dem strengen Schutz.

Freude erwecken die Schmetterlinge, deren gaukelnden Flug wir gerne mit Freiheit und Glück verbinden. Praktisch den ganzen Sommer flattert der gelb-schwarze Schwalbenschwanz über die Bergwiesen, in offenem Gelände sogar bis in Höhen von 2000 m. Der wohlbekannte Zitronenfalter ist fast zu jeder Jahreszeit zu beobachten, sogar an warmen Wintertagen, wenn die Sonne den Frost vertrieben hat. Das sagenumwobene Pfauenauge begegnet uns vor allem im Herbst an Waldrändern. Der unscheinbare Bläuling liebt trockene Kalkhänge und überrascht uns an Stellen, wo wir schon kein Leben mehr vermuten.

# Respekt vor der Natur

## Umweltschutz im Allgäu

Noch vor gut zehn Jahren war es nicht ungewöhnlich, daß selbst der reinlichste Bergsteiger seine Brotzeitreste irgendwo »abseits« deponierte, in der frommen Hoffnung, sie würden schon im Laufe der Zeit »verschwinden«. Wie sich herausstellte, verschwand nichts. Den Umweltproblemen der Täler konnte man bald auch auf den höchsten Gipfeln nicht mehr entgehen. Doch das sich entwickelnde Umweltbewußtsein der letzten Jahre, die Mahnungen der Verkehrsvereine und des Alpenvereins zeigen langsam Wirkung. Es ist zur Selbstverständlichkeit am Berg geworden, daß man seine Abfälle wieder mit ins Tal nimmt. Unrathaufen wie noch vor einem Jahrzehnt haben wir bei unseren Wanderungen nicht mehr gefunden.

Doch auch in größerem Stil hat ein Umdenken Raum gewonnen. Das Gemeindeamt im Kleinwalsertal zum Beispiel hat ein »Umweltsiegel« eingeführt, eine werbewirksame Auszeichnung, die an die Vermieter und Gastronomen der Gemeinde verliehen wird. Doch umsonst erhält man das Umweltsiegel nicht. Die Betriebe müssen dafür eine ganze Reihe von Bedingungen erfüllen, die in einer umfangreichen Liste detailliert aufgeführt werden. Einige sind leicht zu erfüllen, so etwa die Abschaffung der Portionspackungen für das Frühstück, Mülltrennung, die Vermeidung von FCKW-haltigen Sprays oder ausreichende Informationen über öffentliche Verkehrsmittel. Andere, wie die standortgerechte Bewirtschaftung der eigenen landwirtschaftlichen Flächen, verlangen schon mehr Einsatz und vor allem eine langfristige Umorientierung. Doch die Gemeinde gewährt auch großzügige Unterstützung z. B. beim Einbau von Wärmepumpen oder Solaranlagen. Die Idee hat Erfolg. Bereits in den er-

Solche Schandflecke sind heute selten geworden

sten zwei Jahren konnten etwa 40 % aller Beherbergungsbetriebe diese begehrte Plakette erhalten, die Tendenz ist nach wie vor steigend.

Nehmen wir ein Beispiel aus der Industrie. Als erster Großbetrieb Deutschlands hat ein im Allgäu ansässiger Konzern der Strumpfindustrie neben der üblichen Handelsbilanz eine Ökobilanz veröffentlicht. Eine eigene Arbeitsgruppe analysiert ständig die Warenströme, beseitigt ökologische Schwachstellen und übt konzernübergreifend Umwelt-Controlling aus. Man geht so weit, daß man sogar von den Lieferanten umweltgerechtes Verhalten verlangt und auch bekommt.

Schließlich noch ein paar Worte über die Aktivitäten der Nebelhornbahn AG in Oberstdorf. Bergbahnen, die ja Massen von Menschen auf die Gipfel befördern, sind wegen der von ihnen direkt (Trassen, Masten) oder indirekt (vermehrtes Abfall- und Abwasseraufkommen) verursachten Umweltprobleme sehr umstritten. Solche Vorwürfe versucht nun die Nebelhornbahn zu entkräften. Sie hat einen Abwasserkanal zur Kläranlage im Tal gebaut, um damit den Berg, der so viele Besucher ertragen muß, vor dem ökologischen Kollaps zu retten. Eine weitere Aktion der Bahn ist das Bemühen um die Wiederbegrünung der Matten in großen Höhen, eine Aufgabe, bei der eine Bergbahn eigentlich immer in der Pflicht stehen sollte. Der Pistenbau und die querfeldeinlaufenden Wanderer zerstören nämlich viel von dem Grün, das sich über Jahrhunderte entwickelt hat. Neuaussaat in Höhen über 2000 m aber führte bislang kaum zum Erfolg. So finanziert die Bahn ein Forschungsprojekt an der Universität München mit dem Ziel, eine Samenmischung zu finden, die den Bedingungen der Höhe gewachsen ist und das Erdreich auf Dauer festhält. Erste Erfolge haben sich bereits eingestellt. In den nächsten Jahren wird man beginnen, überflüssige Wege und wilde Trampelpfade zu sperren, zurückzubauen und wieder zu begrünen – ein Hoffnungsschimmer für die gequälte Natur am Nebelhorn.

# 2500 Jahre Allgäuer Geschichte

Die ersten nachgewiesenen Bewohner des Allgäus waren die Kelten, die etwa um 500 v. Chr. diese Gegend besiedelten. Obwohl sie in der Regel in Einzelhöfen lebten, hatten sie doch auch einige Siedlungen gegründet. Das heutige Kempten ist ein Beispiel dafür, sein Name leitet sich von *Cambodunum* ab, das ist die latinisierte Form des ursprünglich rein keltischen Namens des Ortes. Um das Jahr 15 v. Chr. besetzten die Römer unter Drusus und Tiberius das Alpenvorland und damit auch das Gebiet des heutigen Allgäus und kolonisierten es systematisch. Diese neue Provinz wurde *Raetia* genannt, ihre Hauptstadt war *Augusta Vindelicorum,* das heutige Augsburg. 46/47 n. Chr. beschloß Kaiser Claudius den Bau der *Via Claudia Augusta,* einer Schnellstraße von Norditalien nach Augsburg. Sie führte über den Vinschgau, den Reschen- und den Fernpaß nach Reutte, von dort über Füssen den Lech entlang nach Augsburg. Natürlich hatte dieser Straßenbau militärische Gründe, da aber innerhalb der Provinz weitgehend Frieden herrschte, diente sie vor allem dem Handel und förderte damit die kulturellen und wirtschaftlichen Beziehungen zwischen Süd und Nord. Vom Leben der Römer wissen wir immerhin soviel, daß sie neben dem Fernhandel intensiv Landwirtschaft, vor allem Viehzucht betrieben. Doch müssen ihre Gutshöfe wie kleine Inseln in dem riesigen Urwald gewirkt haben, der damals das Gebiet des heutigen Allgäus bedeckte. Bodenfunde beweisen, daß bereits in dieser Zeit das Vieh zum Weiden auf die Alpen getrieben wurde.

Die gallo-römische Göttin Epona, Cambodunum (Kempten), 2. Jh. n. Chr.

Zweihundert Jahre lang war das Land befriedet, erst zu Beginn des 3. Jh. wurden die Zeiten unruhig, der Druck der expandierenden Stämme aus dem Norden nahm immer mehr zu. 213 erfolgte ein erster Vorstoß der Alemannen aus dem Norden, der noch an den Grenzen abgewehrt werden konnte. Um die am stärksten gefährdete Westgrenze der Provinz *Raetia* zu sichern, ließ Kaiser Decius im Jahr 250 n. Chr. die *Via Decia* bauen, die mitten durch unser Wandergebiet führte. Die von Seefeld in Tirol bis Bregenz durchgehend gepflasterte Straße war für die damalige Zeit eine technische Leistung ersten Ranges.

Zehn Jahre später, um 260, marschierten die Alemannen erneut gegen Süden und kamen diesmal sogar bis nach Oberitalien. Das veranlaßte die Römer zu einer grundlegenden Änderung ihrer Militärpolitik. Grenzbefestigungen wurden errichtet, die Städte mit Wall und Graben zur Verteidigung bereitgemacht. Doch als sich die Grenzübergriffe häuften, mußten die Römer sich immer weiter zurückziehen. Als erstes wurden die verstreuten Gutshöfe aufgegeben, dann wurde eine Befestigung nach der anderen aufgelassen, schließlich zog auch die Verwaltung aus den Städten ab. Die Alemannen drangen in das ungeschützte Gebiet ein und besiedelten es erneut. Rom gab jedoch seinen

Herrschaftsanspruch über das Gebiet nicht völlig auf. Das zahlte sich für die Alemannen aus, denn als sie etwa um das Jahr 500 von den Franken bedrängt wurden, griff der römische Kaiser Theoderich ein und wies diese etwa auf die Linie zurück, die bis heute noch die Sprachgrenze zwischen dem schwäbisch-alemannischen und dem fränkischen Dialekt ist.

Die Umwandlung des unwirtlichen Urwaldes zum Kulturland ist unbestritten ein Verdienst der alemannischen Einwanderer, die sich intensiv der Landwirtschaft widmeten. Seit der Zeit der Römer war die Viehwirtschaft ein wichtiger Erwerbszweig im Allgäu. Die Alemannen waren allerdings mehr an der Fleischerzeugung als an der Milch- und Käseproduktion interessiert. Auch die Pferdezucht, vor allem im Rettenschwanger Tal bei Hindelang, gewann erhebliche wirtschaftliche Bedeutung. Kein Wunder, denn schließlich war das Pferd neben dem langsamen Ochsen das einzige »Verkehrsmittel«. Im Grunde änderte sich an dieser Wirtschaftsstruktur bis zum Beginn des 19. Jh. sehr wenig, sieht man von lokalen Besonderheiten wie Erzabbau und Salzhandel ab. Der Erzreichtum am Grünten und in den Tälern um Hindelang holte völlig neue Berufsgruppen wie Bergknappen, Hüttenarbeiter oder Schmiede ins Land. Die Waffenschmiede an der Ostrach bei Hindelang waren in ganz Europa bekannt.

Die Heiligen Magnus und Gallus, ottonische Fresken in der Pfarrkirche St. Mang in Füssen, um 1000

Neben den leibeigenen gab es in dieser Zeit eine große Anzahl freier Bauern, die keinem Adligen oder Kloster zinspflichtig waren, die über ihr Hab und Gut nach eigenem Gutdünken verfügen konnten. Der Alemanne Hundo, der Gründer Hindelangs (s. S. 107), ist ein Beispiel dafür.

Nachdem das Römische Reich zerfallen war, gewannen die Franken endgültig die Herrschaft über die Alemannen. Sie reorganisierten das ganze Gebiet, entmachteten die einheimischen Fürsten, setzten eigene Stammesherzöge ein und bauten die Verwaltung neu auf. Ohne großen Erfolg versuchten sie, das Christentum wieder einzuführen, das auf dem Land völlig ausgestorben war. Eine konsequente Missionierung begann erst im 7. Jh. durch irische Wandermönche. Die Mönche von St. Gallen, vor allem Magnus, vollendeten schließlich im 8. Jh. das Bekehrungswerk.

In dieser Zeit taucht zum ersten Mal der Name Allgäu auf. 817 wird in einer Urkunde des Klosters St. Gallen von *albigauge* gesprochen, was soviel wie »Flußniederung in den Bergen« bedeutet. Gemeint war damals nur das Gebiet von Sonthofen bis etwa Oberstaufen. Daraus entwickelte sich langsam die Bezeichnung »Allgäu« für das gesamte Gebiet zwischen dem Lech und der Linie Lindau, Wangen, Memmingen.

Der fränkische Einfluß ging jedoch nie soweit, daß die Alemannen in diesem Stamm aufgingen. Die schon erwähnten Dialektgrenzen beweisen das. Im Verlauf der Abwehrkämpfe gegen die Ungarn entstand ein eigenes Herzogtum Schwaben, in dem die Staufer im Jahr 1079 die Herzogswürde erhielten. Unter ihrer Herrschaft wurde Schwaben und damit das Allgäu zum politischen und kulturellen Mittelpunkt des Reiches. Die Staufer gingen daran, ihren Besitz und ihre Macht planmäßig zu erweitern. Sie bauten eine gut organisierte Verwaltung mit Beamten an der Spitze auf. So entstand in kurzer Zeit ein einheitliches Staatsgebilde. Gemeinsam mit den Welfen gründeten sie neue Städte wie Isny, Wangen oder Memmingen als Verwaltungs- und Handelszentren. Bis zum Tod Konradins 1268 währte die große Zeit. Mit dem Ende der Stauferkaiser zerfiel die schwäbische Einheit wieder in viele kleine eigenständige Gebiete.

Die freien Bauern wurden im Laufe der Jahrhunderte immer weniger, die Klöster und Adligen kauften auf, was sie bekommen konnten. Die Macht im Allgäu teilten sich im wesentlichen das Hochstift Augsburg, das Fürststift Kempten, das Kloster St. Gallen und mehrere weltliche Herrscher wie die Grafen von Montfort, Kirchberg, Königsegg oder Lebenau. Die freien Reichsstädte Kempten, Memmingen, Kaufbeuren, Isny, Leutkirch und Wangen dürfen dabei nicht vergessen werden.

Im 15. Jh. begann eine Zeit des allgemeinen wirtschaftlichen Niederganges. Die Ursachen waren vielfältig, die Klimaverschlechterung mit den daraus resultierenden Mißernten und die Pestkatastrophen gehören sicher dazu. Doch Adel und Klöster wollten sich mit einer Verschlechterung ihres Lebensstandards nicht abfinden und forderten von ihren Untertanen immer mehr Abgaben und Leistungen. Die Unzufriedenheit der Bauern wuchs, erste Unruhen flammten 1491 bei Kempten auf, als der Fürstabt von Kempten eine neue Steuer rücksichtslos eintreiben ließ. 1524/25 brach dann ein großer Bauernaufstand aus, der sich über ganz Süddeutschland mit Ausnahme von Bayern hinzog. In den »Zwölf Artikeln der Bauernschaft«, die Anfang 1525 in Memmingen von dem Kürschner Sebastian Lotzer aufgestellt wurden, forderten die Bauern in erster Linie rechtliche, wirtschaftliche, soziale und kirchliche Reformen. Die Aufständischen hatten zunächst große Erfolge, sie stürmten Burgen, Klöster und Städte. So wurde das Kloster Ottobeuren geplündert, auch die Residenz des Fürstbischofs von Kempten verschonten sie nicht, Füssen mußte kapitulieren. Gegen die Bauern formierte sich der »Schwäbische Bund« des Adels unter der Führung des Truchseß Georg von Waldburg. Die Bauern waren dem schlagkräftigen, gut organisierten Heer des Adels nicht gewachsen. Ende des Jahres 1525 war der Aufstand zusammengebrochen, das ganze Allgäu war zerstört, man schätzt, daß 100 000 bis 200 000 Bauern umgekommen waren; kein Kloster, keine Burg war mehr unversehrt. Dennoch war der Aufstand nicht ganz vergebens, denn schon 1526 befaßte sich der Reichstag in Speyer ernsthaft mit den Forderungen der Bauern, und langsam wurde vieles verwirklicht, was mit Gewalt nicht möglich gewesen war.

In der zweiten Hälfte des 16. Jh. konnte sich das Land wieder erholen. Der Handel, der sich in dieser Zeit entlang der neuen Salzstraße durch das Ostrachtal über Immenstadt bis zum Bodensee entwickelte, öffnete manches bis dahin abgeschlossene Bergtal und gab vielen Bauern zusätzlichen Verdienst.

Ein Salzfuhrwerk macht bei einem Wirtshaus Station

# Der Notwender des Allgäus

## Carl Hirnbein

Johann Hirnbein war Bauer in Wilhams und handelte im Nebenerwerb mit Vieh und Käse. Geboren 1767, war er schon als junger Mann weit in der Welt herumgekommen, war in Frankreich und Italien gewesen. Seinem 1807 geborenen Sohn Carl ließ er eine für die damalige Zeit, als selbst Lesen und Schreiben für die Bauern nicht selbstverständlich war, erstklassige Ausbildung zukommen. Er schickte ihn neben der Schule sogar in privaten Sprachunterricht. Als Carl mit 14 Jahren die Realschule verließ, mußte er eine Art landwirtschaftliche Lehre machen, die wiederum von Schulunterricht begleitet war. Dann kam der junge Carl für ein Jahr in eine kaufmännische Lehre nach Italien, und als er 22 Jahre alt geworden war, schickte ihn sein Vater schließlich noch nach Holland, um dort die Käseherstellung zu studieren. Es war ihm nämlich zu Ohren gekommen, daß der holländische Käse viel haltbarer sei als der Käse aus dem Allgäu. Die schlechte Haltbarkeit war das wesentliche Hindernis, den Käse über weitere Entfernungen hin verkaufen zu können.

Hirnbein brachte einen Käsemeister aus der Provinz Limburg mit ins Allgäu und versuchte auf diese Weise, das Wissen der Niederländer zu importieren. Zehn Jahre probierte er, bis er endlich einen konkurrenzfähigen »Limburger« oder »Romadur« herstellen konnte. Das war ihm nicht genug. Aus der Schweiz ließ er Käser kommen, die Emmentaler erzeugen konnten, in England lernte er die Herstellung von Chester-Käse. Gleichzeitig kaufte er eine Alpe nach der anderen, so daß ihm schließlich fast der ganze Grünten gehörte. Er stellte die Alpwirtschaft von der Fleischerzeugung auf Milchwirtschaft und damit Käserei um. Den Käse verkaufte er praktisch in ganz Europa, das immer größer werdende Eisenbahnnetz bot ihm dazu die Transportmöglichkeit. Die Menge, die er benötigte, konnte er schon lange nicht mehr selbst erzeugen. So regte er

Der Dreißigjährige Krieg und die 1634 ausgebrochene Pest zogen das Allgäu erneut stark in Mitleidenschaft. Zwar blieb das Gebiet in den ersten Jahren von unmittelbaren Kampfhandlungen verschont, doch als die Schweden 1632 in den Kampf eingriffen, wurde es auch zum Kriegsgebiet. Selbst im letzten Kriegsjahr, 1648, wurde noch verwüstet, was halbwegs erhalten war. Es gibt fundierte Schätzungen, daß 95 % der Häuser im Allgäu zerstört waren und der Bevölkerungsverlust zwischen 60 und 70 % betrug.

Pest und Kriege änderten nicht viel an der Machtverteilung im Allgäu, außer daß im Westen der österreichische Einfluß langsam wirksam wurde. Mit der Säkularisation und der Neuordnung Europas unter Napoleon zu Beginn des 19. Jh. war es mit der Herrlichkeit der Klöster und der freien Reichsstädte vorbei. Ihre Gebiete wurden dem Königreich Bayern zugeschlagen, ein Übergang, der keineswegs von allen Allgäuern ohne Protest akzeptiert wurde. In den folgenden Jahren bis 1816 entstanden die Staatsgrenzen in der Form, wie wir sie

andere Bauern an, Käse nach seinem Vorbild zu fabrizieren, und innerhalb von 50 Jahren hatte sich das flachsblaue Allgäu der Leinenhersteller in das grüne Allgäu der Milchwirtschaft verwandelt, es hatte das Gesicht bekommen, das es bis heute seinen Besuchern bietet.

Auch eine andere Entwicklung hatte Hirnbein vorhergesehen und in den ersten Anfängen wohl entscheidend beeinflußt: den Fremdenverkehr. Bereits 1851 baute er am Grünten ein Hotel für »Touristen und Freunde der erhebenden Bergnatur«, wie er in dem wohl ersten Allgäuer Fremdenverkehrsprospekt schreibt. Das Haus steht heute noch!

Es ist sicher nicht übertrieben, wenn Hirnbein in einer Festschrift als der »Notwender des Allgäus« bezeichnet wird, hat er seiner Heimat die Schmerzen der Industriellen Revolution doch weitgehend ersparen können.

heute noch kennen. Jetzt konnte sich das Allgäu und ganz Schwaben den Erfordernissen eines modernen Staates stellen.

Auch wirtschaftlich begann im 19. Jh. eine Umorientierung. Eine Spezialität der Allgäuer Bauern war der Flachsanbau, das Leinengewerbe. Schon im 12. Jh. berichten die ersten Urkunden davon. Über Jahrhunderte hinweg war es eine der wichtigsten Einnahmequellen der Bauern. Der Anbau von Feldfrüchten und die Tierhaltung dienten hauptsächlich dem unmittelbaren eigenen Unterhalt und der Abdeckung der Zinslast für den Grundherrn. Die Leinenerzeugung brachte dagegen finanziellen Spielraum für Anschaffungen, die über den täglichen Bedarf hinausgingen. Sie schuf einen bescheidenen Wohlstand und hielt ihn, von den Zeiten der großen Kriege und der Pestseuchen abgesehen, auch über Jahrhunderte hinweg aufrecht. Erst Ende des 18. Jh. ging diese Zeit zu Ende. In England waren mechanische Webstühle erfunden worden, mit denen konkurrenzlos billig Stoff erzeugt werden konnte. Damit war eigentlich alles

für eine große Notzeit angelegt, ähnlich wie sie in Schlesien bittere Wahrheit wurde. Dieses Schicksal wurde von den Allgäuern durch einen Mann abgewendet, der zur rechten Zeit die richtigen Gedanken hatte: Carl Hirnbein. Er regte die Umstellung von der Flachserzeugung auf Milch- und Käsewirtschaft an und bereitete so das Allgäu für die Anforderungen des 20. Jh. vor.

Die Wirtschaft des modernen Allgäus stützt sich auf drei wichtige Säulen: Industrie, Landwirtschaft und Fremdenverkehr. In der Landwirtschaft ist, wie überall in Bayern, eine Wende eingetreten. Vor allem die Bestoßung der Alpen mit Vieh dient heute wieder mehr der Fleischerzeugung als der Milchwirtschaft. Das hat seine Ursache in den hohen Lohnkosten, die durch Milch-, Butter- und Käseerzeugung nur mehr in Ausnahmefällen gedeckt werden können. Eine Alpe, die mit Milchvieh bestoßen ist, braucht mindestens einen Hirten, einen Senner und meist noch eine Hilfskraft, dazu einen gut funktionierenden Transportweg ins Tal. Beschickt man die Alpe mit Jungvieh, genügt ein einziger Hirte, und selbst der muß nicht den ganzen Tag oben am Berg verbringen. Die Schwierigkeiten, welche die Landwirtschaft in ganz Mitteleuropa hat, gehen auch an den Allgäuer Bauern nicht vorbei.

Was früher Flachs und Leinen war, ist heute der Fremdenverkehr. Im ganzen Allgäu gibt es wohl kaum einen Bauern, der nicht wenigstens nebenher Zimmer an Gäste vermietet. Söhne und Töchter eines Bauern, die, sofern sie nicht Hoferben waren, früher als Knechte oder Mägde ein sehr bescheidenes Leben führen oder anderswo in Dienst gehen mußten, arbeiten heute im Fremdenverkehr. Er ließ die Grundstückspreise steigen, so daß für viele Bauern eine notwendige Umstrukturierung ihres Betriebes erst möglich wurde. Natürlich hat der Fremdenverkehr auch negative Seiten. Es sei nur an einige häßliche Hotelbauten der 50er und 60er Jahre erinnert, die so manches schöne Dorfensemble verderben, an die Müllberge, die ein Urlaubssommer hinterläßt, oder an das große Problem der Zweitwohnungen, die den größten Teil des Jahres leerstehen, aber die Landschaftszersiedelung in großem Stil verursachen. Dennoch hat das Allgäu fast durchwegs die eigene Identität bewahrt und ist nicht der Versuchung erlegen, sich an die Gäste zu verkaufen.

Ähnlich ist es mit Industrie und Gewerbe. Maschinenbau und Milchindustrie, Druckgewerbe und Bekleidungsindustrie seien nur als Beispiele für die im Allgäu vertretenen Industriezweige genannt. Es gibt viele Stimmen, die jegliche Industrieansiedlung aus der Erholungslandschaft Allgäu verbannen wollen. Aber dabei wird vergessen, daß trotz Fremdenverkehr und Landwirtschaft etwa 20 % der Bevölkerung in der Industrie tätig sind, daß für die Allgäuer ihr Land nicht Ferienregion, sondern Erwerbsland ist. Doch scheint es weitgehend gelungen zu sein, Industrie- und Gewerbeansiedlungen von den landschaftlichen Höhepunkten fernzuhalten, ja zum Teil so zu verstecken, daß sie kaum bemerkt werden – eine Leistung, auf die die Allgäuer stolz sein können!

◁ Das Käsen auf der Alpe spielt heute keine große Rolle mehr

# Was die Allgäuer anziehen

Eines der schönsten Urlaubserlebnisse im Allgäu ist die Begegnung mit der Tracht. Das kann bei einem Trachtenfest sein, einem Heimatabend oder auch bei einer Prozession. Es mag aber auch an einem ganz gewöhnlichen Werktag geschehen, daß Sie einem Allgäuer in der Lederhose, im Trachtenanzug oder Dirndl begegnen. Mehr noch – die Tracht ist in den gesamten Alpen, von der Schweiz bis nach Wien, quasi salonfähig geworden. Selbst auf einem Staatsempfang ist in Bayern oder Österreich die Tracht der förmlichen Abendkleidung gleichgestellt. Sie ist auf keinen Fall ein Kostüm, mit dem man sich für irgendeinen Zweck »verkleidet«.

Die Tracht, wie wir sie heute kennen, hat vor allem im Allgäu ihre Wurzeln in der Alltags- und Festtagskleidung, die früher getragen wurde. Jeder Landstrich, jede Stadt hatte ihre eigenen Formen und Farben. So konnte man sofort sehen, wo jemand lebte, ob er verheiratet, ledig oder verwitwet war, ja sogar, welcher Religion er angehörte. Wenn er umzog, was damals viel seltener vorkam als heute, mußte er auch seine Kleidung ändern. Selbst heute noch sind in den protestantischen Gegenden die Kleiderfarben der Trachten gedeckt, meist braun oder schwarz, während in den katholischen Regionen bunte Farben vorherrschen. Auch die alten Trachten waren der Mode unterworfen, nur gingen die Veränderungen sehr viel langsamer voran als heute. Am raschesten änderte sich die Kleidung in der Städten, auf dem Land hinkte man immer 50 oder 100 Jahre hinterher.

Man unterschied zwischen der Arbeitskleidung, die man am Werktag trug, dem Sonntagsgewand und der Kleidung für die höchsten kirchlichen Feiertage, für Hochzeiten oder Beerdigungen. Dieses Festgewand wurde oft von der Mutter auf die Tochter, vom Vater auf den Sohn vererbt, es war aus den kostbarsten Materialien gefertigt, derer man habhaft werden konnte. Seide, Samt oder Brokat wurden zusammen mit Spitzen verwendet, und die Nähart war so aufwendig wie möglich. Wenn die Prunksucht überhand nahm, wurden immer wieder Gesetze erlassen, die das Übermaß an Aufwand eindämmen sollten. Lange hatten sie nie Erfolg!

Das normale Sonntagsgewand war einfacher, billiger, aber immer noch repräsentativ. Die Kleidung für die tägliche Arbeit hingegen war möglichst schlicht und vor allem haltbar. Deshalb bevorzugte man Materialien, die auf dem eigenen Hof produziert wurden: Leinen für Hemden und Unterkleidung, Wolle für Loden und Stricksachen wie Strümpfe oder Jacken sowie Leder, aus dem üblicherweise die Hosen gefertigt wurden.

Auch im Allgäu hat es bis zur Mitte des 19. Jh. eine eigenständige Tracht gegeben, die sich von Ort zu Ort in Details unterschied, im Großen und Ganzen aber eine einheitliche Erscheinungsform hatte. Dann aber wurde sie von dem Siegeszug der in Oberbayern, Tirol und Salzburg beheimateten alpenländischen Tracht gleichsam in eine Art Scheintod versetzt. Erst nach dem Zweiten Weltkrieg erinnerte man sich wieder der traditionellen Allgäuer Tracht. Aus den wenigen noch vorhandenen Stücken mußte man sie mühevoll rekonstruieren und für die heutige Zeit tragbar machen. Heute sorgen unzählige Trachtenvereine mit Umzügen, Trachtentagen und Tanzveranstaltungen dafür, daß die Tracht im Allgäu wie in den gesamten Ostalpen so lebendig ist wie nie zuvor. Dabei steht die Tracht der Männer der der Frauen an Prunk und Wert durchaus nicht nach. Für eine gut geschnittene Bundlederhose mit Trägern, schön bestickt in Federkielarbeit, und einen Hut mit prächtigem Gamsbart darf man durchaus 10 000 DM und mehr auf den Tisch legen!

Wie alle Kleidung sind auch Dirndl und Trachtenanzug Modetrends unterworfen. Bei den Lederhosen, ob kurz oder knielang, hat sich in der Vergangenheit nicht viel verändert, sieht man von einigen Entgleisungen ab. Der Trach-

Stolze Gamsbartträger beim Ulrichsritt am Kreuzberg

tenanzug aus Loden oder Stoff jedoch wurde in den letzten Jahren zu einer Formen- und Farbenvielfalt entwickelt, die manchem alten Trachtler die Haare zu Berge stehen läßt.

Dagegen sind die Vereinstrachten genau definiert. Sie leiten sich aus den alten, einmal festgelegten Formen ab, und es wird sorgfältig darüber gewacht, daß sich keine Änderung in der Bindeform einer Schürzenschleife oder Nachlässigkeit in der auf den ersten Blick kompliziert erscheinenden Form und Farbe von Unterhemdchen und Blusen, von Röcken und Unterröcken einschleicht. Trachtenkenner können auf einen Blick sagen, von welchem Ort eine Trachtlerin kommt, oder besser, welchem Trachtenverein sie angehört. Bei den Männern ist das manchmal schwerer, da muß dann schon (zumindest bei der alpenländischen Tracht) die kunstvolle Stickerei am Hosenträger herhalten.

### Die Allgäuer Tracht

Das auffälligste an der Allgäuer Tracht ist die große Radhaube der Frauen (s. Vignette S. 1 und Farbabb. 9). Sie ist in Gold oder in Schwarz geflochten und mit dem Bödele, einem gestickten kleinen Häubchen, im Haar befestigt. Dazu trägt die Frau ein festliches Gewand mit langem Rock und bunter Seidenschürze, eine weiße Bluse unter eng anliegendem Mieder und darüber eine kurze Jacke. Die Männer tragen einen Dreispitz oder einen zylinderähnlichen Hut, einen mit kostbaren Silberknöpfen verzierten Gehrock, rote Weste und Kniebundhosen mit weißen Strümpfen. Ein Stecken mit dem »Binkele« ergänzt die Montur. Im Binkele wird untergebracht, was von einem Festmahl übrigbleibt oder auf einem Jahrmarksstand eingekauft wird.

Zur Festtagstracht trägt der Mann den Dreispitz, die Frau die Radhaube

### Die Alpenländische Tracht

Die Alpenländische Tracht ist die bekannteste Trachtenform der Ostalpen. Es ist die Kleidung, die in der Geburtsstunde der modernen Trachtenbewegung am Ausgang des 19. Jh. in der Gegend um Bayerischzell und Miesbach getragen wurde. Das Mädchen trägt ein Miedergewand mit einem Geschnür aus feingliedrigen Silberketten vor der Brust. Über den wadenlangen Rock ist eine Seidenschürze gebunden, ein seidenes Schultertuch wird mit kostbaren silbernen Nadeln am Ausschnitt befestigt (s. Farbabb. 10). Die verheiratete Frau trägt statt des Mieders einen langärmeligen Spenser oder gar den wertvollen Schalk, der durch den muschelförmig ineinander genähten Stoff, der oft noch mit Spitzen verziert ist, besonders prächtig aussieht. Dazu gehört ein mit Blumen geschmückter Hut, den aber auch Goldschnüre und Goldquasten zieren können. Die Männer tragen ein weißes Hemd mit Weste, Trachtenjoppe und Lederhose. Diese kann die Knie freilassen (die »Kurze«) oder auch unter den Knien gebunden sein. Kunstvoll gestrickte Kniestrümpfe oder auch nur kurze Stutzl, welche die Waden bedecken, und solide schwarze »Haferlschuhe« gehören natürlich auch dazu. Der Trachtenhut wird meist mit dem berühmten Gamsbart geschmückt, der aus den Rückenhaaren einer Gemse gebunden wird.

Ins Mieder stecken sich die Mädchen Blumen und Asparagus

### Die Tracht der Walser

Die Tracht der Walser im Kleinwalsertal, die ursprünglich im Wallis beheimatet waren, unterscheidet sich erheblich von der Allgäuer Tracht (s. Farbabb. 11). Frauen und Mädchen tragen einen schwarzen, plissierten Trägerrock, die »Juppa«, und dazu eine seidene Schürze mit langen Bändern. Beide sind nicht in der Taille, sondern über der Brust gebunden. Die dazugehörige schwarze, langärmelige Jacke ist so kurz, daß die Walser sie nur »Ärmel« nennen. Die Pelzmützen aus dem Fell der Fischotter werden als kostbarer Schatz von Mutter zu Tochter vererbt. Die Männer sind mit Kniebundhosen, weißen Strümpfen und einem Gehrock bekleidet. Auf dem Kopf prangt ein Dreispitz, der bei einer Hochzeit gar mit einem Zylinder vertauscht wird.

Kostbare Otterfellmützen werden über Generationen vererbt

# Hinweise und Tips fürs Wandern

## Ausrüstung

Zur Diskussion über Ausrüstungsfragen bei Wanderungen ist schon unglaublich viel Papier verbraucht und auch mißbraucht worden. Wir wollen hier nur beschreiben, was sich bei uns in vielen Bergwanderjahren gut bewährt hat. Das erhebt auf keinen Fall den Anspruch auf ausschließliche Gültigkeit. Jeder ist letztlich für sich selbst verantwortlich.

Die **Kleidung** soll vor allem bequem und strapazierfähig sein. Früher ist man fast ausschließlich mit Bundhose gewandert, doch auch Hosen aus Jeans- oder anderem Baumwollstoff sind recht praktisch. Wenn es heiß ist, braucht man auch eine kurze, kniefreie Hose nicht zu verschmähen. Allerdings sollte man, wenn die Wanderung in größere Höhen führt, immer eine lange Hose im Rucksack haben. Es ist überraschend, wie schnell es bei einem Gewitter eiskalt werden kann, an das man am Morgen noch nicht im Traum gedacht hat. Und noch ein kleiner Tip zur kurzen Hose: Ein Sonnenbrand an den Knien tut genauso weh wie am Rücken! Über das Hemd oder die Bluse (Baumwolle, nicht Kunstfaser!) zieht man am besten einen Anorak oder eine Windjacke. Wenn es zu warm wird, kann man sie einfach über den Rucksack hängen. In der Frühe und abends tut sie jedenfalls gute Dienste, genauso bei der Gipfelrast. Es ist eines der sichersten Mittel, eine kräftige Erkältung zu bekommen, wenn man sich verschwitzt in den leichten Gipfelwind setzt.

Bei Touren in Regionen um 2000 m gehört auch ein Pullover unbedingt zur Ausrüstung, da man selbst im Hochsommer erleben kann, daß es nach einem Wettersturz kräftig schneit. Auch einen Regenschutz sollte man immer dabei haben – ob dünne Nylonjacken oder einen Schirm, bleibt jedem selbst überlassen, doch sollte man bedenken, daß ein Schirm zusätzliches Gewicht darstellt, das man vielleicht nicht unbedingt mitschleppen möchte. Auf jeden Fall empfiehlt es sich, eine Mütze oder einen Hut mitzunehmen, die vor der intensiven Sonneneinstrahlung in größeren Höhen, aber auch vor Kälte am frühen Morgen und späten Nachmittag schützen.

Man könnte sicher diskutieren, ob nicht für einige der Wanderungen Halbschuhe genügen. Auf keinen Fall gibt es Zweifel, wenn der Weg in Höhen über 1000 m geht. Dort sind Stiefel mit kräftiger Profilsohle ein »Muß«. Sie schützen nicht nur vor dem Umknicken, sondern leisten auch auf feuchten und morastigen Wegstücken gute Dienste. Im Frühjahr und im Herbst sollte man auch an Handschuhe und eine Mütze denken.

Die zusammenlegbaren Skistöcke, die es seit einigen Jahren zu kaufen gibt, sind nicht nur für ältere oder ungeübte Bergwanderer praktisch. Beim Aufstieg oder auf Bergstraßen kann man sie zusammenschieben und in den Rucksack stecken, bergab tun sie dann gute Dienste zur Entlastung der Kniegelenke. Auch wenn im Frühjahr einmal ein Schneefeld zu überqueren ist, bieten die Stöcke ein Stück Sicherheit mehr.

Brotzeit am Sorgschrofen

Der ideale »Tragebehälter« für alle Wanderutensilien ist immer noch der **Rucksack.** Doch was soll man in so einen Rucksack stecken, außer Pullover und Regenschutz? Auf jeden Fall sollte man etwas Heftpflaster und eine elastische Binde dabeihaben, um gegebenenfalls kleinere Verletzungen behandeln zu können. Auch ein Hirschtalgstift, den man in jeder Apotheke oder Drogerie bekommt, leistet gute Dienste zur Vorbeugung gegen Blasen an den Füßen. Man reibt damit die kritische Stelle ein, und wenn nicht alles schief geht, ist mit diesem alten Hausmittel das Problem gelöst. Und weil wir schon beim Einreiben sind: Eine gute Sonnenschutzcreme gehört ebenfalls in den Rucksack, vor allem wenn Sie noch »bürogebleicht« sind. Gerade in Höhen über 2000 m ist die Sonneneinstrahlung sehr viel intensiver als im Tal, besonders wenn noch Schneereste liegen. Auch eine kleine Taschenlampe ist oft nützlich. Im Herbst, wenn die Tage schon kurz sind, vertrödelt man sich leicht und kommt beim Absteigen in die Nacht. Wenn man dann durch einen Wald marschieren muß, ist man über ein wenig Licht recht froh.

Wenn man eine Wanderung mit Kindern unternimmt, sollte man eine **Reep-schnur** mitnehmen – ein etwa 6–8 mm dickes, 10 m langes Perlonseil, das als Sicherung an kritischen Stellen recht nützlich ist. Bei den Wanderungen, die in diesem Buch beschrieben sind, genügt es vollkommen, wenn Sie die Schnur einfach unter den Achseln binden; wer ganz sicher gehen will, kann sie zusätzlich über die Schultern zu einer Art Hosenträger verknüpfen. Ob man Kinder »anseilt« oder nicht, ist aber eine sehr persönliche Frage, denn der eigentliche Sinn einer solchen Sicherung mit der Reepschnur kann immer nur psychologischer Natur sein und der Beruhigung der elterlichen Nerven dienen.

## Proviant

Bei allen Touren ist angegeben, ob Gasthäuser, Almen (hier im Allgäu heißen sie Alpen) oder Berghütten am Weg liegen, in denen man etwas zu essen oder zu trinken bekommen kann. Trotzdem sollte man immer einen »Notproviant« mitnehmen, denn man kann oft genug erleben, daß ein Senner nicht da ist oder das Berggasthaus genau an dem Tag geschlossen hat, an dem man dort einkehren will. Da sich die Öffnungszeiten der Hütten, die im Vorspann der Wanderungen jeweils angegeben sind, gelegentlich ändern, können sie nur als Anhaltspunkt dienen. Gute Dienste tun als Notreserve Dörrobst, Schokolade, Traubenzucker, aber auch Salznüsse.

Auch zum Trinken sollte man immer etwas dabeihaben, um den hohen Flüssigkeitsverlust während der Wanderung auszugleichen. Ob man Saft, Mineralwasser oder Tee bevorzugt, ist reine Geschmacksfrage, doch sollte man darauf achten, daß die Flüssigkeit in eine dicht schließende Flasche mit Schraubverschluß abgefüllt ist, denn Druckverschlüsse öffnet der innere Luftüberdruck sehr schnell, wenn Sie nach oben steigen.

In oder vor Berghütten oder Alpen dürfen Sie in der Regel Ihr Selbstmitgebrachtes auspacken und verzehren. Wenn das nicht akzeptiert wird, weist ein

Hier haben Bergsteiger
für Sie aufgeräumt.
Halten Sie bitte die Berge
sauber !

Landschaftsschutz und
Bergschule Kleinwalsertal

# Das alpine Notsignal

Wenn Sie sich rettungslos verstiegen haben oder durch einen Unfall oder einen Wettersturz nicht mehr absteigen können, sollten Sie andere Bergwanderer folgendermaßen zu Hilfe rufen:

Innerhalb einer Minute gibt man sechsmal (d. h. in Abständen von etwa 10 Sekunden) ein beliebiges, immer gleiches optisches oder akustisches Zeichen (Rufen, Trillerpfeife, Taschenlampe etc.) ab. Nach einer Minute Pause wiederholt man das Signal in dem gleichen Rhythmus, bis man Antwort erhält. Die Antwort erfolgt in ähnlicher Weise, aber nur dreimal pro Minute.

Schild darauf hin. Natürlich freut sich der Wirt oder der Senn, wenn Sie etwas zu trinken kaufen. Daß wir unsere Abfälle – Einwickelpapier, leere Flaschen und Dosen – wieder selbst ins Tal tragen, ist heute selbstverständlich. Auch wenn ein Senner oder Hüttenwirt Abfallkörbe aufgestellt hat, nehmen wir unsere Reste wieder mit. Hier oben gibt es halt keine Müllabfuhr, sondern der Wirt muß sehen, wie er umweltgerecht entsorgt. Wenn er uns schon kostenlos Tisch und Bank zur Verfügung stellt, so wollen wir ihn nicht auch noch mit Abfällen belasten.

## Verhalten am Berg

Es gibt einige Spielregeln am Berg, die selbstverständlich erscheinen; trotzdem sollen Sie hier erwähnt werden. Es ist z. B. sinnvoll, beim Zimmervermieter oder am Campingplatz das Wanderziel anzugeben und gleichzeitig zu sagen, wann man vorhat, wieder zurückzukommen. In den Berghütten liegt dafür sogar ein Hüttenbuch aus. Sollte wirklich einmal etwas passieren, so hat die Bergwacht wenigstens einen Anhaltspunkt, wo sie suchen soll. Für Alleinwanderer ist das ein unbedingtes »Muß«.

Freuen Sie sich an den herrlichen Bergblumen? Sicher doch, aber bitte denken Sie daran, daß viele Pflanzen geschützt sind. Tafeln mit Abbildungen der geschützten Pflanzen finden Sie überall, in den Berghütten ebenso wie an den Stationen der Bergbahnen oder in den Schaukästen der Fremdenverkehrsämter. Es ist keine Heldentat, ein Edelweiß zu pflücken, sondern ganz einfach Frevel an der sowieso schon vielgeplagten Natur. Daß dort, wo besonders seltene Pflanzen stehen, Naturschutzbeauftragte wachen, sei hier auch verraten. Sie haben das Recht, jeden Naturfrevler anzuhalten und seine Personalien festzustellen. Im Tal wartet dann schon per Sprechfunk verständigt, die Polizei, und das geraubte Edelweiß wird sehr, sehr teuer.

Daß man nicht quer über eine Wiese läuft, die voll im Saft steht, ist wohl auch selbstverständlich, da man sonst das Gras niedertritt und das Mähen unmöglich macht. Wenn ein Weg um eine Weide herumgeführt ist, dann benutzen wir ihn auf alle Fälle. In den Hohen Tauern haben wir einmal an einer Weide, die sehr einladend für einen Abkürzer war, ein Schild gesehen, dessen Inhalt auch für jede eingezäunte Allgäuer Almwiese gelten könnte: »Gehen Sie ruhig über die gesperrte Weide, wir haben nichts dagegen! Unser Stier braucht immer halb so lang wie Sie dazu!« Wenn aber ein offiziell markierter Weg über eine Weidewiese führt, dann dürfen Sie ihn auch benutzen. Die Kühe und noch mehr die Kälber sind zwar oft sehr neugierig und kommen ganz dicht an Sie heran, mit energischem Armfuchteln können Sie sie aber leicht wieder vertreiben. Weil wir schon bei den Almwiesen sind: Gatter und Tore müssen unbedingt wieder verschlossen werden, auch wenn mehrere von ihnen hintereinander kommen. Wer einmal erlebt hat, welche Mühe es für einen Senner bedeuten kann, eine Kuh aus unwegsamem Gelände wieder auf die Weide zurückzutreiben, der versteht die Spielregel schnell.

## Wanderwege

Die Wege, die wir auf unseren Wanderungen benutzen, egal ob Alp- und Forststraßen oder schmale Pfade, wurden zwar vielfach zur Erschließung der Berge für Wanderer angelegt, doch werden sie nicht immer regelmäßig instandgehalten. Daher ist es ratsam, auch auf markierten Wanderwegen immer sorgsam auf den Weg zu achten, denn es gibt keine Haftung des Wegebauers bei Unfällen, die durch Unachtsamkeit, einen abgerutschten Weg oder ein morsches Geländer passieren. Bei Drahtseilen, die an kritischen Stellen als Hilfen für den Aufstieg angebracht sind und deren Benutzung durchaus kein Zeichen von Unsicherheit ist, kann es vorkommen, daß das Seil beschädigt oder ein Haken durch den Winterfrost locker geworden ist. Wer hier immer aufmerksam ist, kann sich manchen Ärger ersparen.

Normalerweise sind die Wege für Wanderer optimal ausgelegt. Der Unsitte, Abkürzer zu gehen, folgen wir grundsätzlich nicht. Oft sind solche Wege auch durch einen quergelegten Ast oder ein paar Zweige »gesperrt«, und diese Zeichen sollte man unbedingt beachten. Nicht nur deshalb, weil solche Pfade oft in unwegsames Gelände führen, sondern vor allem, weil dadurch der Boden stark in Mitleidenschaft gezogen wird. Denn wenn beim nächsten Regen das Wasser den gleichen Weg »entdeckt«, wäscht es in kürzester Zeit das verletzte Erdreich zu Tal. Die Folgen lassen sich allenthalben beobachten. Jeder, der so einen Abkürzer begeht, fügt dem schon entstandenen Schaden neuen hinzu. Wenn wir aufmerksam um uns blicken, entdecken wir immer wieder alte Abkürzer, die aus irgendeinem Grund nicht mehr benutzt werden. Es dauert viele Jahre, bis sie wieder zuwachsen. In Höhen oberhalb der Baumgrenze verheilt der verletzte Boden überhaupt nicht mehr von selbst, im Gegenteil: Durch Wind und Wasser wird der Schaden ständig größer. In so einem Fall muß künstlich eingegriffen werden, um nicht einen ganzen Hang der Vernichtung preiszugeben.

## Gehzeiten

Zu Beginn jeder Wanderung sind Angaben über die geschätzten Gehzeiten gemacht. Natürlich können diese immer nur einen ungefähren Anhaltspunkt bieten – wer geht schon eine Wanderung in einem Stück durch, ohne da und dort stehenzubleiben, zu schauen oder Brotzeit zu machen. Auch durch plötzlich hereinbrechendes schlechtes Wetter, ausgewaschene Wege oder Nebel kann sich die tatsächliche Gehzeit erheblich verlängern. Dies sollte man bei der Planung immer berücksichtigen.

# Die Wanderziele auf einen Blick

Wir haben mit diesem Buch versucht, möglichst vielen Wünschen gerecht zu werden. Nur die »Extremen« unter den Bergwanderern werden gewisse Defizite verspüren, denn keine der Touren dauert länger als einen Tag, und Klettern im eigentlichen Sinn ist in diesem Buch auch nicht gefragt. Daß man ein paar Mal mit den Händen hinlangen muß, um über einen Felsabsatz zu kommen, wollen wir nicht als Klettern bezeichnen.

Zwölf Touren lassen sich bequem an einem halben Tag gehen (2, 7, 8, 12, 13, 18, 21, 22, 25, 26, 33, 34), für die anderen 24 Wanderungen sollte man sich einen ganzen Tag Zeit nehmen (1, 3, 4, 5, 6, 9, 10, 11, 14, 15, 16, 17, 19, 20, 23, 24, 27, 28, 29, 30, 31, 32, 35, 36). Auch die Halbtagestouren lassen sich ohne Probleme auf einen ganzen Tag ausdehnen, daran wollen wir immer wieder erinnern. Vor allem Kinder brauchen unterwegs viel Zeit zum Spielen, dann vergeht ihnen die Freude an den Wanderungen nicht.

Für 24 der Touren (2, 3, 4, 5, 6, 7, 8, 9, 11, 12, 16, 19, 21, 22, 23, 24, 25, 26, 30, 32, 33, 34, 35, 36) ließen sich Wege suchen, die auch von Wanderern gegangen werden können, die nicht ganz schwindelfrei oder trittsicher sind. Wir wissen natürlich, daß dies eine sehr relative, individuelle Betrachtung ist. Für zwölf Touren braucht man ein wenig Sicherheit und Erfahrung im Gehen (1, 10, 13, 14, 15, 17, 18, 20, 27, 28, 29, 31). Sechs davon (13, 15, 17, 18, 28, 31) konnten wir jedoch so legen, daß man die kritischen Stellen umgehen oder auslassen kann, ohne daß die Wanderung darunter leidet. Bergbahnen als Aufstiegshilfen benutzen wir bei neun Wanderungen (6, 10, 14, 16, 20, 27, 29, 31, 32). Sie sind in den Orten immer gut ausgeschildert.

Alle Wege führen wieder zum Ausgangspunkt zurück, bei drei Touren (23, 30, 32) läßt sich ein »Talhatscher« mit dem Bus abkürzen. Bis auf Tour 5 sind alle Ausgangspunkte auch mit öffentlichen Verkehrsmitteln erreichbar. Allerdings, das mußten wir mit Bedauern feststellen, hat man in der Regel am Morgen und am Abend höchstens ein oder zwei Mal die Chance, einen Bus zu erwischen. Und nun viel Vergnügen in den Allgäuer und Ammergauer Alpen!

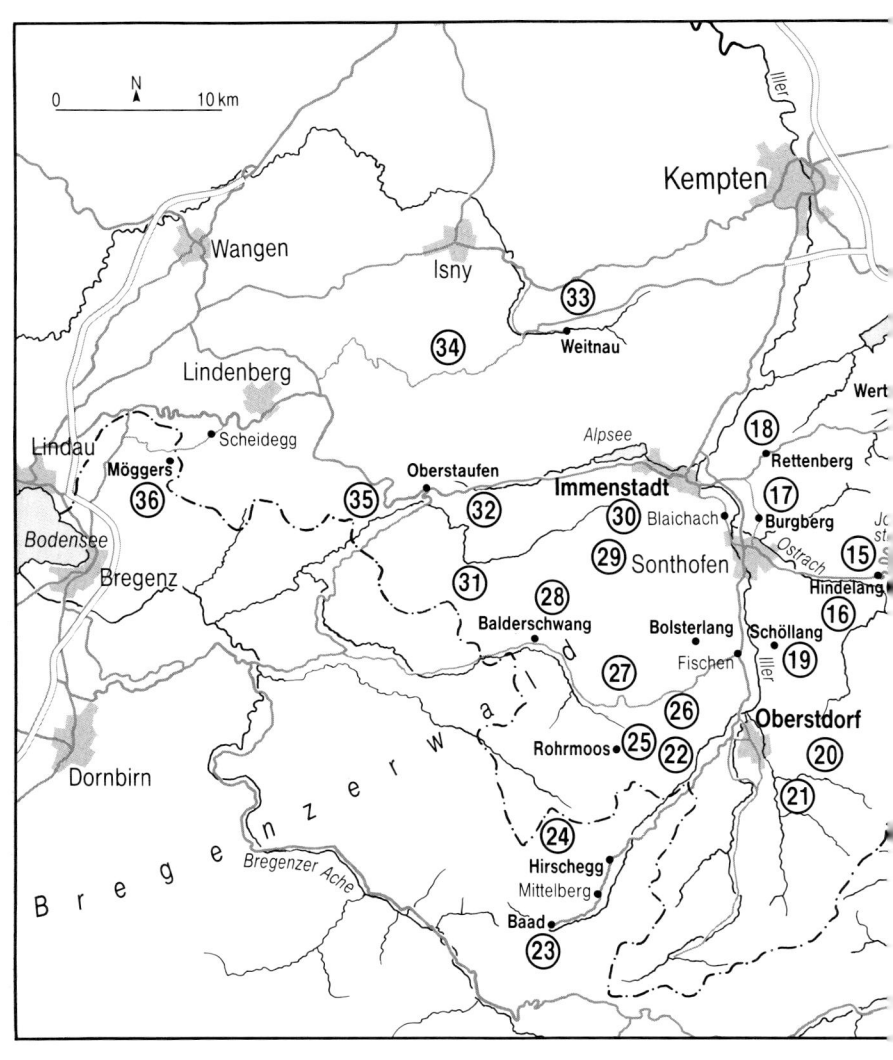

____ Wanderroute

............. Abstecher, Abkürzung, Variante

⊷⊶ Seilbahn, Lift

P  Parkplatz

H  Bushaltestelle

⚠c Campingplatz

〰 Freibad

■  Gebäude, Bauernhof

⌂  Alpe, Schutzhütte

🏠  Bewirtschaftete Hütte, Gasthof

•  Kirche, Kapelle

•  Schloß, Burg

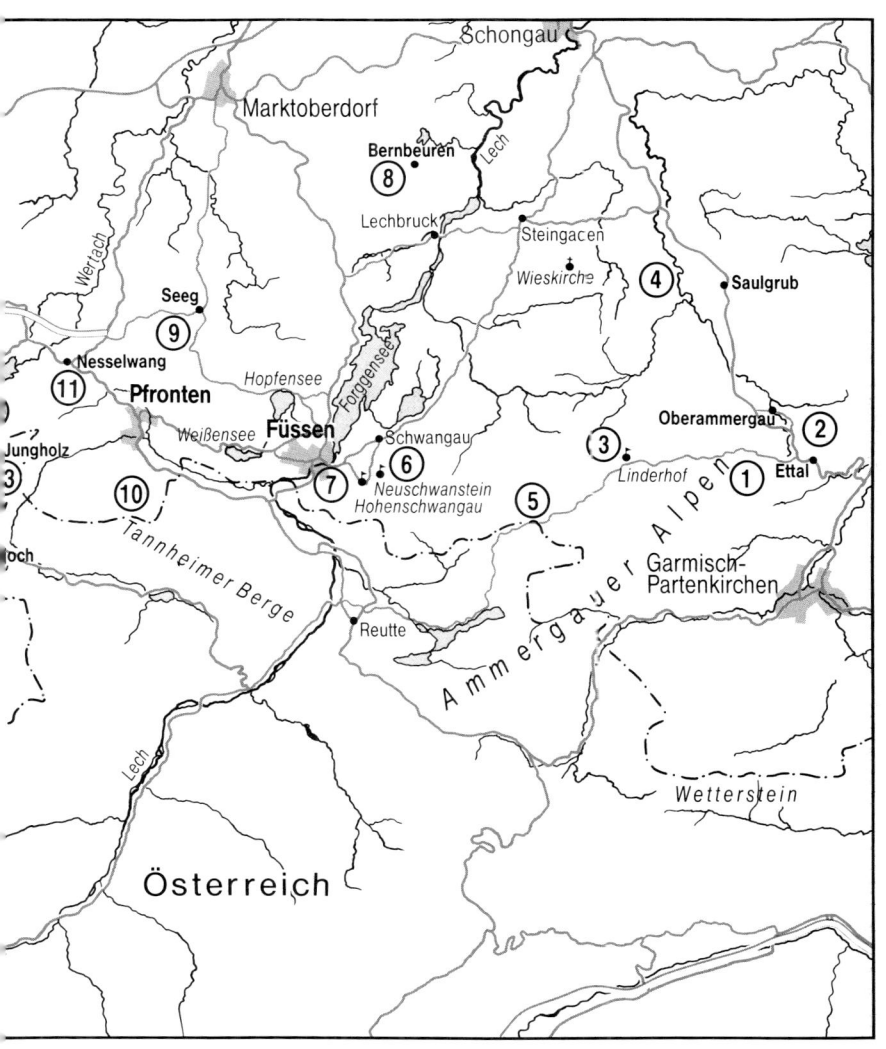

| | | | |
|---|---|---|---|
| ∴ | Ruine | ▲ | Gipfel |
| 🛆 | Denkmal | ≍ | Brücke |
| † | Wegkreuz | ≍ | Paß, Joch |
| ⁺₊† | Friedhof | ≈ | Brunnen |
| ∩ | Grotte, Höhle | ♨ | Wasserfall |
| ♀ | Markanter Baum | 🗶 | Aussicht |

# Die Wanderungen

# 1 Blick über drei Täler
## Die Notkarspitz bei Oberammergau

Die Notkarspitz ist der östlichste Gipfel unseres Wandergebietes in den Ammergauer und Allgäuer Alpen. Die Seilbahnbauer werden von diesem Teil der bayerischen Berge ferngehalten, wir müssen also mit eigener Kraft aufsteigen. Das tut unserer Gesundheit gut und dem Berg obendrein, seine ursprüngliche Landschaft ist daher noch weitgehend erhalten. Wir schlagen Ihnen eine Rundwanderung über den Gipfel vor, die meistens in der anderen Richtung gegangen wird. Wir glauben, daß wir Ihnen damit einige Vorteile bieten können: Auf diese Weise gehen Sie den steilsten Teil des Weges am Morgen, wenn Sie noch ausgeruht sind, und können damit rechnen, beim Anstieg viel Schatten zu finden.

**Charakter:** Anspruchsvolle Ganztageswanderung, die beim Aufstieg etwas Kondition und Trittsicherheit fordert, aber auch für nicht völlig schwindelfreie Geher geeignet.

**Wegverlauf:** Von der Ettaler Mühle steil aufwärts an den Quellen des Großkargrabens vorbei auf die Notkarspitz. Abstieg auf dem Ostgrat über Ziegelspitz und Ochsensitz zum Ettaler Sattel, im Tal zum Ausgang zurück.

**Gehzeiten:** 5.30 Std. (Ettaler Mühle – Notkarspitz 3 Std. – Ettaler Sattel 2 Std. – Ettaler Mühle 30 Min.)

**Höhenangaben:** Ettaler Mühle 850 m, Notkarspitz 1889 m, Ochsensitz 1515 m

**Ausrüstung:** Bergstiefel

**Einkehrmöglichkeiten:** Gasthäuser in Ettal, Gasthaus Benediktenhof (kein Ruhetag, ganzjährig offen), Ettaler Mühle (kein Ruhetag, geschlossen Mitte November bis Mitte Dezember)

**Wanderkarten:** Kompass: Wetterstein (5); Topographische Karten:

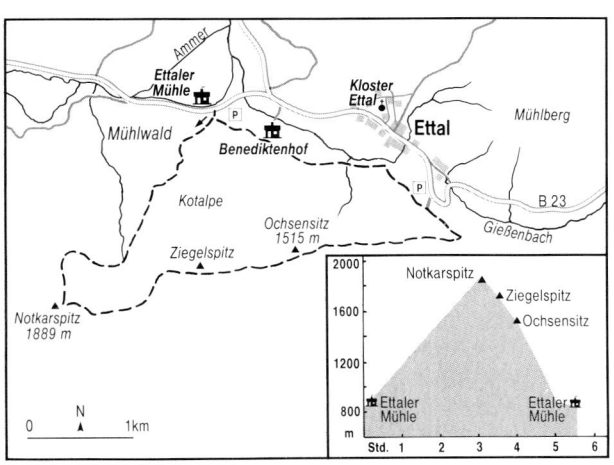

Wanderung 1:
Auf die Notkarspitz

Garmisch-Partenkirchen oder L 8532

**Sehenswürdigkeiten:** Kloster Ettal

**Anfahrt:** *Bus:* Busverbindungen von Oberammergau über Ettal nach Garmisch-Partenkirchen und umgekehrt. Der Bus hält nur in Ettal, zur Ettaler Mühle keine Verbindung. Busfahrer legen daher die kleine Talwanderung, die für den Nachmittag vorgesehen ist, auf den Morgen. *Auto:* Von Oberammergau auf der B 23 bis zum Ortseingang von Ettal, dort rechts Richtung Linderhof abbiegen. A 95 bis zum Autobahnende bei Oberau, dann über B 2 und B 23 nach Ettal, am Ortsende links Richtung Linderhof abbiegen; nach 1 km kommt man an die Ettaler Mühle, hinter der ein großer Parkplatz für Wanderer ist. (Der Parkplatz vor der Mühle ist ausschließlich für Gasthausbesucher gedacht.)

**Der Wanderweg**

Unser Weg beginnt bei der **Ettaler Mühle,** auf der anderen Seite der Straße, genau gegenüber vom Parkplatz. Fast von Anfang an müssen wir in steilem Zickzack aufwärtssteigen. Der Pfad ist durchwegs gut beschattet, und der feuchte Morgenwald gibt viel Kühle ab, so daß wir selbst im Hochsommer nicht allzusehr ins Schwitzen kommen. Solche steilen, mit Schrofen durchwachsenen Berghänge sind typische Rückzugsgebiete für das Wild. Wenn Sie ein wenig leise sind, so kann es gut passieren, daß Ihnen ein Rehbock zusieht, wie Sie sich aufwärts plagen.

Nach einer guten Gehstunde wird der Weg etwas flacher, nach einer weiteren Stunde erreichen wir die **Quellen** des **Großkargrabens** am unteren Rand des öden Notkars (2 Std.).

Hier können wir Rast machen und das Kar mit dem Fernglas durchmustern. Im Juni oder Juli lassen sich die Gamsrudel mit den Kitzen beobachten, die mit wilden, ausgelassenen Bocksprüngen ihre Kräfte erproben. Da vergeht die Zeit schneller, als uns lieb ist, denn wir haben noch ein ziemliches Stück Weg vor uns. Der Pfad biegt nach rechts ab, führt am Rand des Kars auf den Grat und über diesen auf den **Gipfel** (3 Std.).

Der Weg auf die Notkarspitz ist zu allen Jahreszeiten schön. Am eindrucksvollsten ist er an einem feuchtgrauen Nebeltag im späten Herbst. Mit der zaghaften Hoffnung auf ein wenig Sonne steigt man durch den Wald, das an den Zweigen kondensierte Wasser tropft wie Regen auf den Boden. Etwa bei den Quellen taucht man urplötzlich aus dem Grau in strahlendes Licht. Unten liegt ein weißes Nebelmeer, wie man es sonst nur aus dem Flugzeugfenster sieht. Die Täler, das Graswangtal im Westen, das sumpfige Ammertal nördlich von Oberammergau und das Loisachtal, sind mit weißen Schwaden gefüllt, die sich im Wind leicht bewegen. Aus diesem Gewoge ragen Bergspitzen auf: im Süden gewaltig und groß das Wetterstein mit der Alpspitze und der Zugspitze (s. Farbabb. 1, 7, davor der dunkle Kramer, den die geschäftstüchtigen Garmischer von Bergbahnen verschonen müssen, weil er im Naturschutzgebiet liegt. Gegenüber, nur durch das Graswangtal getrennt, zieht sich die Kette der nördlichen Ammergauer Alpen, vom Kofel bei Oberammergau über den Pürschling, den Brunnenkopf (Tour 3) und die Scheinbergspitze (Tour 5), und weit im

Blick von der Ziegelspitz über das Loisachtal auf das Estergebirge

Hintergrund leuchten die Berge um Füssen auf. Im Osten über dem Loisachtal liegt das nahezu unberührte Estergebirge. Direkt davor ragt das kleine Ettaler Manndl aus dem Bergwald, ein Felsgipfel, an dem die Buben aus der Umgebung von Oberammergau seit Jahrzehnten ihre ersten Kletterkünste erproben. Wenn die Sonne den Nebel auflöst, tauchen langsam Oberammergau, Ettal und Garmisch-Partenkirchen ins Licht.

Der Abstieg ist recht einfach und vom Gipfel aus gut zu sehen. Wir wandern auf dem langen Grat, der genau von Osten heraufzieht, langsam über zwei kleinere Gipfel nach unten. Die **Ziegelspitz**, noch im Schrofenge-

lände, erreichen wir in einer knappen halben Stunde (3.30 Std.), zum **Ochsensitz,** der schon unterhalb der Baumgrenze liegt, brauchen wir nochmals gut 30 Min. (4 Std.). Auf beiden Gipfeln ist ein Kreuz aufgestellt. Ganz knapp hinter dem Ochsensitz zweigte früher links ein steiler Weg nach unten ab, der noch in vielen Karten als Wanderweg eingezeichnet ist. Dieser Weg wird neuerdings nicht mehr instandgehalten, er ist gesperrt. Bitte benutzen Sie ihn nicht, er führt durch steiles Schrofengelände.

Nach gut zwei Stunden erreichen wir eine Bergstraße, die dann rasch an den **Ettaler Sattel** (5 Std.) führt. Hier

# Gründer war der Deutsche Kaiser

## Das Benediktinerkloster Ettal

Einer Legende nach war Kaiser Ludwig der Bayer, als er sich zu seiner Krönung in Rom aufhielt, in große Geldnot gekommen. Da sei ihm, durch die verschlossene Tür hindurch, ein Benediktinermönch erschienen und habe ihm Hilfe versprochen. Er müsse nur geloben, ein Kloster zu stiften. Nachdem der Herrscher dies zugesagt hatte, habe ihm der Mönch eine Statue der Muttergottes mit dem Jesuskind geschenkt. Und tatsächlich, kurz darauf habe der Kaiser eine beträchtliche Geldsumme erhalten, und die Krönung konnte vollzogen werden. Auf der Heimreise sei er genau dort, wo heute Ettal steht, durch ein erneutes Wunder an sein Versprechen erinnert worden, und so habe er am 28. April 1330 den Grundstein zum Kloster Ettal gelegt.

Eine schöne, romantische Geschichte, die, wie so oft, einen wahren Kern hat. Tatsächlich nämlich erhielt der Kaiser in Rom von der Mailänder Adelsfamilie der Visconti eine gewaltige Geldsumme, die ihn von den drängendsten Sorgen befreite. Daß er die Marienstatue, die heute als Gnadenbild in Ettal steht, aus Italien mitbrachte, ist ebenfalls belegt. Nur die Klostergründung selbst dürfte wohl einen praktischeren Hintergrund gehabt haben: Vermutlich wollte der Kaiser den für den Nord-Süd-Verkehr so wichtigen Ettaler Sattel sichern. Dies war durch ein Kloster wesentlich billiger und dauerhafter möglich als durch eine kaiserliche Burg, deren Herren – im Gegensatz zu den Äbten – auf vererbbare Ansprüche hätten pochen können.

Heute stellt sich die Abtei als prächtige barocke Klosterburg dar (s. Farbabb. 3), deren Architektur von dem genialen Baumeister Enrico Zuccalli so raffiniert angelegt worden ist, daß sich der Eindruck beim Näherkommen immer weiter steigert. Fällt zunächst nur die gewaltige Kuppel der Kirche ins Auge, so öffnet sich nach dem Durchschreiten des Ammergauer Tores ein Hof, der über Treppen hinauf zur Kirche führt. Die Hügellage wurde bewußt gewählt: Der Besucher soll zur Pracht Gottes aufblicken.

Wenn man die Kirche betritt, steht man vor einem gotischen Portal, in dessen Tympanon die Stifter, Kaiser Ludwig und seine Frau Margarethe, zu beiden Seiten eines Kreuzes abgebildet sind. Es war nicht Zufall oder gar Sparsamkeit, daß Zuccalli das alte Portal hier stehen ließ: Jeder Besucher sollte recht deutlich an den großen Kaiser erinnert werden, ohne den es an dieser Stelle wohl auch heute noch nur Wiesen und Wald gäbe.

Im Inneren steht man unter einer gewaltigen Kuppe in einem mit Bildern, Figuren und Altären angefüllten Raum. Es ist eine solche Überfülle, daß man verwirrt um sich blickt. Genau diesen Effekt hat Zuccalli beabsichtigt. Das Auge sucht nun Halt im dunkel abgesetzten Chorraum, wo einst am Hochaltar das Gnadenbild stand, nur von ein paar Kerzen beleuchtet. Heute wird die Statue aus Sicherheitsgründen in einer Seitenkapelle unter Panzerglas aufbewahrt, man möchte einen Diebstahl, wie er 1990 geschehen ist, nicht noch einmal provozieren.

parken die Bergsteiger, die den Weg von der anderen Seite her gehen. Von dort gehen wir am Waldrand in einer guten halben Stunde zur **Ettaler Mühle** (5.30 Std.) zurück, machen vielleicht im Wirtsgarten ausgiebig Brotzeit und haben einen schönen Tag genossen.

# 2   Auf den Spuren alter Kaufleute
## Von Oberammergau nach Ettal

Oberammergau, Passionsspiele, Holzschnitzer und Fremdenverkehr, das sind Begriffe, die heute für die ganze Welt zusammengehören. Wie es nur für wenige andere Orte gilt, haben alle drei Attribute des Ortes schon lange Tradition. Vor allem Fremdenverkehrsort im weiteren Sinne war Oberammergau schon, als es noch gar kein Passionsspiel gab, führte doch eine römische Fernstraße, die Augsburg mit Innsbruck verband, durch Oberammergau. Zum Übernachten lag der Ort günstig, denn nach Süden mußte man den Ettaler Berg hinunter ins Loisachtal und von dort wieder nach Mittenwald hinauf. Das kostete Anstrengung und Mühe, die Fuhrleute brauchten genau einen Tag dafür. In einem weiteren Tag erreichte man dann Innsbruck. Das Gastgewerbe war daher in Oberammergau immer schon hoch entwickkelt. Wir wollen die alten Fuhrknechte und Kaufleute auf ihrem Weg von Oberammergau nach Ettal ein kleines Stück begleiten.

**Charakter:** Einfache Halbtageswanderung ohne Schwierigkeiten; wenn man auf die Bärenhöhle verzichtet, auch mit dem Kinderwagen zu machen.

**Wegverlauf:** Von Oberammergau an der Kapellwand vorbei auf den Panoramaweg oberhalb von Kloster Ettal, zum Kloster zurück; am Waldrand unter der Notkarspitz entlang zur Ettaler Mühle, durch das Ammermoor wieder zurück.

**Gehzeiten:** 3.30 Std. (Oberammergau – Ettal 1.30 Std.; Rückweg 2 Std.)

**Höhenangaben:** Oberammergau 837 m, Ettal 877 m

**Ausrüstung:** Wanderschuhe

**Einkehrmöglichkeiten:** Gasthäuser in Ettal, Gasthaus Benediktenhof (kein Ruhetag, ganzjährig offen), Ettaler Mühle (kein Ruhetag, geschlossen Mitte November bis Mitte Dezember)

**Wanderkarten:** Kompass: Wetterstein (5); Topographische Karten: Pfaffenwinkel/Staffelsee oder L 8532

**Sehenswürdigkeiten:** In Oberammergau: Pfarrkirche St. Peter und Paul, Passionsspielhaus, Pilatushaus, Lüftlmalereien an den Häusern im Ortskern; Kloster Ettal

**Anfahrt:** *Bahn:* Oberammergau ist Endstation der Bahnlinie von München; mehrere Züge täglich. *Auto:* A 95 bis zum Autobahnende bei Oberau, dann über B 2 und B 23 an Ettal vorbei nach Oberammergau. Von Schongau auf der B 23 nach Oberam-

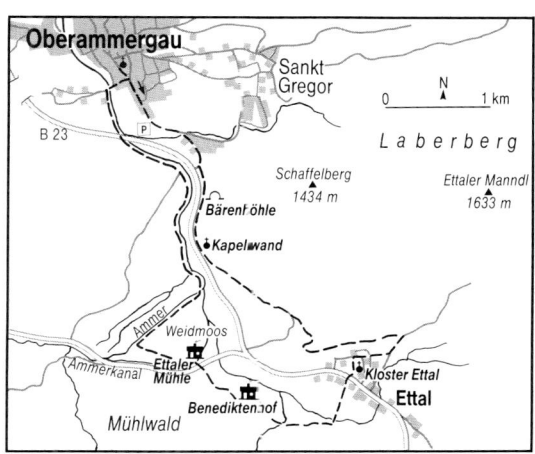

Wanderung 2:
Von Oberammergau
nach Ettal

mergau. Am Ortsrand und an der Ammer befinden sich große Parkplätze.

**Der Wanderweg**
Ausgangspunkt unserer Wanderung ist die Oberammergauer **Kirche**. Von hier aus gehen wir die Ettaler Straße entlang, bis wir auf das Schild »Ettal Vogelherdweg« stoßen. Wir wandern um eine kleine Wohnsiedlung herum und queren die Hauptstraße Richtung Berg. Dort haben die Oberammergauer ein geteertes Weglein neben der Straße angelegt, das bis zum Beginn eines Busch- und Baumbestandes reicht. Ein kleines, fast verstecktes Steiglein führt nach oben zur **Bärenhöhle** (20 Min.). (Wer sich den Aufstieg sparen will, kann auch unten an der Straße entlanggehen.) Man sagt, die Höhle habe früher einen Gang bis hinauf zum Laber gehabt. Den sollen Bären benutzt haben, um sich nach einem Raubzug auf die Herden der Oberammergauer schnell in Sicherheit bringen zu können. Von der Höhle aus steigen wir in steilem Zickzack abwärts zur Straße.

Unser Fußweg läuft die nächsten paar hundert Meter direkt neben der Hauptstraße an der Kapellwand entlang. In den weißen Kalkfelsen sind viele kleine Nischen eingehauen, in denen früher Heiligenfiguren standen. Die Fuhrleute hatten sie aufgestellt und beteten hier um Beistand, ehe sie den Weg über den steilen Ettaler Berg wagten. In einer einzigen Nische ist noch ein Andachtsbild: Eine Rosenkranzmadonna blickt etwas verstaubt und fast traurig auf die vorbeirasenden Autos. Niemand nimmt sich mehr Zeit und Muße zu einem kurzen Verweilen!

Unser Weg wendet sich langsam von der lärmenden Straße ab, steigt schwach an und mündet auf den Wendeplatz einer Forststraße, die wir nun entlangmarschieren. Sie trifft bald auf eine zweite, die vom Berg her kommt. Wir bleiben noch etwa 30 m auf unserer Straße und biegen dann links in den schmalen Weg nach **Ettal** ein. Er schlängelt sich etwas durch den Wald und führt in Kirchturmhöhe über dem Klosterdorf ins Freie (1 Std.). Man könnte so-

# Dorf der Schnitzer und Schauspieler
## Oberammergau

Passionsspiele und Schnitzkunst haben Ruf und Ruhm Oberammergaus begründet und, auch das sei hier nicht verschwiegen, dem Ort einen Wohlstand gebracht, den ihm manche neiden. Schalten wir zuerst einmal zurück, zumindest zu den Anfängen der Schnitzerei. Die erste urkundliche Erwähnung dieses Handwerks stammt aus dem 12. Jh. Zu Bedeutung kam es jedoch erst in der ausgehenden Gotik. Damals war die Schnitzkunst die Haupterwerbsquelle der Oberammergauer, es mußte sogar eine eigene Waldordnung erlassen werden, um den Holzbedarf der Schnitzer decken zu können. Darüber hinaus gab es für die Oberammergauer kaum eine Lebensgrundlage. Das Gastgewerbe ernährte nur wenige, die Landwirtschaft war in dieser unwirtlichen Gegend nicht einmal in der Lage, die Bauern selbst zu erhalten, denn die nutzbare Fläche war und ist sehr klein. Die wichtigsten Schnitzerei-Erzeugnisse waren einfache Gebrauchsgegenstände wie Kochlöffel, Holzschaber, Schüsseln oder Waschbretter. Figuren, Spielzeug oder Krippen, wie wir sie heute kennen, waren zunächst nur am Rande, als Dreingabe gefragt.

Verkauft wurden die Gerätschaften durch die Kraxentrager, eine Art Hausierer. Mit einer hochbepackten Holzkraxe auf dem Rücken wanderten sie von Dorf zu Dorf, nach genau festgelegten Routen. Die Oberammergauer Erzeugnisse waren sehr begehrt, und so genügten diese Einzelhändler schnell nicht mehr den Ansprüchen. Im 18. Jh. entstand eine neue Vertriebsorganisation: die Verleger. Sie kauften die Schnitzwaren in großem Stil auf und organisierten den Verkauf praktisch über die ganze damals bekannte Welt. Den bedeutendsten Warenverlag des Ortes besaß die Familie Lang, die übrigens auch das sehr sehenswerte Heimatmuseum gründete.

Daß man es auf diese Weise zu beachtlichem Wohlstand bringen konnte, zeigt ein Blick in die Dorfkirche, beweisen die aufwendig bemalten Häuser. Fassadenbemalung gab es schon zur Zeit der Romanik, hier in Oberammergau hat sie sich zur Hochblüte entwickelt. Scheinfassaden, schwungvolle Fensterumrahmungen, Bilder aus dem alten und dem neuen Testament wechseln sich mit ganzen Theaterfronten ab. Unter dem Namen »Lüftlmalerei« hat diese Dekorationskunst, elegant auf den Mörtelputz gemalt, weltweit Berühmtheit erlangt. Die Bezeichnung stammt allerdings nicht etwa von der luftigen Höhe, in der der Maler seine Arbeit verrichten mußte, sondern von dem wohl wichtigsten Fassadenmaler, Franz Seraph Zwinck, der aus dem Oberammergauer Haus »Zum Lüftl« stammte. Im Altbayerischen wird der Hausname gerne mit dem Beruf verbunden und hält sich zum Teil über viele Generationen. In diesem Fall hat sich der Name selbständig gemacht. Sie können das Haus »Zum Lüftlmaler«, wie es heute genannt wird, in der Judasgasse ansehen.

Oberammergaus **Pfarrkirche** (s. Farbabb. 14) gehört wohl mit zu den reichsten im ganzen süddeutschen Alpenraum. 1736 bis 1742 erbaut und in der Folgezeit ausgestattet, steht sie in ihrer barocken Pracht einer Klosterkirche kaum nach. Die bekanntesten (und teuersten) Künstler der Zeit wurden hierher

Haus Zum Lüftlmaler in Oberammergau

verpflichtet: Josef Schmuzer, der bewährte Wessobrunner Architekt, war der Baumeister, der junge Matthäus Günther malte 1741 als Zentralfresko das Martyrium der Apostel Petrus und Paulus, zwanzig Jahre später schuf er das Marienfresko im Chor. Wie neu, wie revolutionär der Maler vor allem mit seiner illusionistischen Gestaltung war, kann man heute kaum mehr ermessen. Der junge Bursche etwa, der über die gemalte Brüstung in den freien Raum zu springen scheint, erregte damals genausoviel Aufsehen wie heute die Malerei der Avantgarde.

Die Innenausstattung der Kirche stammt von Franz Xaver Schmädl. Sie wurde erst nach der Einweihung der Kirche vollendet. Am rechten Seitenaltar finden wir ein großes gotisches Kruzifix, das berühmte Gelübdekreuz, von dem die Passionsspiele ausgegangen sind.

Am 20. Oktober 1632 war in Oberammergau die Pest ausgebrochen, das Dorf drohte auszusterben. In ihrer Not entschlossen sich die Bewohner zu einem folgenschweren Versprechen: Alle zehn Jahre, solange die Gemeinde besteht, wollten sie ein Spiel um Leiden und Tod Jesu Christi aufführen. Am 27. Oktober 1633 legten sie ihr Gelübde vor dem Kreuz ab, und mit diesem Tag, so erzählt die Ortschronik, sei die Seuche erloschen. Das Versprechen wurde ernstgenommen. Ungeachtet der Probleme des Dreißigjährigen Krieges, der damals herrschte, wurde bereits ein Jahr später das erste Spiel aufgeführt. Keiner der Votanten konnte auch nur annähernd ahnen, daß sich später dieses Spiel zu einem Anziehungspunkt für die ganze Welt entwickeln sollte.

Viele hunderttausend Gäste überfluten in einem Passionsspieljahr das Dorf. Eine hervorragende Organisation vermeidet das zu erwartende Chaos. Was ist das Geheimnis dieses Erfolges? Das kann wohl jeder fühlen, der einmal eine Aufführung miterleben durfte: Die Oberammergauer spielen ihre Passion heute noch mit dem gleichen Ernst und der Gläubigkeit, mit der sie vor 350 Jahren ihr Gelübde abgelegt haben.

Blick aus der Bären-
höhle auf den Kofel,
das Wahrzeichen
von Oberammergau

fort nach unten steigen und wäre in 5 Min. im Klosterhof. Es lohnt sich aber, der Versuchung zu widerstehen, auf dem Panoramaweg zu bleiben und am Kloster entlangzugehen. Vor allem für Fotografen ist das reizvoll. Der Weg eröffnet Blicke auf das Kloster, die nicht jeder vor die Linse bekommt. Er führt ziemlich eben den Hang entlang, links und rechts sind Viehweiden oder Buschwerk. Es ist immer wieder überraschend, wie sich der Blick auf die Klostergebäude von Schritt zu Schritt ändert. Schließlich treffen wir auf den Weg, der vom Tal zum Ettaler Manndl hinaufführt. Diesen gehen wir abwärts, wenden uns unten am Talboden wieder nach rechts und folgen dem Weg, der genau zwischen Berg und Kloster angelegt ist. Ein Schild »Klosterkirche« weist uns dann in den Hof des **Klosters** (1.30 Std.).

Nach einer Brotzeit in einer der vielen Wirtschaften, die es trotz des gewaltigen Andrangs immer noch schaffen, gute Qualität und schnelle Bedienung zu bieten, wandern wir weiter. Wir überqueren die Bundes-straße 23 und gehen, das Hotel Kaiser Ludwig der Bayer rechts liegenlas-send, zwischen den Häusern hin-durch bis zu einem Wiesenweg am Waldrand (»Geißenbachquellen, Et-tal, Linderhof«). Am Waldrand bie-gen wir rechts ab. So kommen wir in etwa 20 Min. zum Gasthaus **Benedik-tenhof** (1.50 Std.). Nach weiteren 10 Min. sind wir bei der **Ettaler Mühle** (2 Std.). Ihr Mühlrad dreht sich zwar noch, doch sie ist heute eine be-rühmte Ausflugswirtschaft mit ge-mütlichem Biergarten.

Vor der Mühle überqueren wir den Ammerkanal und gehen eine halbe Stunde am Kanalufer entlang durch das **Ammermoor** bis zur Brücke über die Ammer (2.30 Std.). Das Moor, Weidmoos genannt, steht seit 1982 unter Naturschutz. Es ist ein Flach-moorgebiet mit einer einzigartigen Pflanzenwelt, deren Blühen man vom ersten Frühjahr bis in den späten Herbst hinein beobachten kann.

Beide Ammerdämme führen jetzt nach Oberammergau zurück. Wir empfehlen den linken Damm, denn da fahren nicht gar so viele Radler. Auf der linken Seite stehen Büsche, dennoch ergeben sich immer wieder Durchblicke auf die Moorlandschaft und die Berge im Hintergrund. Je nach Jahreszeit lassen sich Binsen, Wollgras, Mehlprimeln, Schwertli-lien oder das Herzblatt entdecken. An dieser Stelle eine Bitte: Bleiben Sie am Weg, auch wenn die Blumen noch so locken. Abgesehen davon, daß Sie sehr schnell bis über die Knö-chel im Sumpf stecken können, ist der Moorboden extrem empfindlich. Ein paar unbedachte Schritte können seltene Pflanzen unwiederbringlich zerstören. Nach einer Stunde Moor-wanderung sind wir dann wieder in **Oberammergau** (3.30 Std.).

# 3 Ein Rundweg über dem Königsschloß
## Von Linderhof über das Pürschlinghaus zum Brunnenkopf

Noch vor gut 150 Jahren war in dem Tal hinter Graswang praktisch die Welt zu Ende. Die Berge bis hinüber nach Schwangau waren königlich-bayerisches Jagdrevier, einzig den Herrschern und ihren Gästen vorbe-halten. Diese »königliche Einsam-keit« können wir uns heute sicher nicht mehr vorstellen, wenn wir auf den riesigen Parkplatz beim Schloß fahren. Dennoch wird unsere Wan-derung durch die Besuchermassen nicht gestört. Sie bleiben praktisch alle im Park versammelt, und selbst wenn Sie am Zaun des Parks entlang-gehen, werden Sie fast allein sein.

**Charakter:** Einfache, aber etwas lange Ganztageswanderung, nur auf den letzten Metern zum Brunnenkopfgip-fel ein wenig ausgesetzt.

**Wegverlauf:** Vom Schloß Linderhof schräg aufwärts zum Pürschlinghaus, von dort auf einem Höhenweg unter-

# Ein königliches Refugium
## Schloß Linderhof

Lange haben die Kunsthistoriker das vom bayerischen König Ludwig II. erbaute Schloß Linderhof (s. Farbabb. 2) als puren Kitsch abgetan. Doch die vielen Millionen Besucher, die sich durch die ursprünglich dem König allein vorbehaltenen Räume drängen, haben sich davon nie stören lassen. Erst in den letzten Jahren beginnt man nun ganz vorsichtig, diesen verspäteten Rokokostil ernst zu nehmen und als eigene Kunstrichtung einzuordnen. Schließlich hat man erkannt, daß das Beharren des königlichen Auftraggebers auf höchster Perfektion sowohl dem damals nicht eben blühenden Kunsthandwerk neue Impulse gab als auch die Technik ein gutes Stück vorwärtstrieb. Für die elektrische Beleuchtung der Venusgrotte etwa baute Werner von Siemens einen der ersten Stromgeneratoren der Welt, die Farbeffekte wurden durch neu erschmolzene Gläser erzielt, die eigens in den Laboratorien der Glashütten entwickelt wurden. Die Handwerker mußten lernen, mit den neuen Materialien und Bedingungen richtig umzugehen.

Der bayerische König Maximilian II. besaß im Graswangtal ein Jagdhaus, den Linderhof. Seinem Sohn Ludwig, dem Thronfolger, war die Gegend daher wohl vertraut. 1869 begann er mit dem Bau von Schloß Linderhof. Es sollte weniger der Repräsentation dienen als ihm Wohnung und Zufluchtsort sein. Er beauftragte den Architekten Georg von Dollmann mit der Errichtung eines kleinen, intimen Hauses nach französischem Vorbild. Zehn Jahre wurde in diesem entlegenen Gebiet gebaut, wieder abgerissen und neu aufgebaut. Der König kümmerte sich um jedes Detail. Was ihm nicht gefiel, wurde verworfen, mußte neu, besser gemacht werden. Die Einrichtung erinnert an Ludwig XIV. aus Frankreich; Bourbonenlilie und Sonnensymbolik sind in fast allen Räumen zu finden. Der Psyche des menschenscheuen Königs entsprechen die nach innen ausgerichteten Räume. Einzig das königliche Prunkschlafzimmer öffnet sich nach außen, zur großen Wasserkaskade, die an heißen Sommertagen merkliche Kühle spendet. Die Besucherattraktion ist das berühmte »Tischlein-deck-

halb Teufelstättkopf, Hennenkopf und Dreisäuler Kopf zu den Brunnenkopfhäusern und weiter zum Brunnenkopfgipfel. Über die Brunnenkopfhäuser zurück auf dem alten Jagdweg nach Linderhof.

**Gehzeiten:** 6 Std. (Linderhof – Pürschlinghaus 2 Std. – Brunnenkopf 2.30 Std. – Linderhof 1.30 Std.)

**Höhenangaben:** Linderhof 943 m, Pürschlinghaus 1566 m, Brunnenkopf 1718 m

**Ausrüstung:** Bergstiefel; evtl. eine Reepschnur zum Sichern von Kindern beim Gipfelanstieg am Brunnenkopf

**Einkehrmöglichkeiten:** Pürschlinghaus (ganzjährig geöffnet), Brunnenkopfhäuser (nur in den Sommermonaten geöffnet), Gasthaus am Schloß Linderhof (ganzjährig geöffnet)

**Wanderkarten:** Kompass: Wetterstein (5); Topographische Karten: Pfaffenwinkel/Staffelsee oder L 8530

dich« im Speisezimmer. Der Tisch wurde in der darunterliegenden Küche gedeckt und über einen mechanischen Aufzug nach oben gefahren. So blieb der König während des Essens ungestört.

Der von Karl von Effner geplante Landschaftspark um das Schloß geht unmerklich in die Natur der Umgebung über. In ihm steht der maurische Kiosk, ein in arabischem Stil erbautes Gebäude aus Gußeisen, das ursprünglich ein böhmischer Gutsbesitzer in Auftrag gegeben hatte. Ludwig kaufte es auf der Pariser Weltausstellung 1867. Die Venusgrotte ist eine künstliche Höhle, die zum Teil in den Berghang hineingegraben ist. Sie sollte als Theaterkulisse dienen und den König mit seinem Thron unmittelbar in das gespielte Geschehen miteinbeziehen. Vorbild war die Blaue Grotte von Capri, vor allem aber der Palast der Venus aus der Tannhäusersage.

**Sehenswürdigkeiten:** Schloß Linderhof

**Anfahrt:** *Bus:* Mehrmals täglich Busverbindungen von Oberammergau nach Linderhof. *Auto:* Von Oberammergau auf der B 23 bis zum Ortseingang von Ettal, dort biegt man rechts Richtung Linderhof ein und fährt im Graswangtal bis Schloß Linderhof; Parkmöglichkeit auf dem Besucherparkplatz von Schloß Linderhof (gebührenpflichtig), am besten schräg links hinten (von der Einfahrt aus gesehen), bei den Brennholzstößen.

### Der Wanderweg

Unser Weg beginnt an der Westseite des riesigen Parkplatzes von Schloß Linderhof. Er ist zuerst mit »Brunnenkopf, Feigenkopf, Klammspitze« bezeichnet. Doch schon nach ein paar hundert Metern erreichen wir eine Abzweigung und folgen rechts dem Weg Nr. 232 Richtung Pürsch-

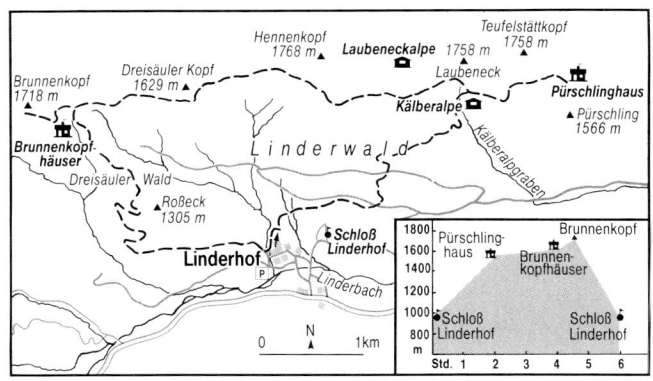

Wanderung 3:
Von Linderhof
zum Brunnen-
kopf

ling. Wir gehen am oberen Zaun des Schlosses vorbei und überqueren schließlich eine Forststraße (15 Min.). Dann wird der Weg im lichten Bergwald steiler, wir kreuzen eine zweite Forststraße. Im Süden taucht langsam die Zugspitze auf, zwischen den Bäumen schaut das Graswangtal herauf. An der Quelle des **Kälberalpgrabens** (1.45 Std.) verdecken uns die Ausläufer des Pürschling die Sicht. Hier stoßen wir auf den Höhenweg, der uns später zum Brunnenkopf führt. Die Viertelstunde zum **Pürschlinghaus** (2 Std.), der ersten Einkehrmöglichkeit, sollte man sich aber ruhig nehmen.

Vom Pürschlinghaus gehen wir auf dem Höhenweg E4 etwas oberhalb unseres Aufstieges am Latschenkopf vorbei immer in gleicher Höhe Richtung Westen. Wir wandern unter der ganzen Gipfelgalerie der nördlichen Ammergauer Berge vorbei: vom Teufelstättkopf über den Hennenkopf zum Dreisäuler Kopf. Auf unserem Weg brauchen wir bis zu den **Brunnenkopfhäusern** noch einmal gute zwei Stunden (4 Std.). Von dort aus steigen wir gemächlich in einer halben Stunde auf den **Brunnenkopf**

(4.30 Std.). Das letzte Stück des Weges vor dem Gipfel ist etwas schmal. Vielleicht ist es hier ganz gut, wenn Sie unerfahrene Kinder sichern (eine Reepschnur genügt).

Der Gipfel erlaubt eine umfassende Sicht auf die östlichen Ammergauer Berge. Im Norden liegen die großen Jagdreviere des Ammergaues, im Westen als Eckpfeiler die Scheinbergspitze (Tour 5) und im Süden die ganze Kette der südlichen Ammergauer Alpen von der Notkarspitz (Tour 1) bis zur Kreuzspitz und den Geierköpfen, dahinter unübersehbar das Wettersteinmassiv mit der Zugspitze.

Nach dem Rundblick wandern wir zu den **Brunnenkopfhäusern** zurück (4.45 Std.). Wenn wir hier einkehren, sind wir auf königlichem Boden, denn es sind ehemalige Jagdhäuser der bayerischen Herrscher. Heute gehören sie der Alpenvereinssektion Bergland aus München. Weiter gehen wir den mit »Linderhof« bezeichneten Weg hinunter. Obwohl es kein Fahrweg ist, hat man ihn ungewöhnlich breit und solide angelegt, wenn er auch an manchen Stellen durch kleine Erdrutsche etwas enger geworden ist. Zudem ist er offensichtlich ziemlich alt. Die Lösung des Rätsels: Es ist ein Reitweg, den sich die Wittelsbacher bauen ließen, um bequem zu Pferde zu ihren Jagdrevieren am Brunnenkopf zu gelangen. Man kann kaum versehentlich vom Weg abkommen. Aufpassen müssen Sie nur beim Queren der oberen Forststraße, hier ist der Weiterweg ein wenig versteckt. In einer guten Stunde sind wir wieder unten am **Parkplatz** (6 Std.) und haben sicher noch Zeit, durch den schön angelegten Schloßpark zu wandern oder gar eine Besichtigung mitzumachen.

# 4   Über Moränenhügel zum Rokoko-Juwel
## Von der Ammer zur Wieskirche

Wenn dieser Weg statt auf einen Gipfel nur über die Moränenbuckel unseres Voralpenlandes führt, so stellt er doch an unsere Leistungsfähigkeit ganz schöne Anforderungen. Dafür entschädigt er mit zwei Höhepunkten, die manchmal als Wunder bezeichnet werden: die Ammerschlucht mit den berühmten Schleierfällen und die von Johann Baptist Zimmermann erbaute Wieskirche, Höhepunkt des bayerischen Rokoko.

Am besten wäre es, wenn Sie schon um 8 Uhr morgens von der Ammerbrücke abmarschieren können. Dann kommen Sie genau zu der Zeit an die Schleierfälle, wenn diese im besten Fotolicht stehen, und Sie sind überdies schon vor 12 Uhr an der Wieskirche. Sie haben also Gelegenheit, sie ungestört zu besichtigen und können sich einen freien Platz in den ab Mittag immer überfüllten Gasthäusern sichern.

Wanderung 4: Von der Ammer zur Wieskirche

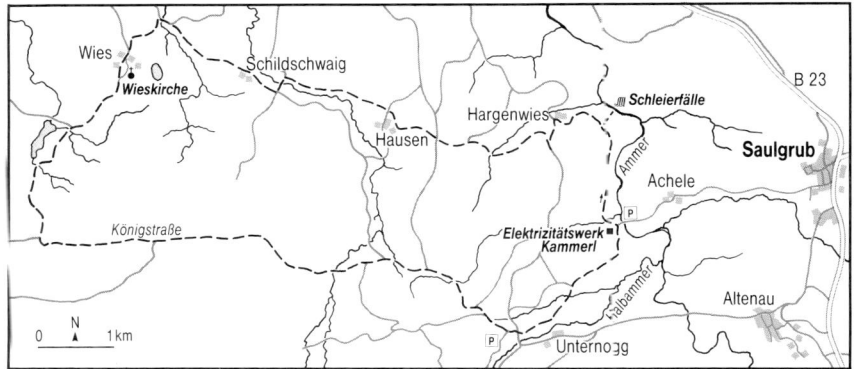

**Charakter:** Einfache Wanderung in der Voralpenlandschaft, die eine gewisse Ausdauer erfordert; ideal im Frühjahr oder Herbst, im Sommer teilweise heiß.

**Wegverlauf:** Von der Ammerbrücke bei Saulgrub am Ammerhochufer entlang zu den Schleierfällen, von dort über die Moränenhügel der Voralpen und durch den Weiler Hausen zur Wieskirche. Von der Kirche aus nach Süden zur Königstraße, am Trauchberg entlang zum Parkplatz Unternogg und weiter durch den Wald zurück zur Ammerbrücke.

**Gehzeiten:** 6 Std. (Hin- und Rückweg je 3 Std.)

**Höhenangaben:** Saulgrub 885 m, Wieskirche 871 m

**Ausrüstung:** Wanderschuhe

**Einkehrmöglichkeiten:** Gasthöfe an der Wieskirche (ganzjährig geöffnet)

**Wanderkarten:** Topographische Karten: Pfaffenwinkel/Staffelsee oder L 8330

**Sehenswürdigkeiten:** Schleierfälle in der Ammerschlucht, Wieskirche

**Anfahrt:** *Bahn:* Saulgrub liegt an der Bahnstrecke München – Oberammergau. *Bus:* Busverbindungen von Murnau, Oberammergau oder Peiting und Rottenbuch nach Saulgrub. Bus- und Bahnfahrer müssen je eine Stunde Weg zur Wanderung hinzurechnen, da kein öffentliches Verkehrsmittel zur Ammerbrücke fährt. *Auto:* Von Oberammergau auf der B 23 Richtung Schongau bis Saulgrub, dort biegt man kurz hinter dem Bahnübergang links in die Achelestraße ein und fährt in der Sackgasse bis zur

Ammer vor. Dort stehen ausreichend Parkplätze zur Verfügung.

### Der Wanderweg

Wir beginnen unsere Wanderung bei **Saulgrub** an einer alten **Eisenbrücke**, die über die Ammer führt. Am anderen Ufer gehen wir um das Elektrizitätswerk Kammerl herum, das seit der Jahrhundertwende den Strom für die Bahn von Murnau nach Oberammergau liefert, und steigen am steilen Gegenufer nach oben. Der Weg ist durchwegs gut beschildert. Wir folgen zunächst den Tafeln »Schleierfälle« und wandern mit mehr oder weniger Abstand am Hochufer der Ammer entlang. Die vielen Blitzmarken an den Bäumen sind ein deutliches Anzeichen dafür, wie extrem feucht der Untergrund ist. Nach 30 Min. verzweigt sich der Weg, wir steigen rechts zur Ammer ab und erreichen nach weiteren 10 Min. die berühmten **Schleierfälle** (40 Min.). Die Naturschützer haben diesen Weg gut ausgebaut und alle anderen ausgetretenen Trampelpfade gesperrt. In ein paar Jahren werden sie zugewachsen sein. Bitte bleiben auch Sie am Weg. Manche dieser alten Pfade sind heute äußerst gefährlich, weil sie unvermittelt an abgebrochenen, meist überhängenden Steilstellen über der Ammer enden.

Die Schleierfälle sind ein einmaliges Naturphänomen. Üblicherweise treten Quellen konzentriert zu Tage. An dieser Stelle aber hat die Ammer bei der Eintiefung nach der Eiszeit eine wasserführende Schicht waage-

# Bayerns schönster Schwarzbau
## Die Wieskirche

Es ist kaum zu glauben: Die Wieskirche bei Steingaden (s. Farbabb. 4), weltbekannt als die Krönung des süddeutschen Rokoko, ist ein Schwarzbau. Als nämlich 1750 endlich die Baugenehmigung erteilt wurde, war schon der Dachstuhl aufgerichtet. Wie war das möglich? Wir müssen uns dazu in die Mitte des 18. Jh. versetzen, als die barocke Welt in einen fast einzigartigen Baurausch verfallen war. In ganz Mittel- und Südeuropa entstanden in kürzester Zeit so viele Schlösser und Klöster wie niemals vor- oder nachher. Doch damit nicht genug. In der Umgebung der Klöster baute man Wallfahrtskirchen, ähnlich prächtig ausgestattet wie das Kloster selbst. Das hatte natürlich einen handfesten finanziellen Hintergrund. Der Bauboom verursachte nämlich hohe Kosten, die die Klöster (und die Adligen) aus ihren Einkünften bestreiten mußten. Den Bauern konnten sie keine zusätzlichen Abgaben auferlegen. Wenn also die Kassen leer waren, dann konnte schon einmal bei einem Abt oder Prälaten der Wunsch nach einer zugkräftigen Wallfahrt auf seinem Klostergebiet aufkommen, die zahlungskräftige Pilger – Touristen im heutigen Verständnis – anlockte. Aber das hatte einen großen Haken: Man mußte noch einmal investieren, um die Wallfahrtskirche möglichst prächtig auszustatten, denn sonst wurden nicht genügend Besucher angezogen, und die ganze Investition war in den Sand gesetzt.

Genau in dieser Situation war der Abt von Steingaden, Hyazinth Gassner, um das Jahr 1740. Zur geplanten 600-Jahr-Feier seines Klosters 1747 wollte er es in prunkvoll-barockem Stil erneuern lassen. Doch die ihm zugeordnete Wallfahrtskirche von Ilgen, etwa 70 Jahre zuvor erbaut, war kein besonderer Erfolg. Kurzum, die wirtschaftliche Lage des sowieso nicht sehr begüterten Klosters war nicht besonders erfreulich. Da setzte der Abt alles auf eine Karte: Er würde die weitum schönste, größte und prächtigste Wallfahrtskirche bauen, die man

recht durchschnitten und gleichzeitig unterspült, so daß das Wasser auf einer Breite von etwa 50 m austritt und als dünner, durchsichtiger Wasservorhang ins Tal fällt. Die feinen Tröpfchen lassen sehr viel Wasser verdunsten. Wir sehen das deutlich an der starken Moosbildung, und vor allem an trockenen Tagen spürt man die Feuchtigkeit angenehm beim Atmen. Bei der Verdunstung fällt der gelöste Kalk aus und lagert sich in sehr lockeren Schichten am Boden ab, den Tuffsteinterrassen, über die das Wasser in Kaskaden in die Ammer fließt. Hier noch eine dringende Bitte: Halten auch Sie sich an die freiwillige Verpflichtung der Kajakfahrer, die Tuffsteinterrassen nicht zu betreten. Der Tuff ist an dieser Stelle außerordentlich empfindlich. Geologisch gesehen ist er ja eben erst geboren. Jeder Schritt verändert seine weiche Struktur, löst etwas ab, das vom Wasser weggespült wird. Bei den vielen Besuchern, die heute hierher kommen, wäre schnell nichts mehr von dem Gestein übrig.

sich denken konnte. Das Tränenwunder vom 14. Juni 1738 kam ihm dabei gerade recht.

Da hatte nämlich eine alte, unansehnliche Prozessionsfigur, ein Heiland, den die Bäuerin Maria Lori in der Wies bei ihrem Bauernhof aufgestellt hatte, Tränen vergossen. Die Geschichte verbreitete sich in dieser wundergläubigen Zeit blitzschnell, und der Strom der Wallfahrer schwoll ganz ohne kirchliches Zutun immer mehr an. Diese Figur, so beschloß der Abt, sollte der Mittelpunkt seiner neuen Kirche sein.

Doch zum Bauen brauchte man auch damals schon eine Genehmigung der kurfürstlich-bayerischen Regierung, und die hätte das Kloster nie bekommen, wußte man doch in München nur zu gut, daß die Kasse von Steingaden leer war. Seelsorgerischer Bedarf und finanzielle Potenz waren auch damals Voraussetzung für eine solche Erlaubnis. Also fing man ohne Genehmigung an. Natürlich ließ sich das Projekt nicht lange verheimlichen, und so entstand ein recht abenteuerlicher Briefwechsel: Während die Regierung immer energischer auf Klarstellung drang, wich der Abt, es war inzwischen Marianus Mayer, allen kritischen Fragen sorgfältig aus. Seine Hoffnung, daß sich der Bau aus den laufenden Spendengeldern finanzieren würde, erfüllte sich nicht, die Schulden des Klosters wurden größer und größer. Den Bau einstellen konnte man aber auch nicht mehr, denn dann wäre die Wallfahrt in kurzer Zeit völlig versiegt. Also entschloß sich die Regierung zu einer nachträglichen Sanktionierung, eben zu der Zeit, als der Dachstuhl abgebunden wurde.

Genaugenommen hatte der Abt mit seiner Spekulation recht behalten: Die Wieskirche ist heute mehr denn je das Ziel von vielen tausend Besuchern täglich, die Größe der Parkplätze spricht ein deutliches Wort. Und sie ist ein Wunder an Form und Lichtführung geworden. Zu welcher Tageszeit man die Kirche auch betritt, ob Sommer oder Winter, sie stellt sich immer in anderer Gestalt dar. Der berühmte Baumeister der Kirche, Dominikus Zimmermann, hat sie gemeinsam mit seinem Bruder Johann Baptist so gestaltet, daß sie zu jeder Tageszeit, bei jedem Sonnenstand wirkt, als ob sie genau für dieses Licht gebaut wäre.

Wenn wir uns sattgesehen haben, steigen wir den Weg, auf dem wir gekommen sind, zur Abzweigung zurück und folgen jetzt dem Schild »Parkplatz Morgenbach«. Am Weg ergeben sich noch ein paar schöne Tiefblicke in die Ammerschlucht. Wenn Sie Glück haben, können Sie die ersten Wassersportler in ihren bunten Kajaks beobachten. In **Hargenwies,** dem Bauernhof, auf den wir schließlich stoßen, biegen wir links in die Teerstraße ein, um nach ein paar hundert Metern schräg aufwärts

die Straße nach Hausen zu nehmen. Auch das ist eine geteerte Straße. Doch vor allzuviel Verkehr werden wir hier üblicherweise nicht gestört. Um das Naturschutzgebiet Wildseefilz herum sind wir in einer Stunde beim kleinen Weiler **Hausen** (2 Std.). Eigentlich täte jetzt eine Vormittagsbrotzeit beim Hauserwirt gut, aber das Wirtshaus ist seit einiger Zeit geschlossen. An dem kleinen Wanderparkplatz am Nordende des Dorfes finden wir einen Wegweiser zur Wieskirche (Symbol), der uns auf einen Feldweg weist. Wir bewundern die herrlichen Blumenwiesen auf beiden Seiten des Weges, müssen aber auch mit Entsetzen feststellen, wie stark die einst so prächtigen einzelnstehenden Fichten durch das Baumsterben geschädigt sind. Wir kommen an eine Sägerei, die wir rechts liegenlassen, und steigen auf der Teerstraße schräg den Hang nach oben zum **Landgut Schildschwaig** (2.30 Std.). Das Wohnhaus gleicht mehr einem Schloß als einem Gutshaus. Eine halbe Stunde brauchen wir von Hausen bis hierher, wenn wir den Wegschildern folgen, sind wir in weiteren 30 Min. am Ziel, der **Wieskirche** (3 Std.).

Von der Kirche aus nehmen wir zunächst den König-Ludwig-Weg Richtung Süden (Blaues »K« auf weißem Grund), bis zur Gabelung Altenau/Trauchgau (3.45 Std.). Wir wenden uns nach links und wandern gemütlich durch Felder und Wald immer geradeaus auf der alten Königstraße bis zum **Parkplatz Unternogg** (5.15 Std.).

Am Parkplatz überqueren wir die Teerstraße und gehen auf dem geschotterten Waldweg in Richtung Kammerl/Saulgrub. An zwei Wegverzweigungen halten wir uns jeweils links, bis wir auf der linken Seite einen kleinen Weiher durchs Gebüsch blitzen sehen. Hier heißt es aufpassen. Der breite Weg führt um den Weiher herum, wir aber müssen den viel schmaleren, unauffälligen Pfad gehen, der sich geradeaus in den Wald hinein zieht. Nach 45 Min. (vom Parkplatz aus) sind wir wieder an der **Ammer** und können uns in Saulgrub noch einen Nachmittagskaffee oder ein Abendessen leisten (6 Std.).

# 5    Ein stiller Gipfel hoch über dem Ammerwald
## Vom Graswangtal auf die Scheinbergspitze

Die Scheinbergspitze liegt wie ein Sperriegel am Ende des Graswangtals. Wäre in dem Tal früher eine wichtige Durchgangsstraße gewesen, so stünde sicher an den Flanken des Berges eine stattliche Burg. Da das Land hier aber keinerlei strategische Bedeutung hatte, blieben die Hirsche und Gemsen in den Wäldern allein, bis heute! Der Weg auf die Scheinbergspitze läßt sich praktisch das ganze Jahr über gehen, sogar im Winter, wenn wenig Schnee liegt. Der Aufstieg führt nämlich genau über einen Südhang. Am Fuß des Berges, wo im Winter kaum die Sonne hinkommt, steht lichter Hochwald. Da liegt nie viel Schnee am Boden. Und weiter oben, über der Waldgrenze, hat die Sonne selbst im Winter genug Kraft, den Schnee wegzuschmelzen, wenn er nicht schon vom Wind verblasen ist.

**Charakter:** Einfache Ganztageswanderung ohne ausgesetzte Stellen.
**Wegverlauf:** Auf dem Südhang der Scheinbergspitze durch den Berg-

Blick vom Gipfel der Scheinbergspitze auf die Hochplatte

wald auf den Gipfel und auf dem gleichen Weg wieder zurück.

**Gehzeiten:** 5 Std. (Graswangtal – Scheinbergspitze 3 Std.; Rückweg 2 Std.)

**Höhenangaben:** Graswangtal 1070 m, Scheinbergspitze 1926 m

**Ausrüstung:** Bergstiefel

**Einkehrmöglichkeiten:** Keine

**Wanderkarten:** Kompass: Wetterstein (5); Topographische Karten: Füssen oder L 8530

**Achtung:** Ausweis nicht vergessen! Der Berg befindet sich zwar auf deutschem Boden, die Grenzkontrollen sind aber schon vorher.

**Anfahrt:** Der Ausgangspunkt der Wanderung ist nicht mit öffentlichen

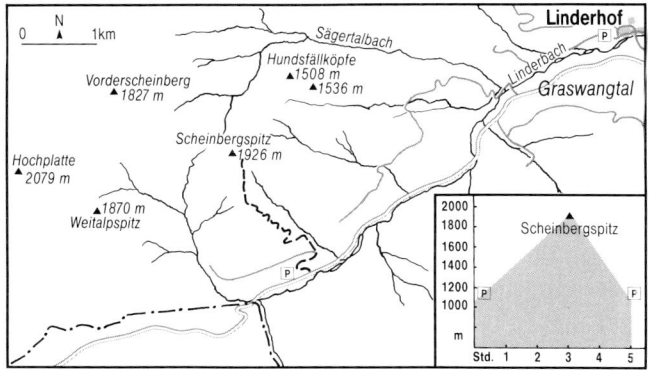

Wanderung 5:
Vom Gras-
wangtal auf die
Scheinberg-
spitze

Verkehrsmitteln zu erreichen! *Auto:* Von Oberammergau auf der B 23 bis zum Ortseingang von Ettal, dort biegt man rechts Richtung Linderhof in das Graswangtal ein. Man fährt an Schloß Linderhof und dem deutschen Grenzposten vorbei Richtung Reutte, überquert nach 3 km den Linderbach und kommt nach weiteren 3 km an einen großen Holzlagerplatz, an dem rechts eine Forststraße mündet (die erste nach der Bachbrücke). Hier kann man das Auto abstellen.

### Der Wanderweg

Vom **Parkplatz** marschieren wir zunächst den Forstweg entlang. Erst bei der zweiten Serpentine findet sich zu unserer Beruhigung ein Wegweiser des Alpenvereins: »Scheinbergspitze«. Der kleine Steig biegt nach oben ab und führt in ständigem Zickzack am Bachrand aufwärts. Der Weg ist angenehm zu gehen. Der Wald hält die Sonne ab, so daß wir nicht zu sehr ins Schwitzen kommen. Wir durchqueren einen gewaltigen Windbruch, der weitgehend aufgeräumt, zum Teil sogar schon wieder aufgeforstet ist. Nach knapp 2 Std. erreichen wir an der **Stocklahne** die Wald-

grenze, die hier, wie überall in den Nordalpen, bei etwa 1600 bis 1700 Höhenmetern liegt. Ein kleines Bankerl lädt zu einer Brotzeit ein. Dann führt der Weg, steiler als bisher, durch Latschenfelder gerade auf den **Gipfel** zu (3 Std.).

Weil die Scheinbergspitze sich wie eine Sperrburg in das Ammertal legt, erlaubt der Gipfel eine prächtige Rundsicht. Tief unter uns liegt Linderhof, das Traumschloß des einsamen bayrischen Königs Ludwig II. Weit im Hintergrund glänzt die Kuppel der Ettaler Klosterkirche. Im Süden ragt die Zugspitze zwischen der Kreuzspitz und den Geierköpfen auf. Im Westen dominiert die Hochplatte, die man sowohl vom oberen Graswangtal als auch vom Füssener Land her besteigen kann. Im Hintergrund reihen sich die Lechtaler auf, der charakteristische Hochvogel aus den Allgäuer Alpen überragt sie alle.

Für die Mittagsrast bietet sich der grasbewachsene Sattel zwischen Gipfel und Vorgipfel an. Zum einen bläst hier der Wind nicht so stark wie weiter oben, zum anderen liegt man im Gras sehr viel besser als auf den harten Gipfelfelsen. Ins Tal gehen wir (ausnahmsweise) auf dem gleichen Weg zurück, auf dem den wir gekommen sind. Die beiden anderen Wege, die nach Nordosten und Nordwesten vom Gipfel ins Tal führen, sind zum Teil mit Kletterei verbunden. Sie ist zwar nicht schwer, aber für uns Bergwanderer nicht so ganz geeignet. Überdies wären beide Wege mit einem langweiligen »Talhatscher« auf der belebten Autostraße verbunden – sicher kein Vergnügen. Nach knapp 2 Stunden sind wir wieder zurück am **Parkplatz (5 Std.).**

# 6    Im königlichen Jagdrevier
## Auf den Tegelberg

Tegelberg nennt man heute den ganzen Bergwall, der sich östlich der beiden Königsschlösser Neuschwanstein und Hohenschwangau auftürmt. Er hat seinen Namen von einem kleinen, unauffälligen Waldberg bekommen, der unterhalb der Bergstation der Seilbahn in Richtung Neuschwanstein liegt. Der höchste Gipfel des Bergwalls, den man vom Forggensee aus so gut fotografieren kann, heißt Brandnerschrofen. Er ist unser erstes Wanderziel.

**Charakter:** Einfache Wanderung, auch für Kinder geeignet; nur das letzte Stück zum Brandnerschrofen etwas ausgesetzt.
**Wegverlauf:** Auffahrt mit der Tegelbergbahn, Abstecher auf den Gipfel des Brandnerschrofen, von dort zurück zur Gipfelstation. Auf einem Höhenweg weiter zum Ahornsattel und über Wiesen auf einem alten Jagdsteig zur Jägerhütte. Auf bequemer Alpstraße weiter zur Bleckenau, am Schloß Neuschwanstein vorbei durch die Pöllatschlucht zum Parkplatz zurück.

**Gehzeiten:** 6 Std. (Bergstation Tegelbergbahn – Brandnerschrofen und zurück 1 Std. – Ahornsattel 1 Std. – Jägerhütte 1.30 Std. – Bleckenau 1 Std. – Schloß Neuschwanstein 1 Std. – Talstation Tegelbergbahn 30 Min.)
**Höhenangaben:** Talstation Tegelbergbahn 840 m, Bergstation Tegelbergbahn 1707 m, Brandnerschrofen 1880 m, Ahornsattel 1707 m, Jägerhütte 1430 m, Bleckenau 1167 m, Schloß Neuschwanstein 964 m
**Ausrüstung:** Bergstiefel
**Einkehrmöglichkeiten:** Bergstation Tegelbergbahn (geöffnet während der Betriebsstunden der Bahn), Jägerhütte (geöffnet, solange die Alpe bewirtschaftet ist), Bleckenau (geschlossen werktags Mitte November bis Weihnachten, aber Samstag und Sonntag geöffnet; Übernachtung auf Matratzenlager möglich)
**Wanderkarten:** Kompass: Füssen, Tannheimer Gruppe (4); Topographische Karten: Füssen oder L 8530; Zumstein: Füssen, Schwangau, Buching (1)
**Sehenswürdigkeiten:** Schlösser Neuschwanstein und Hohenschwangau,

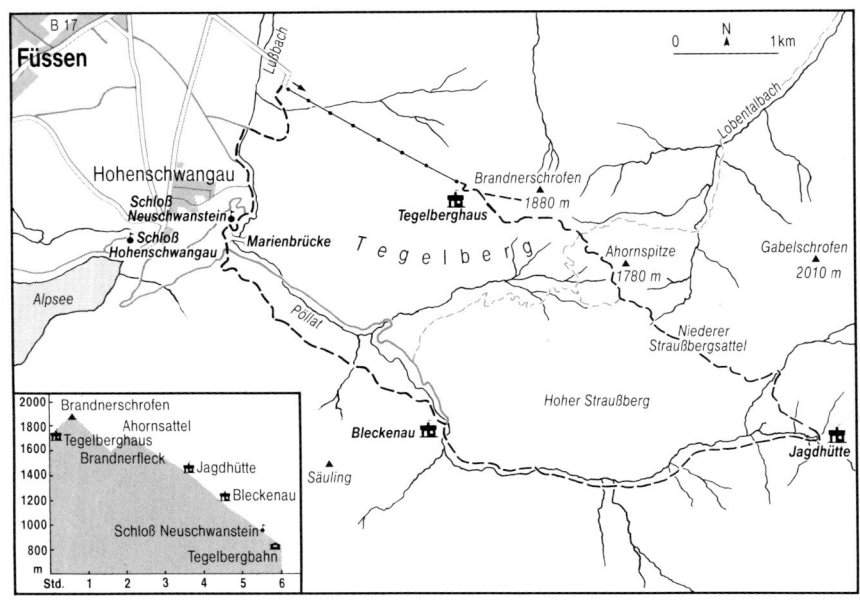

Wanderung 6: Auf den Tegelberg

Wallfahrtskirche St. Koloman bei Schwangau

**Anfahrt:** *Bus:* Busverbindungen von Steingaden und Füssen direkt zur Talstation der Tegelbergbahn; Busverbindung Bleckenau – Talstation (im Sommer letzter Bus etwa um 18 Uhr). *Auto:* Von Füssen auf der B 17 Richtung Schongau; am Ortsende von Schwangau biegt man rechts ab zum Parkplatz an der Talstation der Tegelbergbahn (kostenlos, im Gegensatz zu den Parkplätzen an den Schlössern).

**Der Wanderweg**

Wir nehmen möglichst die erste Gondel der Tegelbergbahn. Offiziell beginnt der Seilbahnbetrieb erst um 9 Uhr, doch meist lassen die freundlichen Bahnbediensteten schon um halb neun die erste Fracht Berghungriger nach oben abschweben. Anspruch darauf hat natürlich niemand!

So können wir es uns gut leisten, dem Brandnerschrofen einen Besuch abzustatten. Unmittelbar hinter der Bergstation, am Startplatz der Drachenflieger, führt der Weg schräg nach oben zum **Gipfel** (30 Min.). Vor allem Kinder steigen gerne auf diesen Gipfel, denn ganz oben gibt es für Berggewohnte und Schwindelfreie eine leichte, ungefährliche Kletterei. Wer sich unsicher fühlt, braucht nur auf die letzten Gipfelmeter zu verzichten und kehrt beim Schild »Nur für Geübte« um. Die Aussicht ist praktisch die gleiche.

Im Westen liegt tief unter uns die berühmte Füssener Seenplatte: der Bannwaldsee, der Hopfensee und der

Forggensee, dem man zumindest im Sommer nicht ansieht, daß es der aufgestaute Lech ist. Im Frühjahr, im späten Herbst und im Winter wird der Wasserspiegel so weit abgesenkt, daß der See einer Schlammwüste gleicht. Schade! Im Südwesten baut sich der mächtige Säuling auf, dahinter leuchten die Kletterfelsen der Lechtaler Berge. Direkt im Süden sehen wir unseren späteren Wanderweg, der sich in steilem Zickzack zum Ahornsattel hinaufwindet. Darüber steht der Hohe Straußberg, den wir heute noch umrunden werden. Der Berg links davon ist die Hochplatte. Ganz im Norden erheben sich die bewaldeten Höhen der Trauchgauer Berge, an deren Nordflanke wir bei unserer Wanderung um die Wieskirche vorbeimarschieren (Wanderung 4).

Diese Berge waren einst das Jagdrevier der bayerischen Könige. Maximilian II. hatte unten auf Schloß Hohenschwangau seine Privatwohnung. Wenn Sie in dieser Gegend auf einen besonders breiten Wanderweg stoßen, so können Sie mit ziemlicher Sicherheit annehmen, daß er einst als Reitweg dem königlichen Jagdvergnügen diente.

Vom Gipfel aus könnte man weglos zum Brandnerfleck absteigen, wie es in manchen Führern beschrieben steht. Diesen Abkürzer sollten Sie jedoch tunlichst vermeiden, denn in dem zum Teil sehr steilen Gelände verläuft man sich leicht. Also gehen wir den Aufstiegsweg bis zur **Gipfelstation** zurück (50 Min.).

Unser Weiterweg führt vom Flugdrachen-Startplatz aus am Südhang um den Brandnerschrofen herum und fällt dann zum Brandnerfleck

hin leicht ab. Hier können Sie mit etwas Glück im Sommer den schwarzen Alpensalamander beobachten, wenn in der Frühe der Weg noch feucht vom Tau ist. Am **Brandnerfleck** (1.30 Std.) wenden sich die meisten Bergwanderer nach rechts und steigen zur Bleckenau hin ab. Der scharfe Aufstieg, den wir jetzt gehen werden, schreckt wohl viele ab. Doch so schlimm kommt es nicht, in längstens einer halben Stunde sind wir auf dem **Ahornsattel** (2 Std., s. Farbabb. 5).

**Abstecher:** Wenn Sie Lust und Kondition haben, können Sie noch einen zweiten Gipfel »mitnehmen«: die **Ahornspitze,** auf die Sie noch etwa 20 Min. brauchen werden.

Wir halten uns am Sattel links, überqueren ein großes Geröllfeld und kommen über den **Niederen Straußbergsattel** (3 Std.) auf eine alte königliche Jagdstraße, der wir durch den Wald hinunter zur **Jägerhütte** folgen (3.30 Std.). König Ludwig II. von Bayern ließ sich mit einer Sänfte herauftragen, sein Vater Maximilian II. hat das Pferd bevorzugt. Ein Bildstock mit dem hl. Magnus erinnert an die Mühen der Aufforstung in dieser Gegend.

Die Jägerhütte ist eine Alpe. Hier ist endlich unsere Mittagsrast fällig. Die Gabler Waltraut arbeitet schon seit über 25 Jahren hier als Sennerin, sie hat immer Milch und Brot mit duftendem Bergkäs für ihre hungrigen Gäste bereit. Nach der Pause bummeln wir auf der breiten Alpstraße gemütlich in einer Stunde in die **Bleckenau** (4.30 Std.), wo das ehemalige königliche Forsthaus zu ei-

# Wenn Könige träumen
## Hohenschwangau und Neuschwanstein

Königliche Träume bewirken oft Großes, Gewaltiges. Sie übertragen sich, und Tausende, ja Millionen träumen mit. Die beiden Schlösser in Schwangau sind der zu Stein gewordene Beweis dafür. Beginnen wir bei Hohenschwangau. Als der jugendliche bayerische Kronprinz Max 1829 bei seinem ersten Besuch in Füssen die heruntergekommene, nur mit einem Notdach versehene Schloßruine sah, hatte er den Traum, daß dies seine Heimat, seine Wohnung, sein privates Refugium werden könnte. Er hatte sich schlichtweg in diesen Ort verliebt. Aber auch Könige oder Kronprinzen müssen sich in Geduld üben. Erst drei Jahre später ließ sich der damalige Besitzer überreden, ihm das Schloß samt Grund zu verkaufen.

So ein Besitzerwechsel ist typisch für die Geschichte Hohenschwangaus. Ursprünglich, im 11. Jh., gehörte es den Herren von Schwangau, Untertanen der Welfen. Die Burg verfiel, und im 16. Jh. kaufte der kaiserliche Rat Hans von Paumgartner diesen Felsen mit den Ruinen und ließ sich von einem neapolitanischen Baumeister eine Renaissanceburg hinstellen. Doch offensichtlich hatte ihn der Bau finanziell überfordert, denn er mußte ihn seinen Gläubigern überlassen. Die verkauften die Burg schließlich an den Wittelsbacherherzog Albrecht V. In bayerischem Besitz blieb die Burg bis zu den Kriegen zwischen Tirol und Bayern zur Zeit Napoleons. Die Tiroler schossen sie zur Ruine, die eigentlich nur mehr abgebrochen werden konnte. Nun erwarb sie der Fürst von Öttingen-Wallerstein, ließ sie provisorisch decken und mußte dann feststellen, daß auch seine Mittel nicht ausreichten, sie zu halten. Er hatte nämlich im Rahmen der Säkularisierung das Kloster Füssen zugesprochen erhalten, aber mit dem Kloster auch die Schulden der Füssener Benediktiner übernehmen müssen, und die waren enorm! So verkaufte er die Burg an einen Privatmann, der sie schließlich 1832 (wohl mit gutem Gewinn) dem Kronprinzen Max übereignete.

Max beauftragte seinen Zeichenlehrer, Domenico Quaglio, die Ruine zu seiner privaten Wohnung zu gestalten. Der Künstler bewies, daß er nicht nur Theatermaler war, sondern daß er auch als Architekt behutsam altes Gemäuer in (damals) modernste Wohnräume verwandeln konnte. Die Bausubstanz des alten Schlosses ließ er praktisch unverändert, nur mit wenigen Zutaten gab er ihm die damals vor allem vom König selbst hochgeschätzten Formen der Neugotik. Die Inneneinrichtung ist komplett in dieser Stilrichtung ausgeführt. Sie wurde später nie verändert, so daß man sich heute noch ein gutes Bild davon machen kann, was für einen Geschmack der mächtigste Mann Bayerns vor 150 Jahren hatte.

Die Bilder und Wandmalereien erzählen deutsche Geschichte, deutsche Sagen, meist nach Entwürfen von Moritz von Schwind. Man kann sich gut vorstellen, daß diese Märchenwelt auf Ludwig, den ältesten Sohn Maximilians, einen großen, beständigen Eindruck gemacht hat. Da wurde wohl der andere Traum zum ersten Mal geträumt, gegenüber, auf dem Felsen über der Pöllatschlucht, eine Ritterburg, eine Gralsburg zu bauen.

Bereits 1868, vier Jahre nach dem Regierungsantritt Ludwigs II., wurde der Grundstein gelegt, beim Tod des Königs 1886 waren die Handwerker immer noch tätig. Es ist eine reine Traumwelt, die hier entstanden ist, eine Welt, die nur dem König allein gehörte. Sind es in Hohenschwangau die Bilder, welche Sagen und Geschichte erzählen, so ist es in Neuschwanstein der gesamte Bau

Der Traum des Königs

einschließlich der Einrichtung. In einem grandiosen, alle bisherigen Maße übertreffenden Gesamtkunstwerk werden die Themen der Wagneropern dargestellt, Hans Sachs und Walther von der Vogelweide, die deutschen Sagen und die Heldenlieder. Der Höhepunkt der vielen Räume ist wohl der (nicht mehr vollendete) Thronsaal im dritten Stock. Die Thematik der Wandbemalung bezieht sich wiederum auf den Herrscher: Der König auf seinem Thron (den man sich denken muß, denn er wurde nie aufgestellt) ist umgeben von Christus, den drei Weisen aus dem Morgenland, heiligen Königen und Propheten aus dem alten Testament und vorchristlichen Gesetzgebern. Er reiht sich zwischen sie ein, fühlt sich ihnen gleichberechtigt.

Ludwig wachte eifersüchtig darüber, daß dieser Traum aus Stein, Holz, Glas und Farbe nur für ihn allein da war. In dem Schloß wurden zu Lebzeiten des Königs kein einziges Mal Besucher empfangen, keiner der bayerischen oder deutschen Adligen durfte es jemals betreten, die ihm verhaßte bayerische Regierung schon gar nicht. Erst bei der Verhaftung des Königs sahen die bayerischen Minister das erste Mal das Schloß von innen. Der Monarch muß dies als doppelte Provokation empfunden haben.

Träume eines Königs übertragen sich. Die Millionen Besucher, die alljährlich durch die Schlösser wandern, träumen mit. Sie träumen von einer Welt, die es nie gegeben hat, die immer unwirklich war und die, wie im Märchen, allein Königsmacht für einen Augenblick Wirklichkeit werden ließ.

nem Kaffee einlädt. Wer jetzt schon müde ist, kann sich mit dem Linienbus zum Parkplatz zurückfahren lassen.

Viel schöner ist es jedoch, über den ruhigen Wasserleitungsweg auf Schloß Neuschwanstein zu zu wandern. Dazu müssen wir hinter der Bachbrücke in der Bleckenau ein paar Meter zurückgehen und dann in den ungeteerten Weg einbiegen, also nicht zwischen den zwei Holzhäusern hindurch marschieren. Eine Stunde wandern wir so durch den lichten Hochwald bis nach **Neu**-schwanstein (5.30 Std.), können uns das Schloß von der berühmten Marienbrücke aus ansehen und biegen dann gleich hinter der Abzweigung Marienbrücke steil in die Pöllatschlucht hinunter. Dort geht es wenigstens nicht gar so schlimm zu wie auf den großen Prozessionswegen von den Parkplätzen zum Schloß. Wir marschieren die Pöllat abwärts, kommen bei der verfallenden Gipsmühle an einer Sägerei auf die Straße und brauchen von dort nur den Wegweisern zurück zum **Parkplatz** (6 Std.) zu folgen.

# 7 Auf stillen Wegen über der alten Reichsstadt
## Über den Füssener Kalvarienberg zum Schwansee

Es ist nicht zu leugnen, die Parkplätze von Neuschwanstein sind fast immer übervoll. Selbst in Füssen hört man mehr Englisch, Italienisch oder Japanisch als das heimische Schwäbisch. Der Ausgangspunkt der weltbekannten Romantischen Straße zieht Besucher aus aller Herren Länder wie ein Magnet an. Fast will man es nicht glauben, daß hier, direkt bei Füssen, noch eine ruhige Wanderung möglich ist, die ihren Ausgangspunkt direkt im Stadtzentrum hat. Und doch geht kaum einer der vielen tausend Besucher auf den Kalvarienberg, der eine ungeahnte Aussicht auf die Stadt, die Königsschlösser und das gesamte Alpenvorland bietet.

**Charakter:** Einfache Halbtageswanderung; bei feuchtem Boden etwas Vorsicht beim Abstieg geboten.

**Wegverlauf:** Von Füssen auf den Kalvarienberg östlich der Stadt und über den Schwansee und den Lechfall wieder zurück.

**Gehzeiten:** 2 Std. (Füssen – Kalvarienberg 45 Min. – Schwansee 30 Min. – Füssen 45 Min.)

**Höhenangaben:** Füssen 808 m, Kalvarienberg 953 m

**Ausrüstung:** Wanderschuhe

**Einkehrmöglichkeiten:** Gasthäuser in Füssen

**Wanderkarten:** Kompass: Füssen (4); Topographische Karten: Füssen oder L 8530; Zumstein: Füssen, Schwangau, Buching (1)

**Sehenswürdigkeiten:** Füssen: Hohes Schloß, ehemalige Klosterkirche St. Magnus mit Krypta und Totentanzkapelle, Museum im ehemaligen Kloster

**Bademöglichkeit:** Schwansee

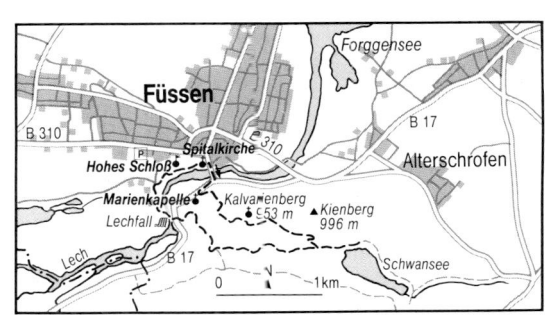

Wanderung 7:
Über den Füssener Kalvarienberg zum Schwansee

**Tip:** Im Sommer jeden Montag abend um 20 Uhr Alphornblasen am Schwansee
**Anfahrt:** *Bahn:* Füssen ist Endstation der Bahnlinien von München und Augsburg. *Bus:* Gute Busverbindungen von allen Orten der Umgebung nach Füssen. *Auto:* A 7 bis zum Autobahnende, weiter auf der B 310 bis Füssen. Das Auto läßt man am besten auf einem der großen Parkplätze westlich des Stadtkerns, unterhalb des Hohen Schlosses (an Werktagen gebührenpflichtig).

**Der Wanderweg**
Wir beginnen im Zentrum **Füssens**, am oberen Ende der Reichenstraße, vor dem Haus mit der Kanonenkugel. Dort wenden wir uns schräg nach links, gehen an der alten **Benediktinerabtei**, dem heutigen Rathaus und Museum, vorbei und freuen uns über die bunt bemalte **Spitalkirche**, ehe wir auf der Brücke den Lech überqueren. Etwas lechaufwärts, über der Tiroler Straße, steht die kleine Kirche »Zu Unserer Lieben Frau am Berg«. Dort beginnt unsere Wanderung.

Über Treppen führt der verwachsene Weg aufwärts, immer wieder an Kapellen vorbei, in denen große Ölbilder mit der Leidensgeschichte

Christi hängen. Auf einem kleinen Hügel im Wald erinnert eine neugotische Gedenksäule an den Füssener Stadtpfarrer Johann Baptist Graf, auf dessen Veranlassung zwischen den Jahren 1837 und 1842 dieser Kreuzweg angelegt wurde. Die **Marienkapelle** etwas weiter oben, am Rand der Hirschwiese, entstand 1840/42. Sie ist eines der frühen Beispiele der Neugotik im südlichen Bayern. Ihr gegenüber wurde 1983 eine moderne Plastik des Füssener Bildhauers Alois Vogler aufgestellt: Veronika reicht Christus das Schweißtuch. Das Kreuz mit der ehernen Schlange auf der Südseite der Wiese gehört zu den religiösen Motiven, die man nur ganz selten sieht: Es ist das Vorgängersymbol der Kreuzigung Christi.

Der Weg windet sich weiter nach oben, bis wir den Gipfel des Hügels und damit den eigentlichen **Kalvarienberg** erreichen (45 Min.). Hier sind mehrere Kapellen übereinandergebaut, ganz oben ist die Kreuzigungsgruppe aufgerichtet. Das moderne Kruzifix stammt von Roman Harasymiw aus Irsee. Es wurde 1985 im Rahmen der Restaurierungsarbeiten aufgestellt. Am interessantesten ist die Panoramadarstellung Jerusalems. Das dreiflügelige Bild geht über

# Die heitere Stadt aus der Römerzeit

## Füssen

Füssen ist die älteste Stadt unseres Wandergebiets. Als der römische Kaiser Claudius 46–47 n. Chr. seine Fernstraße *Via Claudia Augusta* bauen ließ, führte er sie von Reutte aus den Lech entlang nach Augsburg. Man kann sich wohl vorstellen, daß die Römer an der exponierten Stelle, an der der Lech in engem Tal die Berge verläßt, einen Stützpunkt hatten, wenn auch schriftlich nichts überliefert ist. Durch Grabungen wurde jedoch nachgewiesen, daß das Herz und Zentrum Füssens, die Reichenstraße, in ihrem Verlauf genau der Römerstraße folgt. Welche Stadt im Allgäuer Bergland kann mit so einer Tradition aufwarten? Gut 200 Jahre später, als die Zeiten unruhiger wurden, mußte man eine Befestigung errichten. Man baute sie auf dem Hügel, auf dem heute das Hohe Schloß steht. Wieder 100 Jahre später, um 400 n. Chr., taucht zum ersten Mal in den Urkunden ein Name auf: *Foetibus* hieß die römische Nachschubstation auf dem Gebiet des heutigen Füssens. Als die Alemannen die Gegend besiedelten, haben sie diesen Namen übernommen, aus ihm entstand im Laufe der Zeit das heutige Wort Füssen.

Mit dem Rückzug der Römer wandten sich die Bewohner des Landes vom Christentum wieder weitgehend ab. Nur in den großen Städten wie Augsburg konnte es sich halten. Von dort begann um 750 die erneute Christianisierung: Bischof Wikterp bat das Kloster St. Gallen in der heutigen Schweiz um Hilfe und bekam zwei Mönche geschickt. Der eine, Magnuald, gründete in Füssen hoch über dem Lech eine Zelle, die rasch zu einem Kloster wuchs, das über 1000 Jahre Bestand haben sollte.

Magnuald begann seine Missionierung recht geschickt: Er verbesserte zunächst die Lebensumstände der Bevölkerung. Er rodete Wälder, machte den Boden urbar, lehrte die bisherigen Viehzüchter den Ackerbau und, oben am Säuling, den Abbau von Erz. Dadurch gewann er sie zugleich für den neuen Glauben und galt nach kurzer Zeit als so großer Wohltäter, daß man ihn als Heiligen verehrte und ihm den Namen Magnus, der Große, gab. Er gilt heute noch als der Schutzheilige der ganzen Region.

Das **Hohe Schloß** neben dem ehemaligen Kloster hat seinen Ursprung in einer Erbstreitigkeit zwischen dem Bayernherzog Ludwig dem Strengen und

zweieinhalb Stockwerke und zeigt ein Jerusalem, das ganz der Phantasie des Künstlers entsprungen ist. Aber wer weiß, vielleicht hat die heilige Stadt damals wirklich so ausgesehen. Auf der obersten Plattform liegt uns die ganze Stadt Füssen zu Füßen: Das Hohe Schloß, in dem einst die Vertreter der Fürstbischöfe von Augsburg

herrschten, die alte Benediktinerabtei mit der Kirche St. Mang, links das Lechtal und rechts die Füssener Seenplatte mit Forggensee und Hopfensee. Im Osten, unter dem Säuling, leuchtet gelb das Schloß Hohenschwangau.

Der Weiterweg führt uns auf der anderen Seite des Hügels in steilem

Bischof Hartmann von Augsburg in der zweiten Hälfte des 13. Jh. Der Wittelsbacher war ein Mann der schnellen und unüberlegten Entschlüsse. Seiner ersten Frau hatte er auf einen unhaltbaren Verdacht hin ohne viel Federlesens den Kopf abschlagen lassen. Auch im Fall Füssens war er schnell entschlossen und versuchte, vollendete Tatsachen zu schaffen. Noch bevor der Streit entschieden war, baute er auf dem Gelände des alten Römerlagers über der Stadt eine Burg. Aber Recht ging hier ausnahmsweise vor Macht, auch wenn es 20 Jahre dauerte. Der Herzog mußte das ganze Gebiet um Füssen samt seiner mit hohen Kosten errichteten Burg den Augsburgern zurückgeben.

In diese Zeit, nämlich in das Jahr 1286, fiel auch die Erhebung des Ortes zur Stadt. Die Füssener blieben jedoch Untertanen der Augsburger Bischöfe, auch wenn sie immer wieder versuchten, reichsfrei zu werden.

Die belebte **Reichenstraße** ist heute als Fußgängerzone der Mittelpunkt der Stadt. Mit den Straßencafés und ihren Flaneuren bietet sie ein fast italienisches Bild. Hat hier die römische Vergangenheit mitgespielt? Über der Straße, die leicht bergauf führt, stehen die Türme der Pfarrkirche und des Schlosses. Sie sind die historischen Höhepunkte der Stadt. Wir wollen hier nur auf den phantastischen Rittersaal im **Schloß** hinweisen, dessen Holzdecke kein Geringerer als Jörg Lederer, der große Holzschnitzer der Spätgotik, gefertigt hat, oder auf den zarten Rokokostuck in der Kapelle vom Wessobrunner Stukkateur Johann Schmuzer.

Die **Pfarrkirche,** die ehemalige Benediktinerklosterkirche, erschließt sich dem Besucher nur schwer, denn sie ist verhältnismäßig dunkel. Trotzdem hat sie für die bayerische Barockarchitektur immense Bedeutung. Sie ist das Hauptwerk von Johann Jakob Herkomer, der die Baukunst des Italieners Andrea Palladio hier ins Bayerische übertragen hat. Dominikus Zimmermann, einer der größten bayerischen Barockarchitekten, wohnte von 1708 bis 1717 in Füssen und hat am Bau der Kirche mitgearbeitet.

Ein Besuch der Totentanzkapelle und der tiefen Krypta mit dem wohl ältesten Bild des hl. Magnus (s. S. 25) kann den Kirchenrundgang abschließen. Auf keinen Fall sollte man das **Heimatmuseum** übersehen, das in den ehemaligen Klostergebäuden neben dem Rathaus untergebracht ist. Der Raum mit den Lauten erinnert an die große Zeit der Stadt, als die Lautenmacher von Füssen die ganze damalige Welt mit ihren Instrumenten belieferten. Die schön renovierte **Klosterbibliothek** zeigt, welche Bedeutung das geschriebene Wort für die Benediktiner hatte.

Zickzack hinunter zum Schwansee. Im Sommer blüht an den Hängen im lichten Wald die selten gewordene Graslilie, eine streng geschützte Pflanze. Der schmale Weg führt über viele offenliegende Wurzeln, die nach einem Regenguß ziemlich rutschig sein können. Also Vorsicht! In einer knappen halben Stunde sind wir am Schwansee (1.15 Std.), der im Sommer zu einem kühlen Bad einlädt. Bitte beachten Sie die Schilder, die streng begrenzte Badegebiete ausweisen. Es wäre schade, wenn wegen einiger unwissender Badegäste der ganze See gesperrt werden müßte!

Zurück gehen wir vom Badeplatz aus den Uferweg entlang, auf dem

Füssen, Turm des Hohen Schlosses

wir gekommen sind, wandern an der Abzweigung zum Kalvarienberg vorbei zunächst leicht aufwärts, dann bergab bis zu einer Serpentine. Dort zweigt rechts ein Weg ab, der zuerst noch ein paar Meter ansteigt und sich denn steil zur Tiroler Straße hin absenkt. Wir kommen genau am Steg beim **Lechfall** (1.45 Std.) heraus. Hier finden wir den berühmten **Magnustritt,** zwei schuhförmige Abdrücke im Felsen (neben einem Kreuz), hoch über der Schlucht, durch die sich der Lech zwängt. St. Magnus, der berühmte Missionar des Allgäus, soll hier, von »wütenden Heiden« verfolgt, in gewaltigem Sprung über den Lech gesetzt und so seinen Häschern entkommen sein. Wir haben es einfacher, wir gehen über den Steg und sind in einer Viertelstunde wieder im Zentrum von **Füssen** (2 Std.).

# 8 Vom Heiligen Nikolaus zum Ritter Georg
## Von Bernbeuren auf den Auerberg

Bernbeuren ist bis heute ein Dorf geblieben. Das ist als Kompliment gemeint, denn man fühlt sich wohl in einer Umgebung, in der keine Hochhäuser oder Supermärkte dominieren. Geprägt wird das Dorf statt dessen von seiner wuchtig-soliden Nikolauskirche, die von lokalen Künstlern nach dem großen Dorfbrand 1720 gebaut wurde. Der Entwurf für die Altäre und die Kanzel stammt von Anton Sturm aus Füssen, der die vier Kirchenväterfiguren der Wieskirche schuf, die Figuren des Hochaltars mit dem hl. Nikolaus in der Mitte sind offensichtlich von ihm selbst ausgeführt worden.

Der Auerberg, das Ziel dieser Wanderung, erhebt sich als Moränenrücken aus der vorletzten Eiszeit, ähnlich wie sein bekannterer östlicher Nachbar, der Hohe Peißenberg. Viele Sagen ranken sich um diesen Höhenzug. Versunkene Burgen mit verborgenen Schätzen sollen hier zu finden sein, es muß nur ein Sonntagskind kommen, mit Glück und viel Mut.

**Charakter:** Einfache Halbtageswanderung, sogar mit dem Kinderwagen möglich.

**Wegverlauf:** Von Bernbeuren größtenteils auf guten Bauernstraßen über den Südhang auf den Auerberg. Abstieg über die Westseite des Berges und im Bogen an den Nordhängen entlang zurück nach Bernbeuren.

**Gehzeiten:** 3.30 Std. (Bernbeuren – Auerberg 1.30 Std.; Rückweg 2 Std.)

**Höhenangaben:** Bernbeuren 773 m, Auerberg 1055 m

**Ausrüstung:** Wanderschuhe

**Einkehrmöglichkeit:** Gasthof am Auerberg (Donnerstag Ruhetag, ganzjährig geöffnet)

**Wanderkarten:** Topographische Karten: Füssen oder L 8330

**Sehenswürdigkeiten:** Pfarrkirche in Bernbeuren, Kirche am Auerberg

**Anfahrt:** *Bus:* Busverbindungen von Schongau, Steingaden und Marktoberdorf nach Bernbeuren. *Auto:* Von Füssen auf der B 16 Richtung Marktoberdorf, in der Ortsmitte von Stötten (kurz vor der Kirche) biegt man rechts nach Bernbeuren ab. Das

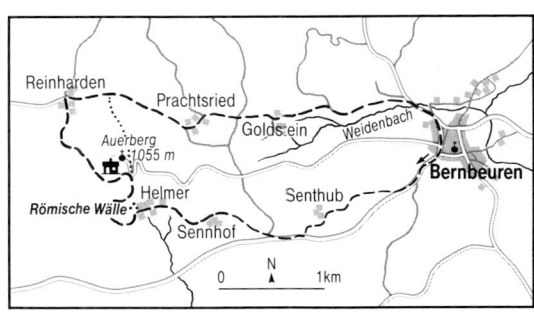

Wanderung 8:
Von Bernbeuren auf den Auerberg

Auto kann man in Bernbeuren entweder in der Ortsmitte oder an der Kirche parken.

**Der Wanderweg**

Unser Weg führt uns von der Ortsmitte von **Bernbeuren** zunächst auf der Burgstraße in südlicher Richtung an einem Bauernhof vorbei, den ein großes Hauskreuz und eine Madonna ziert. Die Markierung des Prälatenweges, zwei Bischofsstäbe auf blauem Grund, wird uns bis über den Auerberg hinaus begleiten. Der Prälatenweg ist ein Fernwanderpfad, der von Marktoberdorf bis nach Bernried am Starnberger See geht. Nach dem Ortsschild müssen wir auf der Teerstraße noch einen kleinen Buckel hinauf, dann können wir endlich die Autostraße verlassen. Wir folgen den Wegweisern »Ellensberg-Senthub« nach rechts, ein Bauernsträßlein ohne viel Verkehr führt uns an einem gußeisernen Feldkreuz aus der Jahrhundertwende vorbei zum Bauernhof **Senthub** (20 Min.). Der Hof wird bereits in einer Urkunde des Jahres 1316 genannt, die Familie, die ihn heute bewirtschaftet, geht bis ins Jahr 1689 zurück. Wenn das nicht Tradition ist!

Durch kleine Baumgruppen, unter denen im Vorfrühling Anemonen und Schlüsselblumen auf Sonne und Wärme hoffen lassen, führt der Weg wieder hinunter auf die Hauptstraße, die wir wohl oder übel nochmals ein paar hundert Meter entlanglaufen müssen. An der Schulbushaltestelle zweigt eine Straße rechts ab und gabelt sich unmittelbar darauf noch einmal. Wir nehmen die linke Straße Richtung Sennhof und Helmer, wenn auch rechts ein Schild »Auerberg«

steht. Dieser Weg würde uns nur auf die belebte Auerbergstraße führen. Unser Sträßlein führt leicht aufwärts am Sennhof vorbei. Eine kleine Bank neben ein paar Fichten lädt zu einer kurzen Rast ein. Der Blick nach Süden ist grandios. Unter uns liegt das Alpenvorland mit seinen Moränenhügeln, wie es wohl jahrhundertelang ausgesehen hat, noch unberührt von unsinniger Flurbereinigung. Die Felder sind mit Baumgruppen und Hecken eingezäunt. So wird der Wind, der die dünne Humusschicht über dem Kiesboden des Alpenvorlandes allzuschnell austrocknen würde, abgehalten, es gibt Platz für Vögel und Kleintiere, die als lebende Insektenvernichter jedem Bauern viele Liter Spritzmittel einsparen helfen.

In einer guten Viertelstunde kommen wir an die kleine Ortschaft **Helmer** (1 Std.) und freuen uns über das liebevoll gestaltete kleine Bauerngärtlein direkt am Ortseingang. Am Ortsende hört die Teerstraße auf und geht in einen Feldweg über. Am Hang sehen wir einen Wall, der von einem Einschnitt unterbrochen wird. Dies ist keine natürliche Geländeform, es ist vielmehr die Umwallung einer römischen Befestigung, die einst eine Siedlung schützte. Sie bestand aus Holzhäusern, die zwischen 14 und 37 n. Chr. erbaut wurden. Grabungsfunde berichten, daß sie von Handwerkern und Händlern bewohnt waren. Warum die Siedlung bald wieder verlassen wurde, wissen wir nicht. Doch können wir aus dem Patron der Kirche vom Auerberg schließen, daß hier wohl ein Tempel stand, in dem der Kriegsgott Mars verehrt wurde. Wir wissen heute, daß man überall

Wallfahrtskirche St. Georg am Auerberg

dort Georgskirchen findet, wo zur Römerzeit Marsheiligtümer nachgewiesen werden konnten. Der hl. Georg hat also unmittelbar die Nachfolge des Gottes Mars angetreten.

Vom ersten Wall brauchen wir noch etwa 10 Min. bis zur alten **Wallfahrtskirche** (1.30 Std.). Wenn man nicht an einem typischen Ausflugssonntag herkommt, umfängt einen in der Kirche eine kühle Ruhe. An der Wand gegenüber dem Eingang reitet der Kirchenpatron über seinem Drachen, eine fast lebensgroße Figurengruppe aus der zweiten Hälfte des 17. Jh. Ursprünglich stand die Plastik am Hochaltar, doch offensichtlich hatte sich das Verhältnis der Gläubigen zu

dem Heiligen etwa 100 Jahre nach der Aufstellung etwas abgekühlt. Ein neuer Rokoko-Hochaltar wurde gebaut und ein Bild der Muttergottes vom Guten Rat eingefügt, der Ritter an die Wand verbannt. Vielleicht brauchten die Auerberger damals den guten Rat der heiligen Jungfrau dringender als die Hilfe des Drachentöters. Die wertvollste Plastik des Kirchleins ist die hoheitsvolle Muttergottes auf der Mondsichel, die im Chorraum links neben dem Sakristei-Eingang hängt, eine spätgotische Figur von Jörg Lederer. Um 1520 muß sie entstanden sein, sie gilt als eines der wichtigsten Werke dieses schwäbischen Bildschnitzers.

Neben der Sakristeitür ist ein kleiner offener Eingang. Durch den sollten Sie schlüpfen und (vorsichtig!) die steile Treppe zum Turm hinaufsteigen. Wenn einem ein kräftiger Föhn ins Gesicht bläst, hat man von hier oben eine phantastische Sicht. Im Osten stehen die Ammergauer Alpen von der Klammspitze bis zur Hochplatte, dahinter das Wetterstein mit der Zugspitze. Daran reihen sich die Berge um Füssen, der Tegelberg (Tour 6) über seinen Königsschlössern und der Säuling, hinter dem schon die Berge um Berwang mit der Heiterwand aufleuchten. Dort, wo sich das Lechtal ins Voralpenland öffnet, liegt Füssen, das hohe Schloß ist deutlich zu sehen. Dahinter die Lechtaler Alpen, eine Berggruppe, die noch recht wenig erschlossen ist und sich dem Ruhesuchenden mit stillen Wegen anbietet. Dann folgt die Tannheimer Gruppe mit dem unverkennbaren Gipfel des Aggenstein (Tour 10), hinter dem der Hochvogel aus den Allgäuer Hochalpen hervorspitzt. Ganz im Westen beschließt der Grünten (Tour 17) die Bergprozession. Mit gutem Auge oder einem Fernglas kann man die Sendeanlagen auf seinem Gipfel gut erkennen.

Das Wirtshaus unterhalb des Kirchleins wird, wie ein Schild am Eingang verkündet, schon seit 1601 von der gleichen Familie bewirtschaftet. Der junge Koch, der unglaublich gute Kuchen aus seinem Backofen hervorzaubert, ist bereits die zwölfte Generation, die dem Haus und der schweren dreifachen Aufgabe, nämlich Bauer, Mesner und Gastwirt zu sein, treugeblieben ist.

Der Auerberg war lange wegen seines Autorennens bekannt, das alle Jahre hier abgehalten wurde. Diese moderne Tradition ist heute aus Umweltschutzgründen zumindest vorläufig unterbrochen worden. Eine andere Tradition, von der man vor etlichen Jahren dachte, daß sie sich nicht mehr aufrechterhalten ließe, gedeiht indessen besser als je zuvor: der Georgsritt am Sonntag nach dem 23. April. Etwa 130 bis 150 Pferde nehmen alljährlich Aufstellung unterhalb der Kirche an den Römerwällen und reiten zum kirchlichen Segen auf den Berg und um die Kirche.

**Abkürzung:** Geht man vom Parkplatz direkt nach Norden durch den Wald, trifft man zwischen Reinharden und Prachtsried wieder auf den Wanderweg. Zeitersparnis: etwa eine halbe Stunde.

Wir gehen vom Wirtshaus aus zurück Richtung Römerwälle und dort, wo der Weidezaun beginnt, nach rechts den Berg hinunter. Bei den ersten Bäumen auf einer Weide finden wir wieder das Zeichen des Prälatenweges, dem wir zum Wald hinunter folgen. Ein uralter Hohlweg führt uns weiter. Es ist einer der heute fast vergessenen Pfade, die wohl schon zu Römerzeiten auf den Berg führten. Über die Wiesen (bitte wirklich nur am Zaun entlanggehen!) sind wir in ein paar Minuten in **Geisenhofen** (2.15 Std.). An der Teerstraße, auf die wir jetzt stoßen, verläßt uns der Prälatenweg, denn wir gehen nach rechts wieder Richtung Bernbeuren zurück. Auf dem kaum befahrenen Sträßlein kommen wir über **Reinharden** nach **Prachtsried** (2.45 Std.), biegen hinter dem ersten Bauernhof links ab, bewundern ein Fresko des hl. Georg über dem Eingang des zweiten Hofes und marschieren auf einem schmalen Feldweg an einem Einfamilienhaus vorbei weiter. Nach etwa 10 Min. überqueren wir ein Teersträß-lein, kommen durch den Weiler **Goldstein** und erreichen, immer neben dem Weidenbach, wieder **Bernbeuren** (3.30 Std.). Der Postweg führt uns zum Parkplatz zurück.

## 9   Kaiserliche Fischweiher und gräfliche Burgen
### Von Seeg zur Burg Eisenberg

Der Ortsprospekt von Seeg bezeichnet die Pfarrkirche St. Ulrich als die »Kleine Wies«. Das ist keine Übertreibung. Wer die Kirche besucht, wird fast still vor Staunen, wie aufwendig die Bewohner ihr Gotteshaus in Barock und Rokoko ausgestattet haben. Als sie um 1700 ihre Kirche planten, beauftragten sie den damals bekanntesten Baumeister Süddeutschlands, Johann Jakob Herkomer, mit dem Entwurf. 25 Jahre wurde dann an der Kirche gebaut, weitere 50 Jahre vergingen, bis sie voll ausgestattet war. Man ließ sich Zeit, aber man sparte nie. Der vielbeschäftigte Johann Baptist Enderle malte die Fresken und stellte die damals aktuelle Seeschlacht von Lepanto gegen die Türken in den Mittelpunkt seiner Bilder. Der aufwendige Hochaltar ist dem Kirchenpatron Ulrich geweiht. Drei Künstler haben zusammengearbeitet, um ihn zu errichten: Johann Georg Geiger schnitzte den Altar selber, Johann Baptist Enderle malte das Altarblatt, und Franz Ignaz Buder schnitzte die Figuren.

**Charakter:** Einfache Ganztageswanderung.

**Wegverlauf:** Von Seeg über Seeleuten zum Schwaltenweiher, über Rennbothen am Schweinegger Weiher (Schloßweiher) vorbei zu den Ruinen Eisenberg und Hohenfreyberg. Vom

Wanderung 9: Zur Burg Eisenberg

Gasthof Schloßbergalpe über einen Abstecher zum Drachenköpfle nach Lieben, weiter nach Enzenstetten und zurück nach Seeg.

**Gehzeiten:** 5.30 Std. (Seeg – Eisenberg 3 Std.; Rückweg 2.30 Std.)

**Höhenangaben:** Seeg 854 m, Eisenberg 1055 m

**Ausrüstung:** Wanderschuhe

**Einkehrmöglichkeiten:** Café Panorama in Seeleuten (kein Ruhetag, im November und Dezember wochentags geschlossen), Gasthof Schloßbergalpe (Montag Ruhetag, November bis Weihnachten und 2 Wochen um Ostern geschlossen)

**Wanderkarten:** Topographische Karten: Füssen oder L 8328; Zumstein: Nesselwang (2), Pfronten (2p) oder Füssen, Schwangau, Buching (1)

**Sehenswürdigkeiten:** Pfarrkirche St. Ulrich in Seeg, Ruinen Hohenfreyberg und Eisenberg

**Bademöglichkeit:** Schwaltenweiher

**Anfahrt:** *Bahn:* Seeg liegt an der Bahnstrecke Marktoberdorf – Füssen. *Bus:* Von allen Orten der Umgebung gute Busverbindungen nach Seeg. *Auto:* A 7 bis zum Autobahnende, dann der Beschilderung Richtung Seeg folgen. Das Auto parkt man am besten in der Nähe der Kirche oder auf dem Wanderparkplatz an der Straße nach Nesselwang.

### Der Wanderweg

Ausgangspunkt unserer Wanderung ist die **Kirche** von **Seeg.** Von ihr gehen wir im Dorf die Hauptstraße Richtung Süden entlang. Wir kommen am alten Gasthof Adler vorbei, von dem die Urkunden berichten, daß er schon 1316 als Meierhof des Stiftes Füssen bestand. Am Heimatmuseum zweigen wir rechts ab unf folgen unmittelbar dahinter einem kleinen Feldweg, der sich über den Hang hinwegzieht. Unser Blick schweift nach Norden auf die Ulrichskirche und über die zwei kleinen Seen, die sich Kaiser Maximilian I. einst als Fischweiher anlegen ließ. Der Weg führt durch einen kleinen Wald leicht aufwärts bis zu Wegweisern, von denen der eine nach Seeleuten, der andere zur Ferdinandshöhe weist. Eigentlich müßten wir Richtung Seeleuten weitergehen, doch die Bezeichnung »Höhe« verspricht eine gute Aussicht. Die 10 Min. Umweg zur **Ferdinandshöhe** werden Sie nicht bereuen. Vom Zwiesel bei Bad Tölz über die Trauchgauer und die Ammergauer Berge schweift der Blick auf die Tannheimer und Allgäuer Alpen bis zum Immenstädter Horn (Tour 30). Ziemlich genau im Süden liegt unser Wanderziel vor uns – die zwei Burgruinen Hohenfreyberg und Eisenberg, die im Gegenlicht dunkel aus den Moränenbuckeln aufragen. Der Aussichtspavillon ist nach dem Lehrer Ferdinand Musch (1844–1904) benannt, der sich große Verdienste um die Anfänge des Fremdenverkehrs in Seeg erwarb. Wir gehen zu der Weggabelung zurück und erreichen nach gut 10 Min. den kleinen Ort **Seeleuten** (40 Min.). Im Frühjahr geben Pestwurz, Schlüsselblumen und ein paar Veilchen Hoffnung, daß die warme Jahreszeit nicht mehr allzufern ist.

Am Café Panorama, der letzten Einkehrmöglichkeit vor den Burgruinen, können wir noch einmal die Aussicht bewundern, dann folgen wir der Teerstraße links hinunter. Etwas oberhalb steht die kleine Karl-Borromäus-Kapelle, die der Bauer Xaver Endraß 1960 bis 1962 als Dank für die glückliche Heimkehr aus Krieg und Gefangenschaft erbaut hat. Zu Mariä Himmelfahrt am 15. August ist sie Ziel einer großen Wallfahrt von Heimkehrern.

Nach ein paar Minuten sind wir am **Schwaltenweiher** (50 Min.). Im Sommer kann man dort herrlich baden. Vom Weiher aus müssen wir die große, aber recht wenig befahrene Teerstraße einen guten halben Kilometer weit nach Südosten gehen. Dann biegen wir bei einer Kiesgrube rechts in einen kleinen Feldweg ein, der uns direkt nach einem Weiler mit dem seltsamen Namen **Rennbothen** führt (1.20 Std.). Der Name leitet sich von den Eilboten der Burgherren ab, die hier Grund und Haus bekommen haben.

In Rennbothen gehen wir nach dem dritten Haus links auf einem kleinen Weg an einem Einfamilienhaus vorbei auf die Straße nach **Unterreuten,** das mit Rennbothen praktisch zusammengewachsen ist. Wir kommen an eine Kapelle mit einem Zwiebelturm und wandern auf der Straße weiter nach **Oberreuten** (1.50 Std.), das mit prächtigen Bauernhöfen behäbig-breit in der Landschaft liegt. Über den Anwesen ragen die Hausberge von Nesselwang auf, die 1575 m hohe Alpspitz und der um etwa 50 m höhere Edelsberg (Tour 11). Die Kapelle am Dorfeingang, die den Bauern gemeinsam gehört, ist dem hl. Antonius geweiht. Ihrer wertvollen Ausstattung wegen muß sie leider verschlossen werden. Am Kellerhof gegenüber der Kapelle hängt ein prächtiges »Arma-Christi-Kreuz«, eine typische Darstellung aus der Barockzeit: Christus am Kreuz, umgeben von den verschiedenen Leidenswerkzeugen. Man findet solche Darstellungen noch im Bayerischen Wald, manchmal auch in Niederbayern oder ganz vereinzelt hier im Allgäu. Am Ende unserer Wanderung werden wir noch einmal an so einem Kruzifix vorbeikommen.

# Kaiser Maximilians Sommerfrische

## Seeg, Hohenfreyberg und Eisenberg

Seeg wird erstmals 1175 in einer Urkunde erwähnt, ist aber mit Sicherheit schon wesentlich älter. Vermutlich wurde es während der fränkischen Herrschaft gegründet, vielleicht um 800, als die Besatzer darangingen, Pfarreien zur besseren Organisation des Landes zu errichten. Kaiser Maximilian I., der sich um 1500 öfter in Füssen aufhielt, lernte den Ort auf seinen Jagdritten kennen. Er kaufte eine kleine Burg über dem Schwaltenweiher, baute sie standesgemäß aus und ließ die Fischweiher anlegen, die heute noch unterhalb von Seeg zu sehen sind.

Im Dreißigjährigen Krieg wurde Seeg praktisch vernichtet, denn der kaiserliche Marschall von Golz ließ das ganze Dorf abbrennen. Es ist fast ein Wunder, mit welchem Mut und mit welcher Zähigkeit die Seeger an den Wiederaufbau ihres Dorfes gingen. Vor allem ihrer Kirche widmeten sie eine Ausdauer, die wirklich erstaunlich ist. Fast 200 Jahre bauten sie daran, sie wurde immer aufwendiger und großartiger, so daß sie heute zu den schönsten Dorfkirchen im ganzen Allgäu zählt.

Der Gasthof Adler an der Hauptstraße war ein alter Reichshof. Solche Höfe standen an allen großen Reichsstraßen in Abständen von etwa 15 km. Sie waren dazu bestimmt und auch ausgerüstet, den König oder den Bischof mit seinem Gefolge zu beherbergen und zu verköstigen. Der Vorsteher des Hofes war der Meier. Er hatte im Dorf die niedere Gerichtsbarkeit inne, war aber auch für die Verwaltung und die allgemeinen Einrichtungen wie Schmiede oder Mühle verantwortlich.

Unser Weg verläßt jetzt das Teersträßlein und führt, links abbiegend, über einen kleinen Bach und einen Hang aufwärts nach **Schweinegg**. Dort queren wir eine Teerstraße und wandern, dem Wegweiser folgend, weiter auf die Burgruinen zu. Der Weg führt über Almwiesen auf den Schloßweiher zu. Kurz zuvor gabelt er sich: Links geht es direkt zu den Ruinen, der rechte Weg scheint ein Umweg zu sein. Trotzdem empfehlen wir diesen, denn der linke Weg ist oft naß und sumpfig. Wir gehen den Weiher entlang, der sich, etwas über-raschend, als kleiner Stausee erweist. Wir überqueren die Staudammkrone und folgen im Wald den Steigspuren, die zu den Burgen hinaufführen. Oben gehen wir nicht über die Lichtung, sondern am Waldrand entlang, um das Gras nicht zu zertreten. Nach etwa 200 m stoßen wir auf einen Feldweg, dem wir weiter nach Osten folgen. In gut 10 Min. erreichen wir eine Wegkreuzung, an der uns Schilder wieder zu den Ruinen weisen. Wir marschieren leicht aufwärts bis zu einer Linksbiegung. Hohenfreyberg sehen wir bereits über uns stehen. Wir

Die beiden Burgruinen **Eisenberg** und **Hohenfreyberg** gehören zu den besterhaltenen historischen Stätten des Allgäus. **Eisenberg,** die ältere der beiden Burgen, war der Mittelpunkt einer Herrschaft, die wohl im 11. Jh. entstanden ist. Durch Erbschaft gelangte die Burg an die Familie von Freyberg, die sie dann bis 1938 besaß. Um 1400 entstand durch Erbteilung auf dem Nachbarhügel die Burg **Hohenfreyberg.** Beide Burgen wurden kurz vor Ende des Dreißigjährigen Krieges von den Österreichern in Brand gesetzt (ebenso wie Falkenstein bei Pfronten), um den herannahenden Schweden keinen festen Stützpunkt zu überlassen. Nach dem Friedensschluß wurden sie nicht wiederaufgebaut, die Zeit der Burgen war endgültig vorbei.

**Hohenfreyberg** ist heute noch im Besitz der Familie von Freyberg, kann aber jederzeit besichtigt werden. Durch eine Toranlage kommt man in die Vorburg und weiter zur Hauptburg, die durch die Mauer eines Zwingers geschützt war.

**Eisenberg** ist nach dem Tod seiner Besitzer in die Hand der nach ihr benannten Gemeinde gelangt, die gemeinsam mit einem sehr rührigen Burgenverein versucht, die Ruine so gut wie möglich zu restaurieren und zu erhalten. Die wissenschaftlich geleiteten Ausgrabungen geben uns ein gutes Bild vom Originalzustand. Die Burg ist in der Spätzeit des Burgenbaus entstanden und war, wie ihr Pendant, zweischalig gebaut. Eine äußere Mauer, den Zwinger, hatte man um die eigentliche Burg gezogen. Die Hauptburg war nicht viel höher als die Außenmauer. Solange diese standhielt, war man vor direktem Beschuß durch feindliche Kugeln geschützt. Die Wohnräume lagen auf der Südseite der Hauptburg. Dort war es am wärmsten, und der große Vorhof gab zusätzlichen Schutz vor dem Feind. Das Wasser sammelte man in einer Zisterne. Die bei der Renovierung entdeckten Funde sind im Burgenmuseum in Eisenberg zu besichtigen. (Samstag, Sonntag und Feiertag 13–16 Uhr geöffnet, Eintritt frei. Für Gruppen ist nach Anmeldung im Burghotel Bären, ☎ 0 83 63/50 11, eine Führung jederzeit möglich.)

gehen auf dem großen Weg direkt auf den Sattel zwischen den Burgen **Hohenfreyberg** und **Eisenberg** zu (3 Std.).

Nach der Besichtigung und einer Rast in der **Schloßbergalpe** gehen wir auf der Südseite des Gasthofs zunächst einen kleinen Feldweg entlang, der sich um den Hügel der Alpe windet. Bei der großen Wetterfichte am Waldrand führt der Pfad geradeaus in den Wald hinein, der Wegweiser zeigt nach Pröbsten und Weizern. Bereits nach ein paar Minuten weist uns ein Schild zum **Drachen-** köpfle (3.30 Std.), das wir in etwa 5 Min. erreichen können. Es ist ein kleines Hochplateau mit Bergkreuz, das an die Opfer der beiden Weltkriege erinnert. Die Aussicht ist leider durch zu hoch gewachsene Bäume verdeckt. Dafür kann man etwas unterhalb des Kreuzes, am Südhang, den Eingang zu einem kleinen Erzstollen entdecken, der ein Stück in den Hang hineinführt. Der Eingang ist sehr schmal, erst innen wird der Stollen etwas breiter. Zu finden ist in dem Loch nichts, es ist nur dunkel und schmutzig, aber die Fantasie verzaubert jeden Felsbrocken in einen funkelnden Edelstein.

Vom Drachenköpfle gehen wir wieder zurück bis zur Wegabzweigung und folgen dem Steig durch den Wald abwärts bis zu einem flachen Graben. Hier müssen Sie sich sorgfältig an die etwas spärlichen roten Markierungen an den Bäumen halten, der Weg ist nicht immer gut zu erkennen. Wir folgen ihm nicht nach unten, sondern schräg rechts aufwärts und kommen bei einem Grenzstein an einen Holzziehweg, den wir wieder abwärts gehen. Der Weg wendet sich nach ein paar hundert Metern nach links und wird immer steiler. Bei einer scharfen Biegung nach links verlassen wir ihn und steigen einen schmalen, etwas überwachsenen Pfad geradeaus nach unten, umgehen eine kleine Lichtung, steigen noch einmal im Zickzack abwärts und kommen auf einen Feldweg, der nach rechts zum Weiler **Lieben** führt (4 Std.). Dort folgen wir der Teerstraße nach links, finden einen Wegweiser Richtung **Baumgarten,** das wir in etwa fünf Minuten erreichen. Wir durchqueren das Dorf und kommen über den Weiler Bach nach **Enzenstetten** (4.30 Std.) an die große Hauptstraße. Wir marschieren durch das Dorf, gehen etwa 500 m die Hauptstraße entlang und biegen kurz hinter dem Dorfausgang nach rechts zu den Sportplätzen ab. Dort, wo die Straße vom Ort Brandstatt einmündet, führt ein gerader Weg nach **Seeg** zurück (5.30 Std.).

# 10    Zwei Gipfel und eine Klamm
## Von Pfronten auf den Aggenstein

Pfronten besteht aus 13 einzelnen Ortsteilen. Seit der Gemeindereform in den 70er Jahren ist das nicht ungewöhnlich. Pfronten hat diesen Zusammenschluß jedoch um viele hundert Jahre vorweggenommen. Bereits im Mittelalter haben sich diese Siedlungen zu einer Rodungsgemeinschaft vereinigt. Dieser Verband hat mit einigen Anpassungen alle Reformen überlebt. Regiert wurde Pfronten damals vom Hochstift Augsburg. Der Pfleger saß auf der Burg Falkenstein, die seit dem Dreißigjährigen Krieg als Ruine über dem Ort steht. Fast wäre der Ort zu gleichem Ruhm gelangt wie Schwangau oder Linderhof: Kö-nig Ludwig II. von Bayern wollte an der Stelle der Ruine eine gotische Raubritterburg errichten. Die Pläne waren schon gezeichnet, da beendete der plötzliche Tod des Monarchen das Vorhaben.

**Charakter:** Gemütliche, nicht zu anstrengende Bergwanderung; das letzte Stück zum Gipfel nur für absolut Schwindelfreie; in der Reichenbachklamm Trittsicherheit erforderlich.

**Wegverlauf:** Auffahrt mit den Breitenbergbahnen, Abstecher auf den Breitenberg, dann über die Nordwestflanke des Aggensteins auf den Sattel.

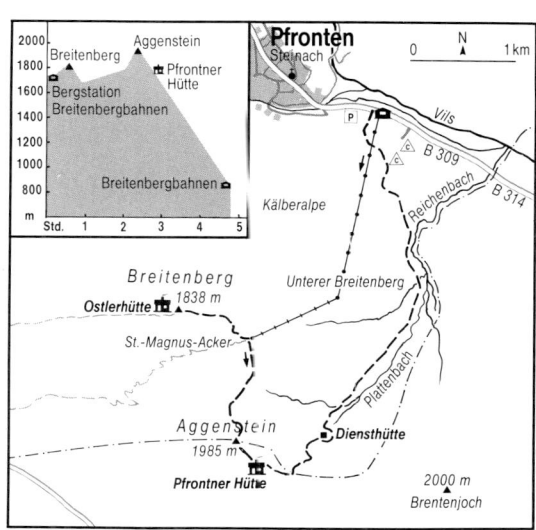

Wanderung 10:
Von Pfronten auf den
Aggenstein

Schwindelfreie steigen auf den Gipfel des Aggensteins. Abstieg über die Pfrontner Hütte und durch den Reichenbachtobel.

**Gehzeiten:** 4.45 Std. (Bergstation der Breitenbergbahnen – Breitenberg und zurück 50 Min. – Aggensteinsattel 1.10 Std. – Aggenstein 15 Min. – Pfrontner Hütte 30 Min. – Talstation der Breitenbergbahnen 2 Std.); nach Regen oder im Herbst dauert der Abstieg durch den Reichenbachtobel auch länger

**Höhenangaben:** Pfronten 853 m, Breitenberg 1838 m, Aggenstein 1985 m, Pfrontner Hütte 1788 m

**Ausrüstung:** Bergstiefel; evtl. Reepschnur zum Sichern von Kindern am Aggensteingipfel und beim Abstieg von der Pfrontner Hütte durch den Reichenbachtobel

**Einkehrmöglichkeiten:** Ostlerhütte am Breitenberg (geöffnet während der Betriebsstunden der Breitenbergbahnen), Pfrontner Hütte (geöffnet Pfingsten bis Mitte Oktober)

**Wanderkarten:** Kompass: Füssen (4); Topographische Karten: Füssen oder L 8528; Zumstein: Füssen, Schwangau, Buching (1)

**Bademöglichkeit:** Gumpen im Reichenbachtobel

**Achtung:** Ausweis nicht vergessen, Sie wandern im Grenzgebiet!

**Anfahrt:** *Bahn:* Pfronten liegt an der Bahnstrecke Kempten – Reutte. Die Bahnstation Pfronten-Steinach befindet sich direkt gegenüber der Talstation der Breitenbergbahnen. *Bus:* Gute Busverbindungen von allen Orten der Umgebung; Bushaltestelle direkt an der Talstation der Breitenbergbahnen. *Auto:* A 7 bis zum Autobahnende, weiter folgt man der Ausschilderung nach Nesselwang; von Nesselwang fährt man auf der B 309 über Pfronten Richtung österreichischer Grenze, bis man den Parkplatz der Breitenbergbahnen erreicht, der kurz hinter dem Ortsende von Pfronten-Steinach auf der rechten Seite liegt.

Hochalphütte unter dem Aggenstein

**Der Wanderweg**

Ausgangspunkt unserer Wanderung ist die **Talstation** der **Breitenbergbahnen** am Ostrand von **Pfronten**. In gut 10 Min. befördert uns die Gondel auf den Unteren Breitenberg, und weil wir eben so schön dabei sind, lassen wir uns vom Sessellift nochmals 150 m höher auf den **St.-Magnus-Acker** tragen, der sich als große Alpwiese entpuppt. Die gesparte Zeit können wir in den ersten Gipfel investieren. Wir steigen auf einem ausgetretenen Bergweg direkt von der Liftstation aus auf und erreichen in einer halben Stunde den Gipfel des **Breitenbergs** (30 Min.). Ein atemberaubender Tief-

blick vom Gipfelkamm belohnt für den Aufstieg. Unterhalb der fast senkrecht abfallenden Nordflanke, direkt unter uns, breitet sich Pfronten aus, das buckelige Voralpenland dahinter verleitet zum Suchen nach Bekanntem und Unbekanntem.

Schräg vor uns liegt die Ruine Falkenstein, die König Ludwig II. zu einer Raubritterburg, einem Pendant zu Neuschwanstein, ausbauen wollte. Dahinter entdecken wir die beiden Ruinen Hohenfreyberg und Eisenberg (Tour 9), die Füssener Seenplatte und den Auerberg (Tour 8). Im Süden baut sich eindrucksvoll der Aggenstein mit seinen beiden

Gipfeln auf, das Zickzack des Anstiegsweges ist in der schattigen Nordwestflanke gut zu erkennen.

Wir gehen auf dem gleichen Weg in etwa 20 Min. zur **Bergstation** (50 Min.) zurück. Achten Sie hier auf den Boden, die Steine sind zum Teil so stark abgetreten, daß erhebliche Rutschgefahr besteht!

Von der Bergstation marschieren wir über den St.-Magnus-Acker Richtung Aggenstein. Der Weg ist nicht zu verfehlen, wir müssen nur am Fuß des Berges, wo sich der Nordgrat bis zu den Alpwiesen herabzieht, darauf achten, daß wir rechtzeitig auf die Westseite wechseln. Links führt der Weg zu einer Diensthütte, an der wir später noch vorbeikommen werden. Hier hat die Bergbahngesellschaft statt der üblichen orangefarbenen Schneezäune aus Kunststoff einen Zaun aus Holz aufgestellt, der sich, soweit das überhaupt möglich ist, einigermaßen gut in die Landschaft einpaßt.

Unser Weg führt uns jetzt in steilem Zickzack aufwärts. Wenn man Glück hat, kann man die Murmeltiere pfeifen hören und, mit etwas Geduld, auch durch das Fernglas beobachten. Der Westgrat ist übrigens eine beliebte Kletterführe. Etwa eine Stunde dauert der Aufstieg, nur gut, daß dieser Teil des Berges auch am späten Vormittag meistens noch im Schatten liegt.

Schließlich erreichen wir den kleinen **Sattel** zwischen den beiden Gipfeln des Aggensteins (2 Std.). Dort bleiben diejenigen sitzen, die sich die kleine Kraxelei auf den Gipfel nicht zutrauen, die anderen steigen hinauf zum **Gipfelkreuz des Aggensteins** (2.15 Std.). Der Berg steht recht isoliert in der Landschaft und bietet daher einen weiten Rundumblick. Nur im Osten verdeckt das Brentenjoch ein wenig die Sicht. Hinter seinen latschenbewachsenen Flanken spitzen die Klettergipfel der Tannheimer Gruppe auf, der Gimpel, die Rote Flüh oder die Kettenspitz, in der Ferne steht, oft weiß überzuckert, das Wetterstein mit der Zugspitze vor dem Karwendel. Ein alter Bergsteiger hat uns hier oben erzählt, daß man an klaren Föhntagen ganz weit im Osten sogar den Großvenediger sehen könnte. Im Süden steht die unübersehbare Gipfelschar der Lechtaler Alpen, dahinter glänzen die Gletscher des Ötztals. Etwas weiter rechts unverkennbar der Hochvogel, auch der Widderstein (Tour 23) und der Hohe Ifen (Tour 24) heben sich markant von dem Gemuggel der Berge des Illertals ab. Hinter der Hörnergruppe (Tour 27 und 28) leuchtet der Säntis, rechts daneben streckt sich die Nagelfluhkette vom Mittagberg (Tour 29) bis zum Hochgrat (Tour 31). Der Grünten (Tour 17) versperrt uns wieder etwas die Sicht, nördlich davon blicken wir weit in das Alpenvorland hinein. An einem klaren Tag kann man sogar die große Dampfwolke des Kernkraftwerkes Gundremmingen an der Donau sehen.

Es braucht schon einige Zeit, bis man hier mit dem Schauen fertig ist, aber wir haben keine Eile, denn von nun an geht es nur mehr abwärts. Wir klettern vorsichtig vom Gipfel zurück auf den **Aggensteinsattel** und sind in einer halben Stunde bei der **Pfrontner Hütte** (2.45 Std.). Von der Hütte aus geht es gemächlich weiter abwärts, bis wir den tiefsten Punkt zwischen Aggenstein und Brenten-

Bildstock am Reichenbachtobel

geradeaus, er ist zwar breit, aber in miserablem Zustand, denn über ihn mußten viele tausend Festmeter Holz transportiert werden, die der Orkan Wiebke im Februar 1990 an der Nordflanke des Brentenjochs gefällt hat. Wohl oder übel folgen wir diesem Weg, bis wir an den **Holzlift** (3.45 Std.) kommen, mit dem diese gewaltigen Holzmassen zu Tal befördert werden. Kurz davor hängt links oben an einem Baum eine wunderschöne alte Bildtafel, auf der der Allgäupatron St. Magnus um Schutz und Hilfe angefleht wird.

Wir lassen den Holzlift linker Hand liegen und steigen weiter steil abwärts in den **Reichenbachtobel**. Der Weg ist recht gut ausgebaut, trotzdem sollten Sie vorsichtig sein, denn hier ist es oft feucht und rutschig. Im unteren Teil der Klamm (oder Tobel, wie man im Allgäu sagt) läßt sich im Sommer wunderbar baden, das Wasser ist nicht eben warm, dafür sehr erfrischend.

Vom Tobel aus marschieren wir zuerst noch etwas durch den Laubwald, dann über die Wiesen auf die **Talstation** der Seilbahn zu (4.45 Std.).

joch erreichen. Hier zweigt unser Weg steil nach unten ab. Nach der **Diensthütte** (links liegen lassen) kommen wir an die Trasse der Skiabfahrt, der wir abwärts bis zum Schlepplift folgen. Unser Weiterweg führt

## 11 Wald- und Weideberge über Nesselwang
### Über die Alpspitz zum Edelsberg

Nesselwang hat traurige Berühmtheit erlangt, denn die Meldungen im Verkehrsfunk über kilometerlange Staus haben dem hübschen Ort ein Negativ-Image gebracht, das er nicht verdient hat. Durch die Verlängerung der Autobahn ist das heute schon

weitgehend gemildert. In nicht allzuferner Zeit hoffen die Nesselwanger, vom Fernverkehr endgültig verschont zu bleiben. Hoch über dem Tal kann man diesen ganzen Trubel vergessen, höchstens noch den Autos zusehen, die spielzeuggleich über die

Straßen kriechen. Und am Ende der Tour steht noch ein kulturhistorisches Schmankerl: die Wallfahrtskirche Maria Trost.

**Charakter:** Einfache Ganztageswanderung.

**Wegverlauf:** Aufstieg entlang der Lifttrasse der Alpspitzbahnen; von der Bergstation auf die Alpspitz, weiter über einen kleinen Sattel auf den Edelsberg. Zurück an der Bergstation vorbei, über die Kappeler Alp zur Wallfahrtskapelle Maria Trost, den Wallfahrtsweg entlang zurück zum Parkplatz.

**Gehzeiten:** 5 Std. (Nesselwang – Alpspitz 2.30 Std. – Edelsberg 30 Min. – Nesselwang 2 Std.)

**Höhenangaben:** Nesselwang 867 m, Bergstation Alpspitzbahnen 1461 m, Alpspitz 1575 m, Edelsberg 1629 m

**Ausrüstung:** Bergstiefel

**Einkehrmöglichkeiten:** Brotzeitstüberl an der Liftbergstation (geöffnet während der Betriebsstunden des Lifts), Kappeler Alp (Donnerstag Ruhetag, geschlossen Anfang November bis Weihnachten sowie 2 Wochen nach Pfingsten; Übernachtung möglich)

**Wanderkarten:** Kompass: Füssen (4); Topographische Karten: Kempten oder L 8328 und 8528; Zumstein: Nesselwang (2)

**Sehenswürdigkeiten:** Wallfahrtskirche Maria Trost

**Anfahrt:** *Bahn:* Nesselwang liegt an der Bahnstrecke Kempten – Pfronten. Vom Bahnhof zu Fuß durch die Ortsmitte, über die B 309/B 310 hinweg; gegenüber der Kirche bergauf zur Talstation der Alpspitzbahnen. *Bus:* Gute Busverbindungen von allen Orten der Umgebung nach Nesselwang.

*Auto:* Von Füssen über die B 310 nach Nesselwang; im Ortskern, gegenüber der Kirche, fährt man bergauf zur Talstation der Alpspitzbahnen, wo man das Auto parken kann.

**Der Wanderweg**
Unsere Tour beginnt in **Nesselwang** an der **Talstation der Alpspitzbahnen.** Ein bequemer Wiesenweg führt uns die Lifttrasse entlang aufwärts, mal rechts, mal links vom Lift. Nach der **Mittelstation** (1 Std.) wird es steiler, dafür schützt uns der Wald vor zu viel Sonnenhitze. Wir wandern über ein paar Serpentinen aufwärts (bitte am Weg bleiben, Abkürzen zerstört viel Natur!), bis wir ziemlich unvermittelt vor der **Bergstation** der Seilbahn (2 Std.) stehen. Wir gehen zwi-

Wanderung 11:
Über die Alpspitz zum Edelsberg

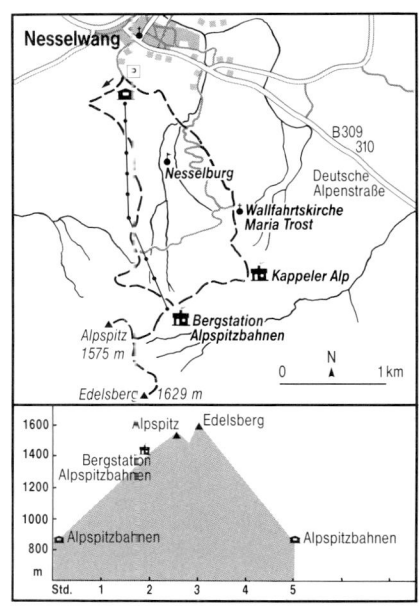

# St. Magnus baute die erste Kirche

## Nesselwang

Wie bei vielen Orten im Allgäu lassen sich auch Nesselwangs Anfänge bis in die Römerzeit zurückverfolgen. Erste Bedeutung erlangte der Ort, als er während der fränkischen Herrschaft wegen seiner Lage am Kreuzungspunkt zweier Fernstraßen Mittelpunkt eines Verwaltungsbezirks wurde. Der Legende nach erbaute um diese Zeit der hl. Magnus (s. S. 26) die erste Kirche. Der wohl wichtigste Tag in Nesselwangs Geschichte war der 18. März 1429, als König Sigismund dem Ort das Marktrecht verlieh. Betrieben hatte diese Aufwertung Peter von Schaumburg, als Kardinal von Augsburg Herr über Nesselwang. So eine Markterhebung war ein Geschäft auf Gegenseitigkeit: Im Ort begannen Gewerbe und Handel zu blühen, das brachte dem Grundherrn höhere Steuern, und so hatte jeder was davon.

Die den Ort überragende Pfarrkirche ist nicht so alt, wie man auf den ersten Blick vermuten möchte. Erst 1904–1906 wurde sie in neubarocken Formen an der Stelle eines älteren, zu klein gewordenen Gotteshauses errichtet. Nur der barocke Zwiebelturm, der 1748 von dem Tiroler Baumeister Franz Kleinhans entworfen wurde, blieb weitgehend unverändert erhalten. Von besonderer Bedeutung sind die zahlreichen Zunftstangen aus der Zeit um 1670 und die spätgotische Figur der hl. Margareta, die wohl der Meister des Imberger Altares 1480 geschaffen hat.

Bei der Entstehung der Wallfahrtskirche Maria Trost am Wanker Berg hatte kein Kloster und kein Pfarrherr seine Hand im Spiel. Die Familie der Salzburger Freiherren von Grimming hatte ein Marienbild erworben, das 1633 einen großen Brand in Regen im Bayerischen Wald unversehrt überstanden hatte. Schon in Salzburg wurde es als Gnadenbild verehrt. Rudolf von Grimming, ein Sohn des Hauses, unternahm bald darauf eine Wallfahrt nach Maria Einsiedeln in der Schweiz. Auf diese Pilgerfahrt nahm er das Bild mit. Auf dem Rückweg reiste er mit einem Nesselwanger Fuhrmann, der ihn in seinem Hause gastlich aufnahm. Offensichtlich gefiel ihm die Gegend, denn er entschloß sich, Einsiedler zu werden, und ließ sich oben am Wanker Berg nieder. Das Bild stellte er in einer offenen Holzkapelle auf. Die Nachricht von dem Salzburger Gnadenbild sprach sich rasch herum, eine Wallfahrt entstand, die bis heute Zuspruch findet.

schen ihr und einem Brotzeitstüberl vorbei und sind in einer weiteren halben Stunde bequem auf der **Alpspitz** (2.30 Std.). Am Gipfelriff kann man mit Hilfe von Karte, Kompaß und Fernglas versuchen, die Kirchen der Allgäuer Vorberglandschaft zu identifizieren.

Vom Gipfel steigen wir in die Wiesensenke zurück, aus der wir gekommen sind, und wandern die markierten Steigspuren entlang auf den **Edelsberg** (3 Std.), den wir schon von der Alpspitz aus als südlichen Nachbargipfel gesehen haben. Wenn Sie den Weg an einem Sonntag gehen,

Pfarrkirche St. Andreas in Nesselwang

Das Kirchlein, das wir heute bewundern können, wurde Stück für Stück erbaut, in dem Maße, in dem Geld vorhanden war. Der Chor stammt aus der Zeit um 1660, dann wurde langsam das Langhaus erweitert und schließlich die Klausnerwohnung angebaut. Das große Deckenfresko umfaßt drei Felder, die von einer gemalten Balustrade mit Zuschauern eingerahmt sind. Das Bild über der Empore, die hll. Anna und Joachim, wird dem berühmten Freskanten Matthäus Günther zugeschrieben. Das Altarblatt des reich dekorierten Hochaltares stellt die Himmelfahrt Mariens dar, auf seinem Altartisch steht das aufwendig gerahmte Gnadenbild. Der Kreuzweg vom Ort zur Kirche wurde 1846 von Ludwig Caspar Weiß geschaffen.

können Sie mit etwas Glück eine Bergmesse miterleben (meist um 11 Uhr). Ein fester Steinaltar steht etwas unterhalb des Gipfels.

Zurück gehen wir zunächst den gleichen Weg (ohne den Abstecher zur Alpspitz) bis zur **Liftstation** (3.15 Std.) und dort ein paar Meter weiter auf das Sportheim Böck zu. Am Wegweiser »Kappeler Alp« biegen wir links in den Wald ab und wenden uns dort sofort wieder nach rechts (Weg Nr. 42). Nach einer guten Viertelstunde sind wir an der **Kappeler Alp** (3.40 Std.) bei Frau Kratzer, wo wir immer, nicht nur im Sommer, ausgezeichnet Brotzeit gemacht haben. Unser Weiterweg biegt direkt hinter der Alpe, noch vor dem Zaun, links ab, man kann aber die paar Schritte bis zum Alpkreuz weitergehen und noch einmal die Aussicht genießen. Wir steigen im Wald steil abwärts bis zum Wallfahrtskirchlein **Maria Trost** (4.30 Std.), das wir in einer knappen Dreiviertelstunde erreichen. Das Gotteshaus zählt zu den schönsten Bergkirchen des ganzen deutschen Alpenraums. Von dort aus wandern wir die Kreuzwegstationen entlang zurück zum Parkplatz an der **Talstation** (5 Std.).

## 12   Die Promenade um den Grüntensee
### Von Wertach nach Faistenoy

Der Weg um den Grüntensee bei Wertach ist eine recht gemütliche Angelegenheit, eigentlich genügt ein Nachmittag dafür. Wir wandern zunächst im Tal durch eine Art Auenlandschaft, dann steigen wir geruhsam auf einen großen Moränenzug mit schöner Aussicht auf den See und die Berge, um schließlich wieder ins Tal an den See zurückzukehren. Dort können wir uns bei gutem Wetter ein erfrischendes Bad genehmigen, ehe wir am südlichen Seeufer entlang zum Parkplatz zurückkehren.

Zu dem Sebastianskirchlein sagen die Einheimischen »Die kleine Wies« (ähnlich wie in Seeg, Tour 9). Das hat seinen Grund, denn der Kirchenbaumeister, übrigens ein Mann aus dem damals sehr fernen Westfalen, nahm sich die eben fertiggestellte Wieskirche zum Vorbild. Alle ihre Bauelemente wurden hier, vereinfachend natürlich, wiederholt.

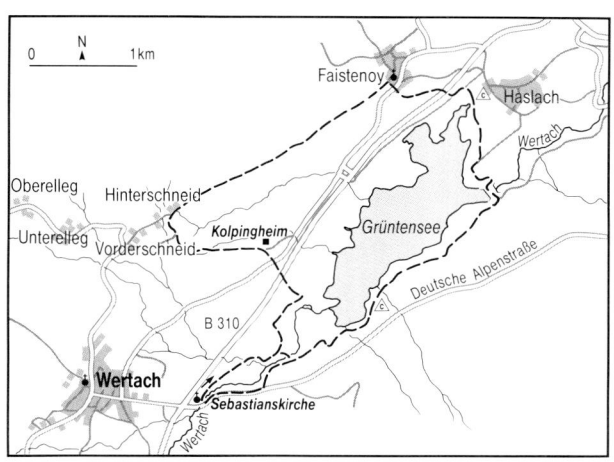

Wanderung 12:
Von Wertach nach Faistenoy

**Charakter:** Einfache Wanderung, für Kinder gut geeignet, auch mit dem Kinderwagen möglich.

**Wegverlauf:** Von der Sebastianskirche östlich der Ortes Wertach zum Kolpingheim, Aufstieg nach Hinterschneid, weiter den Wiesenweg entlang nach Faistenoy. Von dort hinunter an den Grüntensee und an dessen Ost- und Südufer entlang zurück zur Sebastianskirche.

**Gehzeiten:** 3.30 Std. (Wertach – Faistenoy 2 Std.; Rückweg 1.30 Std.)

**Höhenangaben:** Wertach 915 m, Faistenoy 922 m

**Ausrüstung:** Wanderschuhe

**Einkehrmöglichkeit:** Gasthof Berghäusl in Faistenoy (Montag Ruhetag, geschlossen Ende Oktober bis Weihnachten sowie 2 Wochen nach Ostern)

**Bademöglichkeit:** Grüntensee

**Wanderkarten:** Kompass: Füssen (4); Topographische Karten: Kempten oder L 8328; Zumstein: Nesselwang (2)

**Sehenswürdigkeiten:** Sebastianskirche

**Anfahrt:** *Bus:* Busverbindungen von Füssen, Immenstadt und Hindelang nach Wertach; Bushaltestelle an der Sebastianskirche. *Auto:* A 7 bis zur Abfahrt Oy-Mittelberg, weiter auf der B 310 Richtung Wertach; auf der Höhe von Wertach biegt man nicht rechts in den Ort ab, sondern links zur Sebastianskirche, an der man das Auto parken kann.

**Der Wanderweg**

Wir gehen von der Sebastianskirche in **Wertach** über die Wertachbrücke und biegen unmittelbar dahinter in die kleine Teerstraße ein, die mit W 9 bezeichnet ist. Nach wenigen Schritten geht sie in einen zum Teil mit Gras überwachsenen Feldweg über, der uns über reiche Blumenwiesen an eine Abzweigung »Grüntensee-Rundweg« führt. Wir gehen geradeaus weiter Richtung »Kolpingheim«, das oben am Wald schon zu sehen ist. Der Weg unterquert die Schnellstraße, durch eine kleine Schonung sind wir rasch am **Kolpingheim** (45 Min.). Wir lassen es rechter Hand liegen und gehen auf dem Weg W 10 zum Waldrand. Dort zweigt der Weg nach Elleg ab, dem wir bis zum Weiler **Hinterschneid** (1.15 Min.) folgen. Die kleine Kapelle St. Anna ist leider wegen Diebstahlgefahr ständig verschlossen.

Vor dem Haus Maria gehen wir rechts Richtung Faistenoy. Die schönen Kreuze aus der Jahrhundertwende am Wegrand sind oft liebevoll restauriert. Der Weg zieht sich am Hang entlang, zum Teil verengt er sich zu einem schmalen Wiesenpfad. Er bietet eine prächtige Aussicht auf die Vorberge zwischen Pfronten und Immenstadt. Unten liegt der Grüntensee, dem man gar nicht mehr ansieht, daß er künstlich aufgestaut ist. Gegenüber Wald- und Weideberge, die viele schöne Wanderziele bieten: Alpspitz und Edelsberg (Tour 11), die Reuterwanne und dahinter der felsige Sorgschrofen (Tour 13) neben dem Iseler, auf den wir vom Oberjoch aus steigen (Tour 14), rechts schließt sich der Große Wald mit dem Wertacher Hörnle an, und im Osten, vor der Nagelfluhkette, steht der Grünten (Tour 17). An alten Ebereschen vorbei kommen wir nach **Faistenoy** (2 Std.).

Die kleine Kirche von Faistenoy ist dem hl. Antonius von Padua geweiht.

Der Grüntensee
unter dem Grünten

Sie wurde im 18. Jh. erbaut, hat aber einen Hochaltar, der etwa 100 Jahre älter ist. Er stammt aus dem benachbarten Mittelberg. Dort hatte man um 1850 einen neuen, spätklassizistischen Altar aufgebaut und konnte den alten nicht mehr brauchen. Die Bauern von Faistenoy nahmen ihn gern und kamen damit zu einem Altar, der heute um vieles wertvoller ist als der, dem er damals weichen mußte.

Wir gehen auf der Dorfstraße zum Südrand des Ortes und wandern über ein kleines, für den öffentlichen Autoverkehr gesperrtes Sträßlein nach unten zum **Grüntensee** (2.15 Std.).

Den Seeuferweg neben der lauten Schnellstraße brauchen wir nur etwa 100 m in Richtung Haslach zu nutzen, vor dem Fußballplatz bietet sich ein kleines Wiesenweglein an, das uns zwischen Campingplatz und Seeufer hindurch zum **Staudamm** bringt (2.30 Std.). Dort ist ein schöner Badeplatz, wo wir uns im Sommer erfrischen können.

Am Staudamm finden wir seltsame Warnschilder: »Elektrische Fischscheuchanlage!« Wir haben uns das von einem Fischer erklären lassen: Die Fische im Grüntensee wurden immer wieder in die Turbinen des Kraftwerks gezogen und kamen dort kläglich ums Leben. Eine Art elektrischer Weidezaun treibt sie jetzt von der kritischen Stelle weg.

Auf einem breit angelegten Kiesweg, der unmittelbar hinter dem Staudamm beginnt, wandern wir schließlich am Ufer entlang in etwa einer Stunde zurück zum Sebasti-anskircherl (3.30 Std.). Nur die letzten Meter müssen wir auf einem Gehsteig an der Alpenstraße entlangmarschieren, ansonsten ist es uns gelungen, trotz des starken Verkehrs um den See herum stille Wege zu finden, die uns das Wandern noch zum Vergnügen machen.

# 13   Über Weidewiesen zu den Kletterfelsen
## Der Sorgschrofen über Jungholz

Das einst abgelegene Dorf Jungholz hat sich in den letzten Jahren zu einem bedeutenden Fremdenort entwickelt, der viele Ansprüche befriedigen kann. Unser Wanderziel ist schon vom Parkplatz aus gut zu sehen. Über den Liftwiesen steht, steil und abweisend, die Felsrippe des Sorgschrofens. Wir erkennen zwei Gipfel, den östlichen Sorgschrofen, den wir besteigen wollen, und den Sorgzinken am westlichen Ende.

**Charakter:** Einfache Halbtageswanderung, die im oberen Teil etwas Trittsicherheit erfordert.
**Wegverlauf:** Aufstieg von Jungholz am Rande der Skiabfahrt bis unter die Felsen des Sorgschrofens, dann weiter auf einem steilen, teilweise etwas ausgesetzten Steig zum Gipfel. Abstieg auf dem Steig zurück und über die Alpwiesen zur Ortschaft Langenschwand, von dort fast eben auf dem Höhenweg nach Jungholz zurück.
**Gehzeiten:** 3.30 Std. (Jungholz – Sorgschrofen 2 Std. – Langenschwand 1 Std. – Jungholz 30 Min.)

**Höhenangaben:** Jungholz 1058 m, Sorgschrofen 1635 m, Langenschwand 1129 m
**Ausrüstung:** Bergstiefel; evtl. Reepschnur zum Sichern von Kindern beim Gipfelanstieg
**Einkehrmöglichkeiten:** Gasthöfe in Jungholz und Langenschwand

Wanderung 13: Der Sorgschrofen

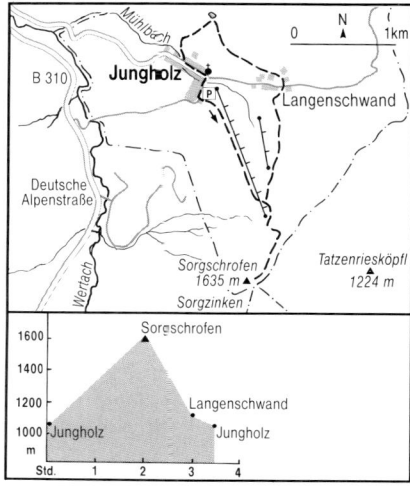

# Österreichs Beitrag zur EG

## Die Enklave Jungholz

Jungholz liegt etwas abseits der Deutschen Alpenstraße zwischen Oberjoch und Wertach. Es ist österreichisches Hoheitsgebiet, aber zollrechtlich genau wie das Kleinwalsertal an die Bundesrepublik Deutschland angeschlossen und unterliegt somit den EG-Zollbestimmungen. Dies ist aber beileibe kein Versuch des österreichischen Bundeslandes Tirol herauszufinden, ob es sich in der Europäischen Gemeinschaft gut leben läßt. Diese Kuriosität ist vielmehr uralt, sie nahm vor knapp 700 Jahren ihren Ausgang. Damals nämlich verkaufte ein Wertacher Bürger seinen Besitz im Jungholzer Hochtal an den Tiroler Heinz Lochpyler. Nach dem alten Allgäuer Landrecht war die Zugehörigkeit eines Landesteils personengebunden. So wurde ganz Jungholz tirolerisch, obwohl es nur an einem einzigen Punkt, dem Sorgzinken, mit Tirol verbunden war und heute noch ist.

Natürlich gab es im Laufe der Jahrhunderte immer wieder Streit um die Landeszugehörigkeit. Doch abgesehen von einer kurzen Episode während des Dritten Reichs war und blieb Jungholz österreichisches Hoheitsgebiet. Wahrscheinlich hat auch die Tatsache eine Rolle gespielt, daß das Gebiet bitter arm war, so daß sich wegen der paar Quadratkilometer kein schwäbischer Fürst mit den doch recht mächtigen Tirolern anlegen wollte. Auf den gut 1000 m Seehöhe wächst nun mal nicht viel, vor allem wenn man bedenkt, daß es vom 16. bis zum 19. Jh. wesentlich kälter war als heute. An den sonnigen Südhängen baute man zwar Hafer und Gerste an, doch in vielen Jahren reiften die Körner nicht aus. In Dörrhütten wurde das Getreide am Feuer getrocknet, um überhaupt genießbar zu werden. Erst die Einführung der Kartoffel im späten 18. Jh. setzte der ärgsten Not ein Ende.

Den Grundstein für den späteren Aufschwung legte 1868 der Vertrag zwischen dem Königreich Bayern und dem Land Tirol, der den Zollanschluß der Enklave an Bayern regelt. So ist die Deutsche Mark hier das gültige Zahlungsmittel. Die Banken in Jungholz sind jedoch Tiroler Banken. Sie werben ganz offen mit den Vorteilen eines österreichischen Kontos, das hier ohne jegliche Grenzkontrolle zugänglich ist.

Der Fremdenverkehr hat der Gemeinde vor allem nach dem Krieg den Wohlstand gebracht, den sie jahrhundertelang vermissen mußte. Die Lage ist ideal:

---

**Wanderkarten:** Kompass: Allgäuer Alpen (3) und Füssen (4); Topographische Karten: Allgäuer Alpen oder L 8528; Zumstein: Pfronten (2p) und Nesselwang (2)

**Achtung:** Ausweis nicht vergessen, Sie wandern im Grenzgebiet!

**Tip:** Im »Kleinen Urlaubsberater«, einem dünnen Informationsheftchen des Verkehrsamtes Jungholz, findet man eine einfache, aber sehr gute Panoramazeichnung, die den Rundblick vom Sorgschrofen beschreibt. 29 Gipfel sind auf der Zeichnung auf-

Die Berge sind nicht zu steil, aber doch recht eindrucksvoll, wunderschöne Nordhänge bieten Skipisten, wie man sie hier gar nicht vermutet, und für die Sommergäste ist vom Moorfreibad über den Campingplatz bis zur geführten Bergtour alles im Angebot, was zu einem erholsamen Sommer gehört. Da es keine Durchgangsstraße gibt, ist es zudem recht ruhig.

Obwohl Jungholz arm war, wird auch dem Kunstfreund einiges geboten. Die spätbarocken Deckenfresken in der Pfarrkirche U. L. Frau Mariä Namen wurden von dem vielbeschäftigten Maler Franz Anton Weiß aus Rettenberg »erdacht und gemalt«, wie er lateinisch neben seine Bildsignatur schreibt. Sie zeigen die Muttergottes mit dem Jesuskind als Gnadenspenderin über den Allegorien der damals bekannten vier Erdteile Afrika, Amerika, Asien und Europa. Das Bild soll den die ganze Welt umfassenden Anspruch des Christentums symbolisieren. Die modernen Glasfenster fügen sich gut in die Einrichtung der Kirche ein, die ansonsten aus der Mitte des 19. Jh. stammt.

Eine besondere Köstlichkeit ist die Kapelle St. Peter und Paul in Langenschwand. Ein reizender kleiner Hochaltar trägt im Auszug ein Christkindl, flankiert von den Erzengeln Michael und Raphael. Raphael wird üblicherweise als Schutzengel abgebildet. Hier aber findet man ihn in der viel selteneren Darstellung mit einer Angel. Das weist auf eine Geschichte im Alten Testament hin, als er den Wohltäter Tobias mit einem Fisch heilte.

geführt, bei einigermaßen gutem Wetter kann man alle erkennen, bei Föhn natürlich noch viele unbekannte Bergspitzen dazu, die aus der Ferne aufleuchten.

**Anfahrt:** *Bus:* Busverbindungen von Hindelang und Wertach nach Jung-holz. *Auto:* A 7 bis zur Abfahrt Oy-Mittelberg, dann über die B 309 und B 310 vorbei an Wertach bis zur Abzweigung nach Jungholz. Das Auto stellt man am besten an den Talstationen der Skilifte ab, die am Ortsausgang rechts am Hang liegen.

## Der Wanderweg

Die Wanderung beginnt an der Talstation des Skilifts **Jungholz**. Wir gehen zunächst auf dem Teersträßlein, das vom Rathaus her kommt, weiter. Schon nach wenigen Schritten weist uns ein Schild nach rechts auf einen Wiesenweg, der praktisch immer parallel zum großen **Schlepplift** nach oben führt. Zugegeben, ein Wanderweg, der sich durch Wiese und Wald nach oben schlängelt, wäre uns lieber gewesen als dieser schnurgerade Aufstieg am Rande der Skipiste. Aber was da links und rechts blüht, entschädigt uns vollkommen für die etwas langweilige Wegführung. Seidelbast und Aurikel stehen am Weg, die behaarte Alpenrose oder die Kugelblume. Sogar im späten Herbst, nach dem ersten Schneefall, kann man noch den Deutschen Enzian im Rauhreif entdecken.

Vor dem letzten Steilstück finden wir eine Wegweisung nach Langenschwand, dorthin werden wir später zurückwandern. Damit es nicht zu anstrengend wird, gehen wir jetzt nicht mehr weiter den Steigspuren über die Wiese nach, sondern folgen dem Ziehweg nach rechts, der in kurzem Bogen zur **Bergstation** des Liftes führt. Von hier aus geht es geradewegs auf die Antenne zu, die oben an der Hangkante sichtbar ist (1.15 Std.). Hier bekommen wir schon einen kleinen Vorgeschmack auf die herrliche Aussicht von dieser Felsrippe. Wenn man Glück hat, kann es durchaus geschehen, daß man hier ein ganzes Rudel Gemsen beim Äsen stört. Ganz langsam, wohl wissend, daß man ihnen unmöglich folgen kann, verschwinden sie dann über den steilen Südhang.

Wir steigen das kleine Weglein an der Hangkante entlang bis zu der zweiten **Antenne** (1.30 Std.). Ein schmaler Steig führt unter den ersten Felszacken des Sorgschrofens vorbei, läßt uns über ein paar Felsbuckel krabbeln und zieht in das steile Nordkar des Sorgschrofens. Dort gehen wir im Zickzack steil bergauf und achten dabei sorgfältig darauf, daß wir keinen der losen Steine abtreten. In einer halben Stunde sind wir am **Gipfel** (2 Std.). Quirlige Kinder gehören auf diesem letzten Wegstück unbedingt gesichert!

**Achtung:** Wer nicht trittsicher ist oder wer Schwierigkeiten hat, steil in die Tiefe zu schauen, bewundert die Aussicht von der Hangkante aus und beginnt dann gleich den Abstieg.

Der Gipfelkamm des Sorgschrofens steht relativ isoliert. Das erlaubt eine prächtige Rundumsicht, die man einem Berg mit nur 1635 m Höhe gar nicht zutrauen würde. Ziemlich genau im Nordosten finden wir den Edelsberg und die Alpspitz (Tour 11), daran schließen die Füssener Berge an. Breitenberg und Aggenstein (Tour 10) stehen fast gegenüber (s. Farbabb. 6), dann folgen die Kletterberge des Tannheimer Tales. Der Einstein liegt fast genau im Süden, er ragt wirklich wie ein einziger Stein aus dem Wald. Dann folgen die Lechtaler und die Allgäuer Berge, der Hohe Ifen mit seinem Sägezahn ist nicht zu übersehen. Der Grünten (Tour 17) beendet schließlich die Bergprozession.

Zurück gehen wir, dem Aufstiegsweg folgend, zur Hangkante, an den beiden Antennen und der **Bergstation** vorbei bis zum Wegweiser nach Langenschwand unter dem letzten steilen Liftstück. Hier wenden wir uns nach rechts und folgen dem schmalen Trampelpfad schräg abwärts, erreichen einen weiteren Schlepplift und gehen die Lifttrasse nach unten, bis rechts ein Bauernsträßlein auftaucht. Dieses benutzen wir und sind auf diese Weise bald in **Langenschwand** (3 Std.). Dort können wir uns in einem der Gasthäuser eine gute Brotzeit genehmigen oder einen Blick in das kleine, den hll. Petrus und Paulus geweihte Kirchlein werfen, das 1902 an Stelle einer alten Kapelle von den Langenschwandnern erbaut wurde.

Wir gehen zum **Panoramaweg** hinauf, der über dem Gasthof Waldhorn in Richtung Jungholz führt. Er macht seinem Namen Ehre und bietet nochmals einen guten Überblick über das ganze Tal Dem fast ebenen Weg folgen wir weiter bis zu einem kleinen Weiher, wo sich der Blick weit in die Oberstdorfer Alpen öffnet. Ein schmaler Steig führt uns den Bach entlang wieder zurück nach **Jungholz** (3.30 Std.).

# 14   Über einen schmalen Berggrat
## Der Iseler am Oberjoch bei Hindelang

Fährt man von Wertach auf der Deutschen Alpenstraße nach Süden, so sperrt einige Kilometer hinter dem Abzweig nach Jungholz ein mächtiger Bergwall den Weiterweg. Die Straßenbauer mußten nach rechts in Richtung Oberjoch und Hindelang oder nach links in Richtung Tannheim ausweichen. Dieser Bergrücken ist der Iseler. Wenn er auch keinen markanten Gipfel hat, so bietet doch sein langgezogener Kamm die Möglichkeit zu einer schönen Gratwanderung mit atemberaubender Sicht in die Ferne und in die Tiefe. Das wollen wir genießen.

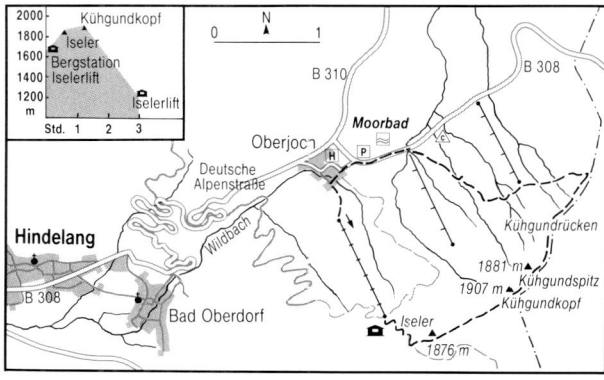

Wanderung 14:
Der Iseler am Oberjoch bei Hindelang

**Charakter:** Nicht zu lange Bergwanderung, die man zur Not in einem halben Tag machen kann; Schwindelfreiheit erforderlich; auf keinen Fall bei Gewitterneigung gehen!

**Wegverlauf:** Von Oberjoch aus Auffahrt mit dem Iselerlift, in steilen Serpentinen auf den Iseler, weiter über den Grat nach Osten. Abstieg auf der Bergnordseite bis zur Alpenstraße.

**Gehzeiten:** 3 Std. (Bergstation Iselerlift – Iseler 30 Min. – Kühgundkopf 45 Min. – Talstation Iselerlift 1.45 Std.)

**Höhenangaben:** Oberjoch 1150 m, Talstation Iselerlift 1215 m, Bergstation Iselerlift 1640 m, Iseler 1876 m, Kühgundkopf 1907 m

**Ausrüstung:** Bergstiefel

**Einkehrmöglichkeiten:** Keine

**Wanderkarten:** Kompass: Allgäuer Alpen (4) und Füssen (3); Topographische Karten: Allgäuer Alpen oder L 8528; Zumstein: Hindelang (3)

**Bademöglichkeit:** Moorfreibad in Oberjoch, wenige Minuten vom Parkplatz P 2 entfernt

**Achtung:** Ausweis nicht vergessen, Sie wandern im Grenzgebiet!

**Anfahrt:** *Bus:* Busverbindungen von Sonthofen über Hindelang und von Nesselwang über Wertach nach Oberjoch. Von der Bushaltestelle geht man zu Fuß bergauf zur Talstation des Iselerlifts. *Auto:* A 7 bis zur Abfahrt Oy-Mittelberg, dann über die B 309 und B 310 vorbei an Wertach Richtung Oberjoch und Hindelang; kurz vor Oberjoch biegt man links auf die B 308 Richtung Tannheim ab. Von Sonthofen und Hindelang über die B 308 bis hinter Oberjoch; dort fährt man nicht geradeaus weiter auf der B 310, sondern folgt der B 308, die rechts Richtung Tannheim abbiegt.

Nach 300 m liegt auf der linken Seite der Parkplatz P 2, wo man das Auto abstellen kann. Vom Parkplatz geht es zu Fuß in einer knappen Viertelstunde zunächst über die B 308 hinweg, dann bergauf am Ortsrand von Oberjoch entlang und über Wiesen zur Talstation des Iselerlifts.

## Der Wanderweg

Ausgangspunkt unserer Wanderung ist der **Iselerlift** in **Oberjoch,** der für uns den ersten Anstieg bewältigt und uns in einer Viertelstunde auf 1640 m Höhe bringt. Von der Bergstation steigen wir in steilem Zickzack zum Gipfel des **Iseler** (30 Min.). Eine einsame Wanderung ist es bis hierher wirklich nicht, das wollen wir ehrlich zugeben. Viel zu viele möchten die schöne Gipfelsicht genießen. Aber die Geister scheiden sich sehr schnell. Die allermeisten marschieren wieder zum Lift zurück, man kann sie fast schon vorher an den Halbschuhen und am Straßenanzug erkennen! Andere gehen weiter nach Süden und steigen nach Hinterstein ab.

Wir wählen den wenig begangenen Gratweg Richtung Kühgund. Nach einer Dreiviertelstunde haben wir den **Kühgundkopf** erreicht (1.15 Std.) und können die Umgebung inspizieren. Im Osten liegt tief unter uns das Tannheimer Tal mit dem Haldensee, links der markante Einstein vor dem Aggenstein (Tour 10). Direkt im Süden sind die Berge um den berühmten Mindelheimer Klettersteig, der Ponten und der Bschießer. Weiter rechts ist im Hintergrund die Nebelhorngruppe zu sehen, vom unverwechselbaren Hochvogel überragt. Über dem Ostrachtal und Hindelang ragt die Nagelfluhkette (Tour 29 und

Breitenberg und Rotspitz über dem Ostrachtal

31) auf, und im Norden begrenzt der Grünten (Tour 17) die Sicht. Bei ganz klarem Wetter soll man von hier aus sogar den Münchner Fernsehturm sehen können.

Von nun an geht es fast nur mehr abwärts, zuerst flach über die **Kühgundspitz** zum **Kühgundrücken,** den nochmals ein Kreuz ziert. Wir folgen hier immer der bayerisch-österreichischen Grenze. Dann wird der Weg steiler, senkt sich zu einer nassen Wiese, wo er sich nach links fast in Gegenrichtung wendet (2 Std.). Wir marschieren unterhalb einer Felsengruppe bis zum Ende eines **Schleppliftes** und gehen weiter, bis wir eine Skiabfahrt kreuzen. Wir folgen dem Wegweiser abwärts Richtung Oberjoch (nicht Wiedhaghütte-Oberjoch) und gehen am Waldrand entlang direkt auf den gut sichtbaren Campingplatz zu. An einer Baum-Buschgruppe wendet sich der Weg nach links, wir durchqueren ein kleines, fast trockenes Bachbett und gehen am jenseitigen Ufer des Baches weiter nach unten. Vorsicht, die Stelle ist leicht zu übersehen, denn ein breiterer Weg führt geradeaus weiter! Wir kommen bei der Talstation des **Wiedhagliftes** heraus und sind nach wenigen Schritten zurück am **Parkplatz** (3 Std.).

# Auf den Spuren des bayerischen Königs
## Die Deutsche Alpenstraße

Als sich in den Jahren nach dem Ersten Weltkrieg der Fremdenverkehr im Allgäu langsam zu entwickeln begann und auch das Automobil, das die ersten Touristen in die Dörfer brachte, seinen Siegeszug antrat, störte es plötzlich, daß man zwei Orte, die eigentlich gar nicht weit auseinanderlagen, zum Beispiel Hindelang und Nesselwang, nur über große Umwege erreichen konnte. In dieser Situation erinnerte sich der Fremdenverkehrsdirektor von Oberbayern, Dr. Otto Schwink, an ein Buch, das die Reise König Maximilians II. von Bayern vom Bodensee nach Berchtesgaden im Jahr 1858 schilderte. Dies brachte ihn auf die Idee, eine Straße quer durch die bayerischen Alpen anzuregen und zu planen. Doch die Rezession in den späten 20er Jahren machte dem schönen Traum zunächst ein jähes Ende.

Das Dritte Reich griff den Gedanken wieder auf. Man brauchte ein Vorzeigeobjekt, das international Aufsehen erregte: die Deutsche Queralpenstraße. Mit der Macht einer Diktatur wurde der Bau bis zum Beginn des Krieges vorangetrieben, dann ging der Traum ein zweites Mal zu Ende. Nur an einigen wenigen Stellen wurde sogar noch in der Kriegszeit gearbeitet. Erst im Laufe der 60er und 70er Jahre wurde die Straße in ihrer heutigen Form fertiggestellt.

Teilweise können wir heute ganz froh sein, daß das Geld lange Zeit so knapp war. So hatte man zum Beispiel geplant, die Straße von Linderhof im Graswangtal aus schräg den Berg hinaufzuziehen und hinter der Scheinbergspitze vorbei

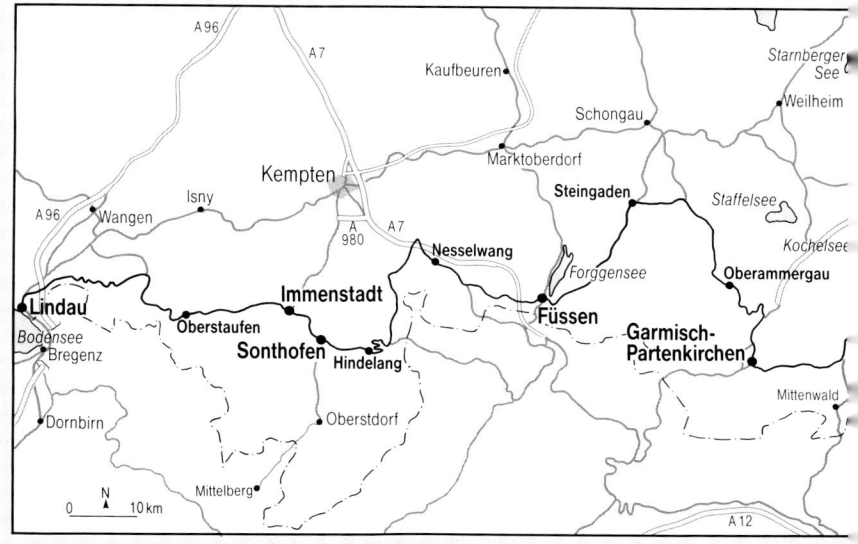

nach Füssen zu führen. Wenn es auch den Weg von Oberammergau nach Füssen um fast eine Fahrstunde verkürzt hätte, so hätte man doch Landschaft in heute nicht mehr akzeptablem Maße zerstört.

Die Alpenstraße beginnt in Lindau am Bodensee und führt zunächst über Oberstaufen, Immenstadt nach Sonthofen, dann durch das Ostrachtal über das Oberjoch an Jungholz vorbei nach Nesselwang und Füssen. Dort macht sie eine große Schleife nach Norden, erreicht über Steingaden und die Wies (mit einem kurzen Abstecher) die Ammer und begleitet diese flußaufwärts bis Oberammergau und Ettal. Hinter Garmisch trifft sie auf die alte Italienstraße und führt die junge Isar entlang bis zum fjordartigen Sylvenstein-Speicher. Nun geht es am See entlang nach Osten bis zum Tal nach Kreuth und weiter zum Tegernsee. Hier sollte die Straße eigentlich über die Valepp zum Spitzingsee geführt werden. Daraus ist nichts geworden, und das wunderschöne Tal um den Schinder bleibt nach wie vor den Wanderern vorbehalten. In nördlichem Bogen erreicht die Straße über den Schliersee Bayrischzell und führt unter dem Wendelstein vorbei nach Oberaudorf. Jetzt geht es erneut im Bogen nach Norden, über ein Stück Autobahn bis Frasdorf, weiter auf ruhigen Straßen nach Reit im Winkl, Ruhpolding und an der Ramsau vorbei nach Berchtesgaden.

Große Straßen sind bequem. Für den Autofahrer, der weite Strecken zurücklegen muß, sind sie eine enorme Erleichterung, für Handel und Gewerbe eine unbedingte Notwendigkeit. Der Bau der Alpenstraße hat an vielen Orten den Aufschwung des Fremdenverkehrs erst ermöglicht. Aber man darf nicht vergessen, daß damit Landschaft unwiederbringlich zerstört wird, und zwar nicht nur die paar Hektar, die die Straße selbst einnimmt, sondern noch viele Quadratkilometer links und rechts.

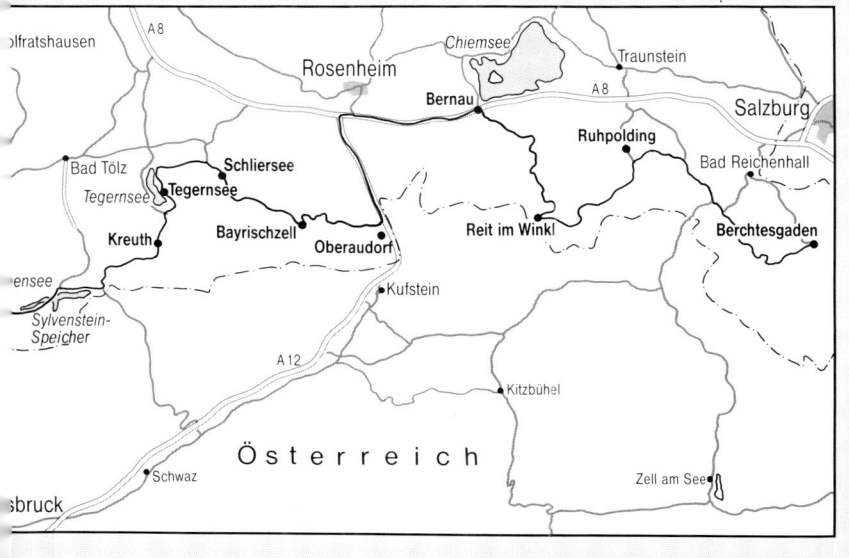

# 15   Zum Hausberg der Hindelanger
## Der Hirschberg

Wenn ein Berg als der Hausberg eines Ortes bezeichnet wird, dann gibt es meist sehr viele Wege zum Gipfel. Wir haben uns für einen Weg entschlossen, der sicher nicht der kürzeste ist, dafür aber einiges an Bequemlichkeit bietet. Der Hirschberg hat eine sehr steile Südflanke, die weit bis in den Talboden hinab beinahe senkrecht abfällt. Ihr verdanken wir die wunderbare Aussicht vom Gipfel in das Ostrachtal.

**Charakter:** Einfache Ganztageswanderung; zwei Abstiegsmöglichkeiten mit unterschiedlichem Schwierigkeitsgrad.

**Wegverlauf:** Auf einer Alpstraße am Westhang des Hirschbergs zur Klankhütte, von dort auf Pfadspuren zum Gipfel. Zurück zur Klankhütte, über ein Hochmoor zum Spieser, um ihn herum zur Hirschbergalpe. Schwindelfreie gehen durch den Hirschbachtobel nach Hindelang zurück. Wer sich etwas unsicher fühlt, kann über die Alpstraße auf die Deutsche Alpenstraße am Oberjoch zugehen und auf alten Weidewegen nach Hindelang zurückkehren.

**Gehzeiten:** 4.45 Std. (Hindelang – Hirschberg 2.30 Std. – Hirschbergalpe 1 Std. – Hindelang 1.15 Std.)

**Höhenangaben:** Hindelang 820 m, Hirschberg 1500 m

**Ausrüstung:** Bergstiefel

**Einkehrmöglichkeiten:** Gasthäuser in Hindelang, Hirschbergalpe (kein Ruhetag, geöffnet Ostern bis Allerheiligen)

**Wanderkarten:** Kompass: Allgäuer Alpen (3); Topographische Karten: Allgäuer Alpen oder L 8528; Zumstein: Hindelang (3) und Sonthofen (6)

**Sehenswürdigkeiten:** Kirche in Bad Oberdorf

**Anfahrt:** *Bus:* Gute Busverbindungen von Sonthofen und Wertach nach Hindelang. *Auto:* Von Sonthofen über die B 308 nach Hindelang. Dort stellt man das Auto am besten auf

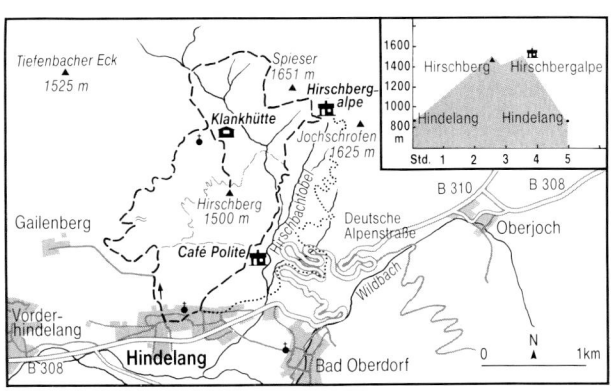

Wanderung 15:
Der Hirschberg

# Das Zentrum des Ostrachtals
## Hindelang

Hindelang kann auf eine lange Geschichte zurückblicken. Daß die älteste Urkunde erst aus dem Jahr 1173 stammt, ist sicher nur Zufall. Hindelang lag zur Zeit der Römer an der *Via Decia,* die Kaiser Decius als Nachschubweg bauen ließ, um seine Besitzungen am Bodensee gegen die Übergriffe der Alemannen besser zu schützen. Die Straße führte vom Lech her über das Tannheimer Tal zum Ostrachtal und mußte dabei die 300 m Höhenunterschied vom Oberjoch überwinden. Man kann als sicher annehmen, daß es an beiden Enden der Bergstrecke eine römische Versorgungsstation gab, wovon eine an der Stelle des späteren Hindelang gestanden haben müßte. Allerdings hat man bisher keinerlei Spuren davon entdecken können. Erst im 9. Jh. hört man wieder von dem Tal. Da siedelte sich ein Alemanne namens Hundo an, der das Land für sich rodete. Vom Namen seiner Nachfahren, der Edlen von Hundinlanc, leitet sich der heutige Ortsname her. Sie haben sich die Burg Liebenstein gebaut, von der heute nur mehr der Burgstall erhalten ist.

Im 16. Jh. macht Hindelang wieder von sich reden, denn die Grafen von Montfort und die Erzherzöge von Tirol trafen eine »internationale« Vereinbarung über den Salzhandel. Diese erforderte eine Straße, die man etwa auf der Trasse der alten *Via Decia* baute. Die Salzfrachten wurden in einer Art Stafettenverkehr transportiert, das heißt, man verlud das Salz auf Fuhrwerke, deren Pferde man nach einer gewissen Strecke in eigens dafür eingerichteten Salzfaktoreien wechselte. Eine solche Salzfaktorei war das 1671 erbaute Dreikugelhaus in der Marktstraße. Bis zu 100 Fuhrwerke sollen pro Tag auf dieser mittelalterlichen Verkehrsader unterwegs gewesen sein. Daß dieser Handel Geld in das Tal brachte, beweisen die Kunstwerke aus dieser Zeit, die wir heute vor allem in der Kirche von Bad Oberdorf bewundern können. An erster Stelle steht natürlich der Hochaltar von Jörg Lederer (s. S. 112 f.), aber auch das wertvolle Marienbild von Hans Holbein d. Ä., das er 1493 signiert hat.

Der Tourismus begann, wenn man so will, 1774. Damals marschierte der Landesherr und Bischof von Augsburg, Kurfürst Clemens Wenzeslaus, mit großem Gefolge bis zum Talschluß des Rettenschwanger Tales, nachdem er ein Jahr vorher bereits den Grünten erstiegen hatte. Die eigentlichen Anfänge des Fremdenverkehrs liegen jedoch in der zweiten Hälfte des vergangenen Jahrhunderts, als die Verkehrswege soweit ausgebaut waren, daß die Gäste mit vertretbarem Aufwand an ihr Ziel gelangen konnten. Sie übernachteten zunächst in Privathäusern oder auf den Alpen, bis schließlich immer mehr Gasthäuser und auch Hotels entstanden. Einen wesentlichen Anteil an der Entwicklung hatte der Alpenverein, der damals auch »Verein zur Erschließung der Bergwelt« hieß. Er baute das Prinz-Luitpold-Haus am Hochvogel und, 1899, als ersten alpinen Höhenweg den Jubiläumsweg. Als 1897 die moderne Jochstraße dem Verkehr übergeben wurde, war der Siegeszug des Fremdenverkehrs nicht mehr aufzuhalten. Heute ist er im Ostrachtal neben der Landwirtschaft des wesentliche Standbein der Wirtschaft.

dem großen Parkplatz unmittelbar an der Deutschen Alpenstraße ab und geht zu Fuß Richtung Kirche.

**Der Wanderweg**
Ausgangspunkt unserer Wanderung ist die Hauptstraße von **Hindelang.** Wir marschieren zunächst Richtung Gailenberg aus dem Ort hinaus. Wenn sich die Straße scharf nach links wendet, folgen wir dem Fußweg rechts bachaufwärts. Erst jetzt finden wir einen Wegweiser zum Hirschberg. Diesen Weg nehmen wir aber **nicht,** sondern wandern weiter Richtung Gailenberg. Über eine Wiese führt uns der Steig in Richtung Straße zurück, von der eine Alpstraße abzweigt. Dort, wo unser Weg auf die Alpstraße trifft, steht wieder ein Wegweiser (15 Min.). Diesmal folgen wir der Angabe »Hirschberg« und wandern die Alpstraße bergauf. Die breite, aber ungeteerte Straße führt uns in langen Serpentinen durch Wald und Weidewiesen sicher aufwärts. Sie ist für den öffentlichen Verkehr gesperrt, so daß man höchstens einmal einem Traktor ausweichen muß. Besonders im Frühsommer, ehe das Vieh auf die Alpweiden getrieben wird, können wir links und rechts des Weges eine Blumenpracht bewundern, die man im Tal inzwischen vergebens sucht. Wir kommen an einem neu gebauten Brunnen und an einer dem Bauernheiligen Wendelin geweihten **Kapelle** vorbei (2 Std.). Noch ein kleines Stück, und wir sind an der unbewirtschafteten **Klankhütte** (2.15 Std.). Ein Fußsteig führt uns nun di-

Windbruch im Hirschbachtobel

rekt auf den **Gipfel** des **Hirschbergs** (2.30 Std.).

Das Gipfelkreuz haben die Hindelanger nicht an die höchste Stelle des Berges gestellt, sondern etwas tiefer, genau an die Hangkante. Damit ist es vom Ort aus gut zu sehen. Der Gipfel ist ein beliebter Startplatz für Paraglider. Man kann sie ein Weilchen beobachten und dabei sehen, wie sie der Aufwind packt und sie in ein paar Minuten so hoch über dem Gipfel stehen, daß man sie mit bloßem Auge kaum sehr sehen kann.

Für den Rückweg könnte man einen der Direktabstiege wählen und in einer Stunde wieder den Ort erreichen. Wir aber gehen gemütlich zur **Klankhütte** zurück und folgen den Wegweisern zum Spieser. Das ist der Grasberg, der so markant nordöstlich vom Hirschberg steht. Keine Sorge, Sie brauchen nicht einen zweiten Gipfelanstieg befürchten, der Weg führt bequem um den Berg herum. Zunächst kommen wir jedoch an ein **Hochmoor,** auf dem ein paar uralte Heuhütten stehen (2.50 Std.). Diese von ein paar Bächen durchzogene Mulde ist ein Paradies für sich. Der schillernde Ölfilm, der an ein paar Stellen auf dem nassen Boden zu sehen ist, deutet nicht auf einen unachtsamen Umweltschädiger hin. Er stammt aus einer Ölschieferformation, die hier an einigen Stellen zutage tritt.

Nach einer guten halben Stunde kommen wir am Bergkreuz der **Hirschbergalpe** vorbei (3.30 Std.). Ein paar Schritte noch, dann haben wir die Hütte erreicht und können uns an den köstlichen Dingen laben, mit denen die Familie Schwarz »ihre« Wanderer versorgt: Radlermaß, Hirschsalamibrot oder auch Kaiserschmarrn in alter Bäuerinnenqualität.

Von der Alpe gehen wir ein Stück in die Richtung zurück, aus der wir gekommen sind, nehmen aber den unteren Weg, der nicht am Kreuz vorbeiführt. Auf dem ersten Grasrükken, der sich vom Tal heraufzieht, führen deutlich sichtbare Trittspuren nach unten. Diesen folgen wir und kommen auf einen schmalen, steinigen, aber gut ausgebauten Weg. Er führt uns in eine Urlandschaft, deren unberührte Wildheit man an dem sonst so harmlosen Hirschberg nicht vermuten würde. Wir steigen an einer fast senkrechten Stein-/Graswand in steilem Zickzack nach unten. Ein Drahtseil gibt überall dort Halt, wo es zu gefährlich erscheint. An der Gegenwand stürzt über eine Höhe von 150 m ein Wasserfall sprühend in die Tiefe. Überall sind die Spuren des Orkans Wiebke zu sehen, der Weg war deshalb lange unpassierbar. Die Schlucht wird flacher, und schließlich erreichen wir den Grund des **Hirschbachtobels** (4.15 Std.), der nun hinaus ins Tal führt. Wir gehen dem Wegweiser zum **Café Polite** nach (4.30 Std.) und erreichen nach einer weiteren Viertelstunde wieder **Hindelang** (4.45 Std.).

**Variante:** Wer nicht absolut schwindelfrei ist, geht von der Hirschbergalpe über die geteerte Alpstraße, die in steilen Serpentinen abwärts führt und in die Deutsche Alpenstraße etwas unterhalb des Oberjochs mündet. Hier zweigt der alte, unbefestigte Weideweg ab, der zwischen den Serpentinen der Straße ebenfalls nach Hindelang führt.

# 16   Zur königlichen Alpe
## Imberger Horn und Rettenschwanger Tal

Das Imberger Horn ist der nördlichste Pfeiler der Berggruppe um Nebelhorn und Daumen. Durch die Lage unmittelbar am Ostrachtal hat man auf seinem Gipfel eine bessere Aussicht als von seinen südlich gelegenen, höheren Nachbarn Breitenberg oder Rotspitz. Überdies, und das sollte man auch nicht geringschätzen, ist er in einer einstündigen Wanderung bequem zu erreichen.

**Charakter:** Einfache Ganztageswanderung; über den Gipfelkamm etwas Vorsicht geboten.

**Wegverlauf:** Auffahrt von Hindelang mit dem Imberglift, von der Bergstation auf die Westseite des Berges, dann über den West- und Nordhang des Imberger Horns auf den Gipfel. Abstieg nach Süden über den Strausbergsattel ins Rettenschwanger Tal zur Alpe Mitterhaus, auf der Alpstraße zurück nach Hindelang.

**Gehzeiten:** 3.30 Std. (Bergstation Imberglift – Imberger Horn 1 Std. – Alpe Mitterhaus 1.15 Std. – Talstation Imberglift 1.15 Std.)

**Höhenangaben:** Hindelang 820 m, Bergstation Imberglift 1310 m, Imber-

ger Horn 1656 m, Alpe Mitterhaus
1084 m
**Ausrüstung:** Bergstiefel
**Einkehrmöglichkeiten:** Alpe Mitter-
haus, Café Horn (Freitag Ruhetag)
**Wanderkarten:** Kompass: Allgäuer
Alpen (3); Topographische Karten:
Allgäuer Alpen oder L 8528; Zum-
stein: Hindelang (3) und Sonthofen
(6)
**Sehenswürdigkeiten:** Kirche in Bad
Oberdorf, Hammerschmiede an der
Ostrach (in der Nähe des Freibads)
**Bademöglichkeit:** Beheiztes Freibad
in Hindelang, nahe der Talstation des
Imberglifts
**Anfahrt:** *Bus:* Gute Busverbindungen
von Sonthofen und Wertach nach
Hindelang. Vom Busbahnhof geht
man zu Fuß über einen Wiesenweg
zur Talstation des Imberglifts. *Auto:*
Von Sonthofen über die B 308 nach
Hindelang; vor dem Ortseingang
biegt man rechts zum Imberglift ab,
wo Parkplätze in ausreichender
Menge vorhanden sind.

### Der Wanderweg
Der Imberglift in **Hindelang** bringt
uns in einer Viertelstunde zur **Bergstation.** Der Weg zum Horn führt
zuerst westlich um den Berg und
zieht sich dann in steilen Serpentinen
über den Nordhang auf den **Gipfel** (1
Std.). Im Süden entfaltet sich das Panorama der Berge um Oberstdorf:
Vorne, unglaublich steil, der Breitenberg und die Rotspitz, dahinter die
Bergkette von den beiden Daumengipfeln bis zum Nebelhorn. Im Norden, direkt gegenüber, schauen der
Hirschberg (Tour 15) und der Spieser
zu uns herüber, wie immer ist der
Grünten (Tour 17) nicht zu übersehen.

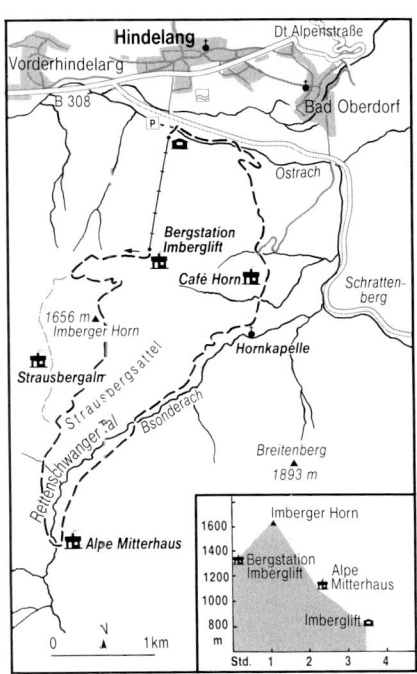

Wanderung 16: Imberger Horn und
Rettenschwanger Tal

Am Gipfel herrscht vor allem zu
Ferienzeiten recht reger Betrieb. Deshalb machen wir uns quasi durch die
Hintertür davon: Kurz unterhalb des
Gipfels steht ein Schild mit der Aufschrift »Strausberg-Mitterhaus«. Diesem folgen wir, kommen schließlich
etwas weiter unten zu einem zweiten
Gipfelkreuz und steigen dann in en-
gen Serpentinen abwärts, bis wir nach
etwa einer Dreiviertelstunde am
**Strausbergsattel** (1.45 Std.) ankom-
men. Dieser Weg ist relativ wenig begangen, weil er in den Karten des
Fremdenverkehrsamtes nicht eingetragen ist. Überdies bietet er eine
herrliche Aussicht vor allem nach Sü-

# Schnitzer und Ratsherr

## Jörg Lederer

An der Wende vom 15. zum 16. Jh. lebten und arbeiteten im süddeutschen Raum vier große Bildschnitzer. In Südostbayern ist dies der »Meister von Rabenden«, dessen wahren Namen man nicht kennt, in München (wenn auch ein wenig älter) der geniale Erasmus Grasser, Schöpfer der berühmten Moriskentänzer, und im Schwäbischen der »Meister von Ottobeuren«, dessen fast linear geschnittene Bildwerke dem Betrachter am meisten abverlangen. Im östlichen Schwaben aber, in Füssen und Kaufbeuren, arbeitete der Schnitzer Jörg Lederer. Seine Figuren strahlen eine fast überirdische Gelassenheit aus, die dem Betrachter auch heute noch, nach fast 500 Jahren, Ruhe und Geborgenheit vermitteln kann. Schon zu seinen Lebzeiten fanden seine Werke weite Verbreitung.

Jörg Lederer ist um 1470 in Füssen auf die Welt gekommen. Über seine Lehr- und Wanderjahre ist nichts bekannt. Wir hören erst wieder von ihm, als er 1499 den Füssener Bürgerbrief kauft, im gleichen Jahr, in dem er eine Familie gründet. Einige Jahre später zieht er nach Kaufbeuren, wo er schnell zu Ehren und Ansehen gelangt. Als Ratsherr und Stadtamtmann gehört er zu den angesehenen und wohlhabenden Bürgern der Stadt. Die Jahre bis 1530 sind die fruchtbarsten seines Lebens. Im Alter von 80 Jahren stirbt er in Kaufbeuren und wird dort in Ehren begraben.

Was bis heute von ihm lebendig geblieben ist, das sind seine Werke. Sie sind im ganzen Allgäu verbreitet, aber auch im anschließenden südlichen Alpenraum bis nach Südtirol und in die Schweiz. Am Auerberg (s. S. 79) haben wir seine spätgotische Maria Immaculata gesehen, in Füssen (s. S. 75) ist er uns unter anderem als Schnitzer der gotischen Kassettendecke des Rittersaals im Hohen Schloß begegnet.

In Bad Oberdorf bei Hindelang steht eines seiner wichtigsten Werke: der Marien-Krönungsaltar oder »Hindelanger Altar«. Im Jahr 1519 schuf Lederer, damals schon Bürger von Kaufbeuren, diesen Altar für die Pfarrkirche von Hindelang, 1742 mußte er der Barockausstattung weichen und wurde in einer Pestkapelle aufgestellt. 1938 überführten ihn die Hindelanger in einer feierlichen Prozession in die neuerbaute Kirche von Bad Oberdorf. Es ist ein typisch gotischer Schreinaltar mit zwei schmalen Flügeln. Im Zentrum kniet eine jugendli-

den. Allerdings muß man manchmal über umgestürzte Bäume klettern, was aber, wenn man von oben her kommt, nicht allzuviel Anstrengung erfordert.

Vom Sattel aus gehen wir nach links in das Rettenschwanger Tal. Ein bequemer Weg führt am Hang entlang taleinwärts. An uralten Ahorn-

bäumen vorbei kommen wir schließlich in einer halben Stunde zur geschichtsträchtigen **Alpe Mitterhaus** (2.15 Std.). Diese Alpe, noch immer im Besitz der Wittelsbacher, ist heute eine moderne Bergsennerei. Sie hat eine wechselvolle Geschichte hinter sich. Von 1575 bis 1648 war sie ein Stutenhof der Fugger, dann ging sie in

Hochaltar der Filialkirche Mariä
Himmelfahrt und Jodok in
Bad Oberdorf von Jörg Lederer
(»Hindelanger Altar«)

che Maria. Gott Vater und Christus setzen ihr die Krone des Himmels auf, der
Heilige Geist schwebt als Taube über der Szene. Putten spielen zu Füßen der
göttlichen Gestalten. Auf den Seitenflügeln sind Johannes der Täufer und
Johannes der Evangelist dargestellt. Der Täufer trägt als Symbol ein Lamm, das
auf Christus hinweist, der Evangelist hält in der Hand einen Kelch, aus dem sich
eine Schlange windet. Der Legende nach soll er aus einem vergifteten Kelch
getrunken haben, ohne Schaden zu nehmen.

Jörg Lederer ist wohl der letzte der großen spätgotischen Schnitzer Süddeutschlands. Seinen bedingungslosen, noch vom Mittelalter geprägten Glauben vermag man heute noch aus seinen Kunstwerken zu lesen. Doch aus den
letzten 20 Jahren seines Lebens, von 1530 bis zu seinem Tod 1550, ist keine Plastik mehr von ihm erhalten. Konnte er die neuen Gedanken der Reformation
nicht mehr in Holz ausdrücken? Wir wissen es nicht. Wir wissen nur, daß er uns
einen einzigartigen Kulturschatz hinterlassen hat, dem heute noch unsere
Bewunderung gilt.

bischöflich-augsburgischen Besitz über. Im Verlauf der Säkularisation übernahm sie im Jahr 1803 der bayerische Staat, und 1909 schließlich erwarb sie Prinz Konrad von Bayern. Blau und absolut klar fließt die Bsonderach an der Alpe vorbei.

Nun folgt ein Marsch auf dem geteerten Alpweg. Wir kommen an der versteckten **Hornkapelle** (2.45 Std.) vorbei und etwas weiter unten am **Café Horn** (2.50 Std.), wo wir noch einmal einkehren können. Etwa 45 Min. nach der Alpe zweigt ein Weg links nach Hindelang ab (3 Std.). Zur **Talstation** brauchen wir auf dem recht gepflegten Weg noch einmal 30 Min. (3.30 Std.).

# 17   Durch Wald und Wiesen zu zwei Gipfeln
## Über das Burgberger Hörnle auf den Grünten

Der Grünten ist fast vom ganzen Allgäu aus zu sehen, sogar in Oberbayern taucht er am westlichen Horizont
auf. Er ist daher ein sehr beliebter
Berg, und eine entsprechende Zahl
von Bergwanderern versammelt sich
am Wochenende beim Gebirgsjägerdenkmal oben am Gipfel. Wir haben
aus der Vielzahl von Wanderwegen,
die von allen Seiten auf den Gipfel
führen, eine abwechslungsreiche
Rundtour ausgewählt. Sie führt im
Aufstieg über das Burgberger Hörnle.
Die »offizielle«, auf Landkarten ge-
bräuchliche Bezeichnung dieses Berges lautet übrigens »Kreuzelspitze«.
Die Burgberger aber beanspruchen
den Gipfel quasi als ihren Hausberg
und beschriften auch die Wegweiser
entsprechend.

**Charakter:** Einfache Ganztageswanderung, am Burgberger Hörnle etwas

ausgesetzt (ungeübte Wanderer kön-
nen diesen Gipfel auslassen).
**Wegverlauf:** Von Burgberg über den
steilen Westanstieg zum Burgberger
Hörnle, über die Alpwiesen zum
Grüntenhaus, von dort, vorbei am
großen Sendemast am Grünten, zum
Gebirgsjägerdenkmal am Übelhorn.
Über die Obere Schwandalpe am
Südhang des Grünten wieder zurück
nach Burgberg.
**Gehzeiten:** 6 Std. (Burgberg – Burg-
berger Hörnle 2 Std. – Übelhorn 1.30
Std. – Burgberg 2.30 Std.)
**Höhenangaben:** Burgberg 752 m,
Burgberger Hörnle 1496 m, Grünten-
haus 1535 m, Übelhorn 1738 m
**Ausrüstung:** Bergstiefel
**Einkehrmöglichkeiten:** Grüntenhaus
(kein Ruhetag, geschlossen im No-
vember; Übernachtungsmöglichkeit),
Obere Schwandalpe (geöffnet Juni bis
September und an schönen Wochen-

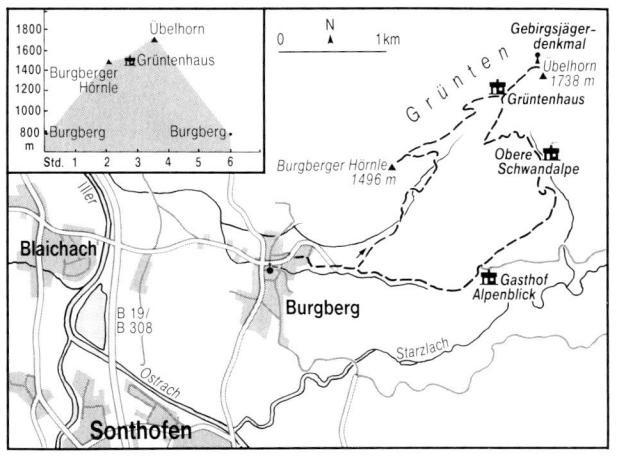

Wanderung 17:
Über das Burgberger
Hörnle auf den
Grünten

Unübersehbar: Der Sendemast auf dem Grünten

enden im Frühjahr und Herbst), Gasthof Alpenblick (Montag Ruhetag, geschlossen Mitte November bis Mitte Dezember)

**Wanderkarten:** Kompass: Allgäuer Alpen (3); Topographische Karten: Allgäuer Alpen, L 8526 oder L 8528; Zumstein: Sonthofen (6)

**Sehenswürdigkeiten:** Gebirgsjägerdenkmal, Obere Schwandalpe (Käsalpe)

**Anfahrt:** *Bus:* Gute Busverbindungen von Sonthofen und Immenstadt nach Burgberg; von der Haltestelle zu Fuß durch die Grüntenstraße bergauf zu den Sporthallen. *Auto:* Von Immenstadt auf der B 308 Richtung Sonthofen bis zum Zusammentreffen mit der B 19; über diese fährt man hinweg und biegt nach etwa 2 km rechts Richtung Burgberg ab. Vom Ortszentrum von Sonthofen direkt nach Norden und auf Nebenstrecken nach Burgberg. Dort biegt man an der Kirche in die Grüntenstraße ein und fährt sie geradeaus nach oben bis zu den Sporthallen. Nicht dem Schild »Grünten-Wanderparkplatz« folgen! An den Sporthallen ist ausreichend Parkplatz vorhanden.

**Der Wanderweg**

Ausgangspunkt unserer Wanderung ist **Burgberg** nördlich von Sonthofen. An den Sporthallen beginnt der alte Hirtenweg, der in die Täler südlich des Grünten führt. Diesen wollen wir zunächst benutzen, um damit die Teerstraße weitgehend zu vermeiden. Hinter den letzten Häusern steht eine kleine **Kapelle** zwischen Eichenbäumen. Am Altar ist ein »Herrgott in der Rast« aufgestellt, eine vor allem im Barock beliebte Darstellung des gegeißelten Christus. Lange war es Tradition, daß Hirten, Holzfäller und Bergknappen auf dem Weg zu ihrer gefährlichen Arbeit hier kurz zu einem Gebet um gute Wiederkehr verweilten. Ein Votivbild erinnert an zwei tödliche Unglücksfälle.

Wir wandern den Bergweg nach oben. Zwei alte Klaubsteinmauern, die schon völlig überwuchert sind, begrenzen ihn links und rechts. Nach etwa 10 Min. kommen wir an die Fahrstraße, die die Alpen im Starzlachtal erschließt. Wir brauchen uns nicht lange über die vielen Autos zu ärgern, die auf ihr fahren: Schon 200 m weiter biegen wir links in den »Alten Grüntenweg« ab. Er ist am Anfang in etwas schlechtem Zustand, aber nirgends zu verfehlen. Ein Holzsteg quert einen Bach, dann stoßen wir auf einen zweiten Weg, der ebenfalls von Burgberg heraufführt (30 Min.). Wir steigen auf dem nun sehr gut gebauten Weg über einen großen Kahlschlag nach oben und können links und rechts sehen, wie sich die neu gepflanzten Bäume mühselig durch das hohe Gras ans Licht kämpfen.

Im Hochwald treffen wir dann auf den Hauptweg, der von der Teerstraße weiter oben abzweigt. An dieser Stelle eine **Bitte:** Geben Sie dem Waldboden die Chance, sich zu erholen, bleiben Sie auf dem Weg! Der Wanderweg ist nicht zu steil geführt, natürlich ließen sich beim Gehen viele der Serpentinen ohne Schwierigkeiten abkürzen. Sehen Sie sich selbst an, wozu diese Abschneider führen. Über weite Strecken ist der Boden zerstört, kahl, zum Teil vom Wasser tief aufgerissen. Wenn nur ein Jahr lang alle auf dem Weg blieben, dann könnte sich der Boden erholen, nach zwei Jahren würde man kaum mehr etwas von den Verletzungen sehen, die man ihm zugefügt hat.

Um den Wustbach, der uns schon die ganze Zeit begleitet, zu überqueren, müssen wir ein paar Meter absteigen. Ein Hochwasser hat den Weg oben weggerissen. Nach etwa eineinhalb Stunden Aufstieg kommen wir an ein Gatter, wo uns ein Schild in Richtung Burgberger Hörnle weist. Diesen kleinen Steig marschieren wir entlang. Spätestens hier wird es sehr ruhig. Wir kommen in einer guten Viertelstunde auf eine offene Wiese oben am **Kamm** und gehen weiter nach Westen bis zu einem niedrigen Wald (1.50 Std.).

Hier beginnt der drahtseilgesicherte Steig, der in höchstens 10 Min. zum **Gipfel** des Burgberger Hörnles führt (2 Std.). Weit zum Illertal hinaus vorgeschoben, fällt die Westflanke so steil zum Tal hin ab, daß man das Gefühl hat, auf einer ausgesetzten Kanzel zu sitzen. Unser Blick gleitet von der Hornbachkette im Südosten über die ganzen Allgäuer Hochalpen zum Ifen und zu den Gottesackerwänden (Tour 24), darüber glänzen die Vorarlberger Alpen. Uns gegenüber liegen die Nagelfluhberge, ganz im Hintergrund leuchtet der Säntis auf. Tief unter uns schlängeln sich die Straßen durch das Illertal, glänzen die Städte Immenstadt und Sonthofen.

Vom Gipfel aus klettern wir zunächst auf die Wiese zurück. Wir gehen über die Wiese leicht bergauf, bis uns Bäume den Weiterweg versperren. Genau an dieser Stelle beginnt rechts ein breiter, aber nicht markierter Weg, der in etwa 10 Min. fast eben zum **Grüntenhaus** (2.30 Std.) führt. Es wurde als eines der ersten Stützpunkthäuser in den Allgäuer Alpen schon 1852 vom Begründer der Allgäuer Milchwirtschaft, Carl Hirnbein (s. S. 28 f.), erbaut. Heute wird es fast das ganze Jahr hindurch bewirtschaftet. Die Wirtin Iris Kranz ist zugleich Hirtin und kümmert sich im Sommer um etwa 30 Stück Vieh, die um die Hütte grasen.

Vom Grüntenhaus gehen wir zunächst weiter auf den Waldrand an der linken Seite des Hanges zu und dort entlang hinauf zu der **Sendestation** des Bayerischen Rundfunks (3 Std.), die das ganze Allgäu versorgt. Bis vor einigen Jahren waren hier die Bergstation einer Kabinenbahn und ein kleines Bergrestaurant. Die Bahn wurde wegen Unrentabilität eingestellt und an den Rundfunk verkauft, der sie seither als Privatbahn betreibt, das Restaurant ist geschlossen. Wir gehen unter der alten Bergstation vorbei und sind in knapp 30 Min. beim **Gebirgsjägerdenkmal** am **Übelhorn** (3.30 Std.), wie dieser höchste Gipfel des Grünten heißt. Die in Sonthofen stationierten Gebirgsjäger haben dieses Denkmal zum Andenken an ihre Kameraden errichtet, die in den bei-

den Weltkriegen gefallen sind. Alljährlich am zweiten Sonntag im September findet hier ein großer Berggottesdienst statt. Der schöne Blick nach Westen und Süden, den wir schon am Burgberger Hörnle genießen konnten, weitet sich jetzt nach Osten und Norden. Unser Blick schweift über den Falkenstein (Tour 18) auf die vielen Dörfer und Weiler des hügeligen Alpenvorlandes. Bei Föhn kann man von hier mit einem guten Fernglas sogar das Ulmer Münster erkennen. Weiter östlich, etwa zwischen dem Grüntensee (Tour 12) und der Alpspitz (Tour 11), die sich uns durch ihr felsiges Gipfelriff zu erkennen gibt, ragt der Auerberg (Tour 8) aus den Moränen auf. Der Brandnerschrofen am Tegelberg neben dem Säuling leitet dann zur Tannheimer Gruppe über.

Für den Rückweg ins Tal haben wir noch ein kleines Schmankerl parat: Fast alle Wanderer gehen zunächst zum Grüntenhaus zurück. Wir aber schlagen vor, daß Sie nur bis zu den Sendeanlagen in der Schlange mitlaufen und dann nach links bis zu dem zweiten Kamm gehen, der die Weiden der Grüntenalpe begrenzt. Dort führt ein kleiner Steig zunächst oben am Kamm entlang, dann auf der Südseite abwärts. Wenn Sie leise sind und vielleicht auch einmal fünf, zehn Minuten stehenbleiben, können Sie das Schnarren der Birkhähne hören, die hier oben ein Refugium gefunden haben. Bei einem gewaltigen Windbruch (4 Std.) treffen wir dann wieder auf den Wanderweg, der vom Grüntenhaus abwärts führt. Diesem folgen wir nach unten und können uns auf der **Oberen Schwandalpe** (4.45 Std.) noch ein Glas Milch und eine nach-

# Wie der Limburger gemacht wird
## Beim Käsen auf der Schwandalpe

Damit es keine Verwechslungen gibt: Der»Limburger«ist kein braver Bürger der Stadt Limburg an der Lahn, sondern eine Allgäuer Käsesorte, deren ursprüngliches Rezept aus der Provinz Limburg stammt (s. S. 28). Wo wird also der Limburger gemacht? In Molkereien natürlich, und die gibt es im Allgäu in großer Zahl. Heute sind das kleine Industriebetriebe, mit gekachelten Wänden und feiner Edelstahleinrichtung, eben so, wie wir uns einen gut geführten Lebensmittelbetrieb vorstellen. Selbst die Käsereien auf den Alpen oben am Berg sind von denen im Tal kaum mehr zu unterscheiden.

Wir möchten Ihnen eine der wenigen Alpen vorstellen, in denen heute noch so gekäst wird, wie das seit Beginn der Milchwirtschaft gemacht wurde. Hier schwenkt noch der Senn den großen Kupferkessel über das offene Feuer und sein Können ist wichtiger als Chrom und Edelstahl.

So eine Alpe ist die Obere Schwandalpe am Grünten (s. Tour 17). Wenn Sie beim Käsen zuschauen wollen, sollten Sie jedoch den beschriebenen Weg in der umgekehrten Richtung gehen, denn spätestens um sieben Uhr morgens ist der Senn bei der Arbeit. Die Milch vom Vorabend hat er in den großen Holzstotzn aufgestellt, flachen Schüsseln aus Spanholz, die sich im Laufe der Zeit mit Milchresten vollgesogen haben. Das gibt den idealen Nährboden für die Milchsäurebakterien, die über Nacht die Milch bereits leicht einstocken lassen. Oben setzt sich der Rahm ab, der abgeschöpft und später zu Butter verarbeitet wird. Die entrahmte Milch wird am Morgen in den großen Käskessel geschüttet, dazu kommt die Milch, die in der Frühe gemolken wurde. Das Verhältnis von entrahmter Milch zu Frischmilch bestimmt den Fettgehalt des Käses. Etwa 250 l faßt der große Kessel. Es gehört einiges an Erfahrung dazu, diese Menge am offenen Feuer zu erwärmen, denn sie darf auf keinen Fall zu heiß werden. Sind 35°C erreicht, so wird der Kessel vom Feuer weggeschwenkt und vorsichtig das Labpulver eingestreut, das die Milch zum Stocken bringt. Das Thermometer ist übrigens das einzige »moderne« Meßinstrument, das der Senn hier benutzt. Nach einer halben Stunde ist die Milch dick geworden. Mit der Käseharfe wird die ausgeflockte Milch, der »Bruch«, zerteilt, bis sie die richtige Festigkeit hat. Dabei trennt sich die Molke vom eigentlichen Käse.

Für den Limburger erhitzt der Senn den Käsebruch noch einmal auf 35°C, der schwerere Bergkäse muß sogar bis auf 51°C erwärmt werden. Wie lange diese Prozedur dauern soll, das fühlt er mit der Hand, denn beim Erwärmen bekommt der Käse die für ihn typische Festigkeit. Im richtigen Augenblick wird der Kessel wieder vom Feuer geschwenkt und ein Gazetuch über die Mischung gelegt. Damit läßt sich die Käsemasse nach unten drücken, und die Molke kann abgeschöpft werden.

Sobald keine Flüssigkeit mehr übersteht, wird das Tuch abgenommen und die Rohmasse in Plastikbecher gefüllt, die unten mit Löchern versehen sind. So kann die Molke gut abfließen. Die Masse sitzt auf etwa ein Viertel zusammen, dabei wird sie so fest, daß sie aus der Form genommen werden kann. Das Käse-

Abfüllen des ausgeflockten Käses

laibchen ist für heute fertig. Doch zum rechten Limburger dauert es noch. Einen Tag lang werden die Laibchen in eine Salzlake gelegt, so entsteht eine schöne Rinde. Dann reifen sie im Käskeller drei Wochen bei gleichmäßiger Temperatur. Jeden Tag muß der Edelschimmel abgebürstet werden, sonst bekäme man eine Art Camembert.

Eines darf aber auf keinen Fall bei der ganzen Käserei unerwähnt bleiben: Reinlichkeit. Wer miterlebt, mit welch unendlicher Sorgfalt der Senn die Werkzeuge, den Käskessel und die Stotzn reinigt, der findet den Alpkäse genauso appetitlich wie den Käse, der in der chromblitzenden Molkerei gemacht wird. Genauso? Wir meinen, den typischen Geschmack des am offenen Feuer hergestellten Alpkäses erreicht kein Molkereikäse, den gibt es einzig hier oben auf der Alpe. Steigen Sie herauf und versuchen Sie es, Sie werden es sicher nicht bereuen.

mittägliche Brotzeit mit frischem Alpkäse genehmigen. Diese Alpe ist eine der wenigen noch verbliebenen Käsalpen im Allgäu. 250 Liter Milch faßt der Käskessel, der über dem offenen Feuer hängt.

Von der Alpe aus laufen wir den Wiesenhang geradewegs nach unten. Bei einem kleinen Heuschober fädeln wir uns in den Alpweg ein, auf dem wir in einer halben Stunde die Straße erreichen (5.15 Std.). Leider können wir sie nicht vermeiden, wenn wir nicht einen großen Umweg machen wollen. Wir wandern auf ihr abwärts, am Gasthof Alpenblick vorbei und sind in etwa 45 Min. wieder in **Burgberg** (6 Std.).

# 18　Ein luftiger Hochsitz bei Immenstadt
## Von Rettenberg auf den Falkenstein

Rettenberg ist ein typisches Allgäuer Dorf. Die Kirche steht dominierend in der Ortsmitte, die Wirtshäuser drumherum laden zum Verweilen ein. Eine Brauerei ist im Zug der Zeit an den Dorfrand ausgewichen, Sportanlagen und Schwimmbad sind nicht nur für die Fremden gebaut, sie werden genauso gerne von den Einheimischen genutzt. Und – die Rettenberger sind selbstbewußt, vor allem, was ihren Hausberg betrifft. Sie lassen die Kartographen auf ihren Landkarten beliebig oft »Falken« oder »Auf dem Falken« schreiben. Für sie bleibt er der »Falkenstein«, weil er eben immer so geheißen hat.

**Charakter:** Einfache, kurze Halbtageswanderung; am Gipfel wegen des Steilabfalls etwas Vorsicht geboten; für den Gratweg Trittsicherheit erforderlich.

**Wegverlauf:** Von Rettenberg durch Vorderberg, über Weidewiesen zum Gipfel des Falkensteins; an der steil abfallenden Hangkante entlang und im Bogen zurück nach Rettenberg.

**Gehzeiten:** 2 Std.

**Höhenangaben:** Rettenberg 806 m, Falkenstein 1116 m

**Ausrüstung:** Wanderschuhe

**Einkehrmöglichkeiten:** Gasthöfe in Rettenberg

**Wanderkarten:** Kompass: Allgäuer Alpen (3); Topographische Karten: Allgäuer Alpen oder L 8526; Zumstein: Sonthofen (6)

Wanderung 18:
Von Rettenberg auf den Falkenstein

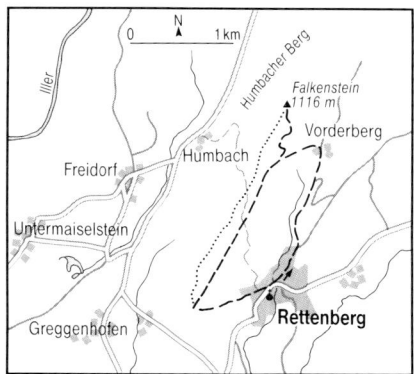

Der Gipfel-
grat des
Falkensteins

**Anfahrt:** *Bus:* Busverbindungen von Immenstadt und Wertach nach Rettenberg. *Auto:* Von Sonthofen über Burgberg Richtung Wertach auf Nebenstrecken nach Rettenberg. Von Immenstadt auf der B 308 Richtung Sonthofen bis zum Zusammentreffen mit der B 19; über diese fährt man hinweg und biegt nach etwa 2 km links nach Rettenberg ab. Dort läßt man das Auto im Ort oder auf dem Wanderparkplatz, der sich am östlichen Ortsausgang befindet, stehen.

**Der Wanderweg**
Unser Weg beginnt in **Rettenberg** gegenüber dem Rathaus, an der Straße nach Vorderberg. Wir folgen ihr aufwärts, bis links vor einem Bauernhaus ein Weg abzweigt. Dieser führt zunächst etwa 200 m von der Straße

weg und zieht sich dann mehr oder weniger parallel zu ihr über Wiesen und Weiden nach **Vorderberg** (30 Min.). Wir gehen zwischen den Bauernhöfen hindurch und nehmen den Pfad links über die Viehweiden (nicht die Teerstraße). Am Wald geht es nach oben zu einem kleinen Bankerl. Dahinter klettern wir über einen Zaun (Übersteighilfe vorhanden), gehen an einem großen Kreuz vorbei und steigen, wieder links abbiegend, auf die nächste Anhöhe. Jenseits einer kleinen Senke steht bereits das Gipfelkreuz. Wir steigen etwa 50 m ab, kraxeln zum **Gipfel des Falkensteins** hinauf (1 Std.) – und erleben eine echte Überraschung: Wir stehen vor einem steilen Abgrund. Der Falkenstein fällt nämlich nach Norden etwa 400 m tief in das Illertal ab.

Die Aussicht über den Fluß und noch weit darüber hinaus ist wirklich einmalig. Die Allgäuer Vorberge liegen aufgereiht vor uns, links kann man den Pfänder (Tour 36) an seinen Antennenanlagen gut erkennen, und rechts blitzen die Hochhäuser von Kempten herüber. Mit dem Fernglas finden wir sogar die Kronburg bei Memmingen. Unter uns liegt bestes Allgäuer Bauernland, kleine Dörfer und Weiler, jeder Ort mit einem eigenen, unverwechselbaren Gesicht. Blickt man auf den Weg zurück, kann man sich recht gut vorstellen, wie der Berg zu seinem Burgennamen gekommen ist: Zwei Nagelfluhmauern sind so aufgetürmt, daß sich gleichsam ein Burghof ergibt.

Der Gratweg, auf dem wir zurückgehen, beginnt genau an der Stelle, an der wir das Gipfelkreuz zum ersten Mal gesehen haben. Wir folgen den Wegspuren ganz oben am Grat bis zu einem alten Stacheldraht. Dort biegen wir schräg links in einen Wald hinein und gehen schließlich am Rand einer Wiese entlang. Dort, wo sich die Steigspuren verlaufen, müssen wir die Wiese überqueren. Die Stelle ist nicht zu verfehlen, als Markierung dient ein Heuschober an der linken Seite. Durch eine Weidetür (sie ist hinter einem Baum versteckt) wandern wir auf dem Bergrücken weiter. Wir kommen zu einer **Abflugrampe** für Drachenflieger und gehen solange mehr oder weniger geradeaus, bis uns ein Wegweiser die Richtung nach Rettenberg zeigt (1.40 Std.). Dort treffen wir auf den Waldweg, der vom Gipfel kommt. In großem Bogen führt der Weg nach **Rettenberg** zurück (2 Std.).

**Variante:** Wem es schon bei dem Tiefblick am Falkenstein etwas flau im Magen wurde, der sollte den bequemen Waldweg nach Rettenberg gehen. Dazu folgt man dem Wegweiser, der im »Burghof« unten steht. Immer leicht abwärts geht man in halber Höhe um den Berg herum und trifft später wieder auf den Gratweg.

# 19   Wilde Tobel, sanfte Gipfel
## Von Schöllang auf den Schnippenkopf

Schöllang, ziemlich genau zwischen Oberstdorf und Sonthofen auf der rechten Seite der Iller gelegen, ist ein altes Pfarrdorf, das heute nach Oberstdorf eingemeindet ist. Ursprünglich war es umgekehrt, da unterstand dem Pfarrer von Schöllang die Kirche von Oberstdorf. In dieser Zeit stand Schöllangs Pfarrkirche weit außerhalb des Dorfes, auf dem Burghügel, wo sie heute noch als Friedhofskirche erhalten ist. Die Gläubigen mußten einen halbstündigen Fußmarsch zu ihrer Kirche machen. Im Ort war zwar eine Kapelle, in der durften aber keine regelmäßigen Gottesdienste gehalten werden, obwohl sie im Laufe der Zeit ein beliebtes Wallfahrtsziel geworden ist. Erst 1804 wurde diese Kapelle zur Pfarrkirche

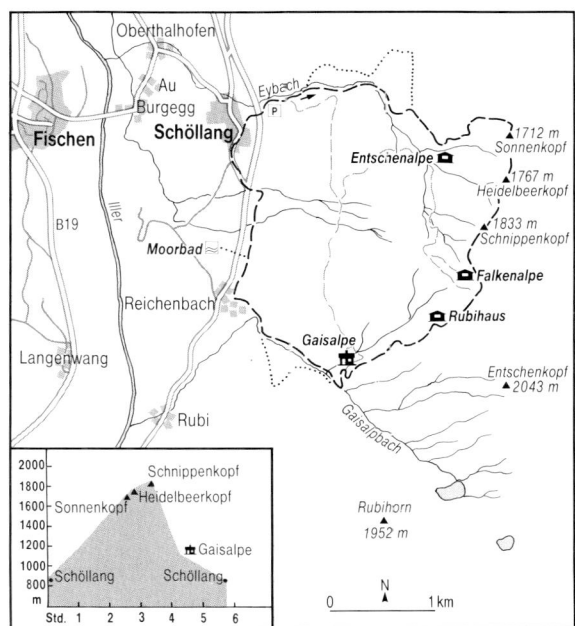

**Wanderung 19:**
Von Schöllang auf den
Schnippenkopf

erhoben, und die Schöllanger hatten ihre Kirche im Dorf.

**Charakter:** Einfache Ganztageswanderung ohne Schwierigkeiten oder ausgesetzte Stellen.

**Wegverlauf:** Von Schöllang aus den Eybach entlang bis in den Tobel, dann steil im Wald nach oben, an der Entschenalpe vorbei zum Sonnenkopf. Über den Gipfelkamm weiter aufwärts zum Heidelbeerkopf und zum Schnippenkopf. Abstieg über die Falkenalpe zur Gaisalpe, durch den Gaisalptobel nach Reichenbach und von dort über den Talweg zurück nach Schöllang.

**Gehzeiten:** 5.45 Std. (Schöllang – Sonnenkopf 2.30 Std. – Heidelbeerkopf 15 Min. – Schnippenkopf 30 Min. – Gaisalpe 1 Std. – Schöllang 1.30 Std.)

**Höhenangaben:** Schöllang 855 m, Sonnenkopf 1712 m, Heidelbeerkopf 1767 m, Schnippenkopf 1833 m, Gaisalpe 1140 m

**Ausrüstung:** Bergstiefel

**Einkehrmöglichkeit:** Gaisalpe (Dienstag Ruhetag, geschlossen Ende Oktober bis 2. Weihnachtsfeiertag sowie Ostermontag bis Pfingsten)

**Wanderkarten:** Kompass: Allgäuer Alpen (3); Topographische Karten: Allgäuer Alpen oder L 8526; Zumstein: Oberstdorf (4) und Sonthofen (6)

**Sehenswürdigkeiten:** Pfarrkirche und Friedhofskirche in Schöllang, Jakobskapelle in Reichenbach

**Bademöglichkeiten:** Gaisalptobel, Moorschwimmbad zwischen Reichenbach und Schöllang

**Anfahrt:** *Bus:* Busverbindungen von Oberstdorf und Sonthofen nach

# Deutschlands südlichste Stadt
## Sonthofen

Keltische Bronzefunde sind das älteste Zeugnis einer Besiedelung am Zusammenfluß von Ostrach und Iller. Natürlich waren auch die Römer hier, und daß sich die Alemannen später ebenfalls an dieser ausgezeichneten Stelle niedergelassen haben, beweist ein Reihengräberfeld im Gemeindeteil Altstätten, das Archäologen freilegen konnten. 839 wurde Sonthofen zum ersten Mal urkundlich erwähnt. Wahrscheinlich war es eine der Urpfarreien, welche von den Franken im Rahmen der Neuorganisation des Landes überall gegründet wurden. Die Marktrechte bekam Sonthofen durch Kaiser Sigismund, bis 1806 blieb es in augsburgischem Klosterbesitz. 1963 wurde es zur Stadt erhoben.

Drei Erwerbsquellen stützten in der Vergangenheit die Gemeinde: die Verarbeitung von Flachs, die Erzeugung von Eisenwaren aus dem am Grünten abgebauten Eisenerz und der Frachtverkehr, der von Tirol über das Ostrachtal floß. An die Stelle des Flachses, der seit fast 200 Jahren im Allgäu nicht mehr angebaut wird, ist heute die Milchwirtschaft getreten, der Frachtverkehr ist durch den Fremdenverkehr ersetzt, nur der Abbau und die Verarbeitung von Eisen hat keinen direkten Nachfolger gefunden. Statt dessen ist die Bundeswehr in Sonthofen eingezogen. Ihr Sitz ist die Generaloberst-Beck-Kaserne, die die Stadt dominiert. Als »Ordensburg« wurde sie ab 1934 errichtet. In ihr sollte die Jugend auf nationalsozialistisches Gedankengut eingeschworen werden. Seit 1956 sind hier verschiedene Bundeswehrschulen untergebracht. Ihren Namen hat die Kaserne nach dem Generalstabschef der Wehrmacht, Ludwig Beck, der, nachdem er 1938 seinen Abschied eingereicht hatte, einer der führenden Köpfe des militärischen Widerstandes wurde und maßgeblich an der Vorbereitung des Attentats auf Adolf Hitler am 20. Juli 1944 beteiligt war.

Sonthofens Pfarrkirche St. Michael geht auf gotische Zeit zurück, ihre heutige Form hat sie nach vielen Umbauten erhalten, zuletzt nach dem Krieg, denn 1945 wurde das Kirchenschiff fast ganz zerstört. Zu den kunstgeschichtlichen

Schöllang. Von der Haltestelle an der Kirche zu Fuß zum Wanderparkplatz an der Umgehungsstraße. *Auto:* Von Sonthofen rechts der Iller Richtung Oberstdorf, über Altstädten nach Schöllang. An der Ortsumgehung befindet sich, direkt am Eybach, ein Wanderparkplatz.

### Der Wanderweg
Wir gehen vom Parkplatz an der Umgehungsstraße von **Schöllang** weg und wandern an den Holzvorräten der Schöllanger vorbei den Eybach aufwärts bis zu einer **Brücke.** Wer trittsicher genug ist, geht hier weiter den Bach entlang.

Der Weg ist durch kleinere Erdrutsche vom Hang her recht bucklig geworden, er führt jedoch rasch und sicher zu einem kleinen Talschluß. Wir überqueren den Bach auf einer weiteren Brücke, dann schlängelt sich der Weg am anderen Ufer im

Höhepunkten des Ortes gehören die Kirchenväterfiguren am Hochaltar, die von Anton Sturm 1748 geschaffen wurden. Die Verwandtschaft zu seinen Figuren in der Wieskirche zeigt sich deutlich. In der Frauenkirche daneben finden wir unter

anderem ein zartes Schnitzrelief, eine Muttergottes von Jörg Lederer. In Berghofen über der Ostrach steht die Leonhardskirche, in der ein gotischer Flügelaltar von 1438 zu bewundern ist, der wahrscheinlich vor Ivo Strigel d. Ä. stammt. Schauen Sie sich nach der kleinen Votivtafel mit der stillenden Muttergottes um, sie ist eine echte Rarität!

Nicht vergessen darf man das Heimathaus in der Sonnenstraße in der Nähe der Pfarrkirche. Gezeigt wird die geschichtliche Entwicklung Sonthofens von der Keltenzeit bis heute, Brauchtum und Handwerk. Eine Spezialbibliothek mit Allgäu-Literatur ergänzt die Sammlungen.

Wald steil nach oben. Unter uns stürzt der Eybach durch den Tobel. Vor allem im Frühjahr, zur Zeit der Schneeschmelze, bietet der Wasserlauf ein grandioses Schauspiel (1 Std.).

**Variante:** Wer sich auf steilen Waldhängen unsicher fühlt, sollte diesen Weg meiden. Auch bei Regen oder gar Gewitter ist er nicht empfehlenswert. Da stürzt das Wasser von allen Seiten auf den Weg und in den Bach, und man weiß nie genau, ob nicht unvorhergesehen einige Kubikmeter Geröll und Schlamm als Mure mitkommen. In diesem Fall nimmt man die kaum befahrene Alpstraße, die bei der Brücke links in mehreren Serpentinen hinaufführt.

Oberhalb des Tobels überqueren wir einen Holzabfuhrweg, an dem uns ein Wegweiser wieder nach oben in

den Wald schickt. Unser Steig mündet schließlich in die Alpstraße, von der wir vorher abgezweigt sind (1.30 Std.). An einem Heuschober vorbei gehen wir auf die neu erbaute **Entschenalpe** zu, doch kurz zuvor finden wir ein Wegzeichen, das uns erneut den Weg durch Wald und Wiese aufwärts weist. An einem abgestorbenen Baumriesen vorbei sind wir in einer halben Stunde am Bergkamm (2 Std.). Wir steigen noch ein Stück weiter am breiten Bergrücken entlang in Richtung Süden auf, dann haben wir unser erstes Ziel, den **Sonnenkopf** (2.30 Std.) erreicht. Dieser Gipfel gab der ganzen Bergkette den Namen, in Karten oder in der Literatur wird sie deshalb oft als »Sonnenköpfe« bezeichnet.

Nach einer kurzen Rast am Gipfelkreuz packen wir den zweiten Gipfel, den **Heidelbeerkopf** (2.45 Std.), an. Der gut beschilderte Weg, der eigentlich bloß eine Viertelstunde dauert, kann im späten Sommer, wenn die vielen Beeren am Hang locken, erheblich länger werden! Zum **Schnippenkopf**, dem nächsten Gipfel, ist es ein Stück weiter. Länger als eine halbe Stunde werden Sie aber für den Weg, der weiter in südliche Richtung führt, nicht brauchen (3.15 Std.). Dieser Gipfel ist der ideale Platz für die Mittagspause. Selbst im späten Herbst, wenn an den Nordhängen schon Schnee liegt, sind hier oben freie, trockene Graspolster, die zum Hinsetzen einladen. Der Schnippenkopf ist der eigentliche Höhepunkt dieser Wanderung, denn er liegt unmittelbar der Bergkette gegenüber, die sich vom Nebelhorn zu den Daumengipfeln zieht. Der berühmte Hindelanger Klettersteig führt ziemlich genau oben am Grat über diese gezackte Bergwelt. Mit einem guten Fernglas können Sie vor allem im Sommer immer wieder Kletterer zwischen den Spitzen auftauchen und wieder verschwinden sehen.

Vom Gipfel wandern wir zunächst weiter nach Süden zur **Falkenalpe** (3.25 Std.) und gehen etwa 50 m dahinter rechts zum Wald, wo die vielen Wegweiser stehen. (Vorsicht! Der Weg, der an der Alpe selbst in die gleiche Richtung abzweigt, führt zurück auf die Entschenalpe, von der wir gekommen sind!) Bei den Schildern folgen wir der Richtung Gaisalpe – Reichenbach. Der Weg führt steil durch den Wald nach unten, zum Teil an einem Bach entlang, und mündet auf die Wiesen des **Rubihauses** (3.45 Std.). Über uns stehen groß und gewaltig der Entschenkopf und das Rubihorn. Wir tauchen wieder in den Wald ein, halten uns jetzt zuerst rechts, bis wir an den Bach kommen, und gehen dann an seinem Ufer entlang abwärts, bis der Weg wieder deutlicher wird. Die **Gaisalpe** (4.15 Std.) ist im Sommer zwar noch bestoßen, sie ist aber eine gemütliche Wirtschaft geworden, die alle Ansprüche der Bergwanderer befriedigen kann.

Von der Alpe aus folgen wir zunächst der Straße nach unten bis zum Gaisalpbach. Dort zweigt der **Tobelweg** ab, der über Holztreppen und Steinstufen steil nach unten führt.

◁ Vor der Gaisalpe

Auch hier ist wieder eindrucksvoll das ständige Arbeiten des Wassers zu beobachten. In den Wasserlöchern, den Gumpen, kann man sich bei heißem Wetter wunderbar erfrischen.

**Achtung:** Vor allem im Frühjahr, wenn im Tobel noch Schneereste liegen, oder im späten Herbst, wenn nasses Laub die Stufen glitschig macht, möchten wir empfehlen, auf der Alpstraße zu bleiben.

Der Weg kommt kurz oberhalb von **Reichenbach** (5.15 Std.) aus dem Wald. Wir nehmen die erste Abzweigung nach rechts und gehen oben um das Dorf herum. Vom Gasthof Hirsch führt der Talwanderweg zurück nach **Schöllang** (5.45 Std.).

# 20   Zum Himmeleck
### Vom Nebelhorn ins Oytal

Der Weg über das Himmeleck, den wir Ihnen hier vorschlagen, gehört zu den schönsten Höhenwegen der ganzen Ostalpen, die für Wanderer ohne Kletterambitionen begehbar sind. Dieses Schmankerl wollten wir Ihnen nicht vorenthalten, wenn auch die Gehzeiten etwas lang sind. Dafür ist der Weg nicht schwierig zu gehen, nur an einer einzigen kurzen Stelle benötigt man vielleicht die Hilfe einer fest verankerten Seilsicherung. Schwindelfrei und trittsicher sollten Sie aber auf alle Fälle sein.

**Charakter:** Lange Bergtour, die Ausdauer und Schwindelfreiheit erfordert. Auf keinen Fall bei unsicherem Wetter oder bei Gewitterlagen gehen! (Wenn Unsicherheiten bestehen, rufen Sie die Oberstdorfer Bergauskunft an: ☏ 0 83 22/10 95.)

**Wegverlauf:** Auffahrt mit der Nebelhornbahn, auf dem Höhenweg zum Laufbacher Eck. Nach einem kurzen Abstieg nochmals Aufstieg zum Himmeleck, dann abwärts, an der Wildenfeldhütte vorbei, zur Käseralpe im hinteren Oytal. Das Tal auswärts zum Oytalhaus und von dort weiter auf breitem Fahrweg nach Oberstdorf zurück.

**Gehzeiten:** 6.30 Std. (Bergstation Nebelhornbahn – Laufbacher Eck 2.30 Std. – Käseralpe 2 Std. – Oytalhaus 1 Std. – Oberstdorf 1 Std.)

**Höhenangaben:** Oberstdorf 813 m, Bergstation Nebelhornbahn 1927 m, Laufbacher Eck 2178 m, Himmeleck 2007 m, Käseralpe 1401 m

**Ausrüstung:** Bergstiefel, Stöcke

**Einkehrmöglichkeiten:** Käseralpe (kein Ruhetag, geöffnet Juli bis Mitte September; Übernachtung möglich),

3  Benediktinerabtei Ettal                                    4  Wieskirche ▷

5   Geiselstein vom Ahornsattel

6   Vom Sorgschrofen auf Kienberg und Breitenberg

Auf dem Weg zur Notkarspitz, im Hintergrund das Wettersteinmassiv

Trachtler aus Wertach: Frauen in Altallgäuer Tracht, Männer in Gebirgstracht

Schuhplattler beim Trachtenfest in Hopfen (Füssen), Mädchen in alpenländischer Tracht

11 Tracht der Frauen im Kleinwalsertal

2  Bauernhöfe in Innerschwende im Kleinwalsertal

3  Hinterstein bei Hindelang, Bergbauernhof

14  Pfarrkirche St. Peter und Paul in Oberammergau

15  Seealpsee am Nebelhorn

16  Bergunttal am Widderstein

17   Trettachspitze und Kratzer aus dem Trettachtal

18   Silberdisteln

19   Stengelloser Enzian

20   Türkenbund

21  Wegweiser

22  Gelber Enzian

23  Gedenktafel bei der Alpe Jägerhütte

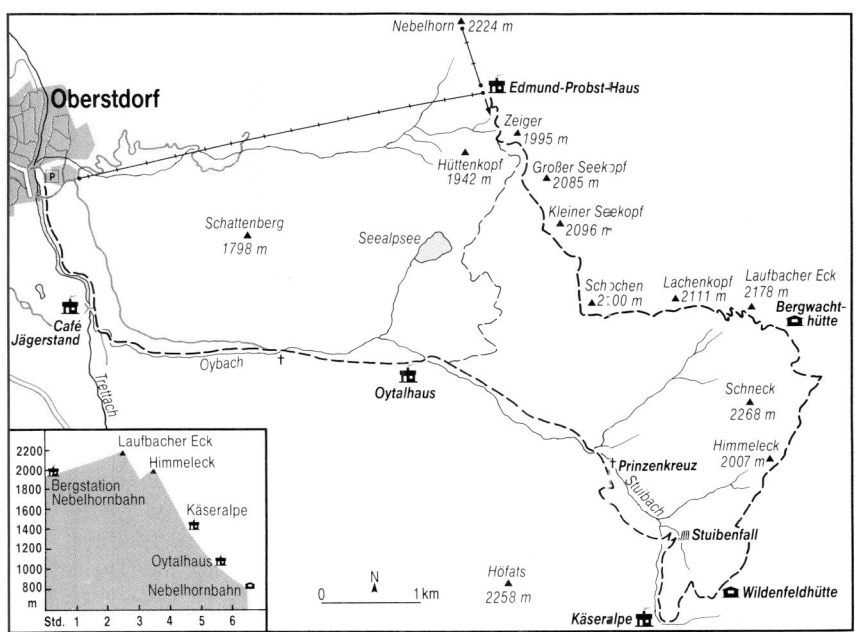

Wanderung 20: Vom Nebelhorn ins Oytal

Oytalhaus (Montag Ruhetag, geöffnet Weihnachten bis November), Café Jägerstand (Samstag Ruhetag, ganzjährig geöffnet)
**Wanderkarten:** DAV: Allgäuer/Lechtaler Alpen – Westblatt (2/1); Kompass: Oberstdorf (03); Topographische Karten: Allgäuer Alpen oder L 8528; Zumstein: Oberstdorf (4)
**Anfahrt:** *Bahn:* Oberstdorf ist Endstation der Bahnlinie von Immenstadt. *Bus:* Busverbindungen von allen Orten der Umgebung nach Oberstdorf. *Auto:* Von Sonthofen über die B 19 nach Oberstdorf. Das Auto parkt man am besten auf dem gebührenpflichtigen Parkplatz der Nebelhornbahn rechts der Trettach. Es gibt aber auch die Möglichkeit, es auf einem der Parkplätze am westlichen Ortsrand abzustellen.

**Der Wanderweg**
Ausgangspunkt dieser Tour ist die Talstation der **Nebelhornbahn** in **Oberstdorf.** Am besten nehmen Sie gleich die erste Kabine (8.45 Uhr vor, 8.15 Uhr nach dem 15. Juli), meist fährt sogar eine gute halbe Stunde vorher noch eine frühere. Zu dieser

Zeit drängen sich bei gutem Wetter genug Wanderer am Eingang, so daß sich die Fahrt für die Bahngesellschaft lohnt. Die Bahn bringt uns in etwa 20 Min. zur Bergstation, die in einem Hochtal in 1927 m Höhe gebaut ist.

Auf den Nebelhorngipfel selbst müssen wir wegen des zu langen Umwegs verzichten, wenn er auch eine herrliche Aussicht auf die nördlichen Allgäuer Berge bieten würde. Wir wenden uns vom Ausgang der Bergstation nach rechts, gehen am **Edmund-Probst-Haus** des DAV vorbei und sind in ein paar Minuten am **Sattel** zwischen dem Hüttenkopf und dem Zeiger (15 Min.). Tief unten liegt der Seealpsee (s. Farbabb. 15), die Morgensonne wirft ein interessantes Streiflicht auf die steilen Grashänge. Ein steiler, die Kniegelenke strapazierender Abstieg würde uns von hier in knapp zwei Stunden direkt zum Oytalhaus führen.

Wir halten uns links und gehen unter den zwei Seeköpfen vorbei bis zum Sattel vor dem Schochen (1 Std.). Oft stehen hier Gemsen im Gras, gar nicht weit ab vom Weg. Sie wissen genau, daß ihnen von uns Wanderern keine Gefahr droht, daß es keiner riskiert, den steilen Grashang hinabzuklettern. Geradezu genießerisch rupfen sie sich ein Gräslein nach dem anderen aus der Blumenwiese. Über dem 1000 m tiefer liegenden Oytal, das hier wie eine Schlucht wirkt, steht der Höfats, der wohl berühmteste Grasberg des Allgäus. Dahinter stechen die Spitzen des Allgäuer Haupt-

kammes in den Himmel, die Trettachspitze, die Mädelegabel oder der Kratzer. Am **Schochen** öffnet sich der Blick nach der anderen Bergseite. Im Norden liegt als gewaltiger Wall die Nebelhornkette mit dem unverkennbaren, glattrückigen Großen Daumen. Im Osten ist die Barriere um das Rauhhorn aufgebaut, das über den berühmten Jubiläumsweg erschlossen wird. Im Süden bzw. Südosten ragt der Geierschnabel des Hochvogels auf, und, durch seine Posthornschneckenform nicht zu verwechseln, der Schneck, den wir später umwandern werden. Er ist einer der wandelbarsten Berge der ganzen Allgäuer Alpen: Von jeder Seite hat er ein völlig anderes Gesicht. Wir werden das auf unserer Wanderung noch erleben.

Nach dem Schochensattel biegt der Weg scharf nach Osten ab. Wir umrunden den Schochengipfel und treffen unter dem Lachenkopf auf ein kurzes, drahtseilgesichertes Wegstück durch eine Felswand. Wir sind so ganz unmerklich von 1900 m auf 2000 m angestiegen (2 Std.). Jetzt erwartet uns ein steiler Weg (knapp 200 Höhenmeter), der uns auf das **Laufbacher Eck** (2.30 Std.) führt, besser gesagt, auf den Sattel etwas unterhalb davon. Hier ist die erste größere Rast fällig. Sie werden sehen, diese Idee haben auch andere, die ganze Runde der »Himmeleckgeher« trifft sich hier zum Verschnaufen. Unter uns, im Talkessel, ist eine Bergwachtstation, die durchgehend besetzt ist. Für diejenigen, die sich zu wenig zu trin-

◁ Blick vom Laufbacher Eck auf Glasfelder Kopf und Kesselspitz

ken mitgenommen haben, schleppen die Bergwachtler immer einen Wasservorrat herauf. Für eine kleine Spende werden sie dankbar sein.

Nach der Rast folgt ein Abstieg von etwa 300 m Richtung Bergwachthütte, 150 m müssen wir anschließend zum Himmeleck wieder aufsteigen. Weil das Ab und Auf meist kurz vor der Mittagszeit ist, kann dieses Stück Weg recht schweißtreibend werden. Über uns, jetzt auf der rechten Seite, steht der Schneck; er hat sich in eine spitze Felsnadel verwandelt und ist kaum wiederzuerkennen. Der Weg abwärts ist steil und voller Geröll, Skistöcke leisten hier gute Dienste. Am **Himmelecksattel** (3.30 Std.) haben Sie sich die zweite Pause verdient. Vielleicht finden Sie in der Wiese ein Edelweiß, die Stelle ist berühmt dafür. Aber bitte denken Sie daran: Es ist streng geschützt – auf keinen Fall pflücken!

Ab hier geht es nur noch abwärts, zunächst 300 Höhenmeter zur **Wildenfeldhütte** (4 Std.; nicht bewirtschaftet), wo der erste Brunnen sprudelt. Auf diesem Teil des Abstiegs ist vor allem bei Nässe äußerste Vorsicht geboten, der lehmige Boden ist dann glatt wie Schmierseife. An der Wildenfeldhütte halten wir uns rechts. Nun wird der Weg besser, weitere 300 Höhenmeter, und wir sind an der nächsten Station, der gastlichen **Käseralpe** (4.30 Std.). Sie stammt aus dem 19. Jh., in den letzten Jahren wurde sie modern ausgebaut. Von der Familie Grolig bewirtschaftet, ist sie von Juli bis Ende Oktober für Wanderer offen. Gut 100 Stück Jungvieh werden hier gesömmert, vier bis fünf Kühe sorgen für ausreichend Milch. Sollten Sie am Himmeleck oben die

Zeit verträumt haben oder von einem Gewitter überrascht werden, so haben die Groligs für Sie eine Übernachtungsgelegenheit bereit. Das sind zwar nur einfache Lager, aber besser als ein Weg im Dunkeln oder in Regen und Sturm ist es auf alle Fälle.

Der Weiterweg nach unten ist jetzt so breit, daß er auch von Autos befahren werden kann. Er führt in Serpentinen über eine Steilstufe am herrlichen **Stuibenfall** vorbei. Dieser Bach führt uns etwas Eigenartiges vor. Schon beim Abstieg über die Wiesen der Käseralpe konnte man sehen, daß das Bachbett völlig ausgetrocknet ist, obwohl von den Berghängen genug Wasser nach unten fließt. Das Wasser kommt erst kurz vor der Steilstufe an die Oberfläche, bietet uns das Schauspiel des Stuibenfalls und verschwindet dann wieder sang- und klanglos. Daran ist keine künstliche Ableitung zu einem Kraftwerk schuld, sondern ganz einfach der extrem durchlässige Kalkboden. Bei normalem Wasserstand fließt das Wasser unterirdisch in breitem Strom talauswärts und kommt erst nach dem Oytalhaus wieder zum Vorschein.

Unser Weg führt uns nach dem Wasserfall am großen **Prinzenkreuz** vorbei. An dieser Stelle wurde der bayerische Thronverweser, Prinzregent Luitpold, während der Jagd von einem fürchterlichen Unwetter überrascht. Zum Dank für die Rettung ließ er das Kreuz aufstellen. Über uns erkennen wir wieder den Schneck, der sich jetzt als ganz normaler, unauffälliger Felsberg zeigt. Schließlich erreichen wir das **Oytalhaus** (5.30 Std.).

# Das oberste Dorf im Allgäu

## Oberstdorf

Als im 6. Jh. die Alemannen von den Franken bedrängt wurden, waren sie gezwungen, in unbesiedelte Bergtäler auszuweichen. Es wird vermutet, daß damals im obersten Illertal, wo Trettach, Stillach und Breitach zusammenfließen, eine Siedlung entstand, die zunächst bloß das »oberste Dorf« genannt wurde. Aus ihr entwickelte sich im Laufe der Jahrhunderte Oberstdorf. Bis zum Jahr 1803 war der Ort, der schon 1495 das Marktrecht erhalten hatte, unter der Herrschaft der Augsburger Bischöfe, dann wurde er im Rahmen der Säkularisation bayerisch. Ganz zaghaft begann in den folgenden Jahren der Fremdenverkehr zu wachsen. In einem Führer durch die Allgäuer Alpen wird bereits 1856 erwähnt, daß 30 Häuser in Oberstdorf Fremde beherbergen könnten. Das waren immerhin etwa 10 % aller Anwesen! Für Lungenleidende wurde damals der Ort besonders empfohlen, wenn auch die gute Luft sicher mehr zur Heilung beigetragen hat als die von den Kurärzten verordnete Ziegenmilch.

Im Mai 1865 geschah ein großes Unglück: Ein Brand zerstörte die Hälfte der Oberstdorfer Häuser, fast alle Kirchen mit ihren Kunstschätzen fielen den Flammen zum Opfer. Deshalb findet man in Oberstdorf keine wirklich alten Bauten, daher ist der Ortskern so modern rechtwinklig gegliedert.

Im Jahr 1888 wurde Oberstdorf an das bayerische Bahnnetz angeschlossen. Von da an begann der Fremdenverkehr die Landwirtschaft als Einnahmequelle zu überholen. Das war auch die Zeit, in der der Alpenverein seine Hütten baute, um die Berge zu »erschließen«, wie es in seiner Satzung hieß. So wurde 1890 das Edmund-Probst-Haus am Nebelhorn eröffnet. Man brauchte es unbedingt als Stützpunkt, um auf die Gipfel der Umgebung von Oberstdorf steigen zu können.

Es würde zu weit führen, den steten Aufbau des Ortes zu einem der großen europäischen Zentren des Fremdenverkehrs zu schildern, das seinen Gästen neben echtem Kurbetrieb zur Wiederherstellung der Gesundheit gleichzeitig Sportmöglichkeiten in allen denkbaren Varianten bietet. Eines sei jedoch festgehalten: Die Oberstdorfer haben sich nie verkauft und immer der Versuchung widerstanden, Großinvestoren Raum und Einfluß zu geben. Wenn auch in den letzten Jahren die Zahl der Zweitwohnungen bedenklich zugenommen hat, so hat der Ort doch stets seine Identität bewahrt. Brauchtum, Tracht und Dialekt werden immer noch als Selbstverständlichkeit betrachtet. Oberstdorf ist auch heute noch, trotz über 200 000 Übernachtungen im Jahr, ein Ort, in dem der Fremde als Gast und nicht als Melkkuh angesehen wird.

**Abkürzung:** Wenn Sie die Zeit so bemessen haben, daß Sie kurz vor 16.30 Uhr im Oytalhaus sind, so können Sie den Stellwagen nach Oberstdorf benutzen. Dieses Pferdefuhrwerk bringt Sie in einer guten halben Stunde zur Talstation der Nebelhornbahn zurück.

Eine schöne Allee führt vom Oytalhaus weg bis zu einem riesengroßen Wegkreuz, das links auf einem kleinen Hügel steht. Dann weist uns ein Schild nach links abwärts zum gepflegten Dr.-Hohenadlweg. Dieser Weg führt unmittelbar am Oybach entlang, der von Meter zu Meter mehr Wasser führt. Es ist beeindruckend, wie das Wasser von allen Seiten in das Bachbett drängt, an allen Hängen und sogar im Bachbett selbst aus dem Boden quillt. Kurz vor der Einmündung des Oybaches in die Trettach überqueren wir ihn auf einer Brücke und wandern dann die Trettach entlang. Auf der linken Seite taucht nach ein paar Minuten das **Café Jägerstand** auf, das nochmals zu einer Pause einlädt. Von seiner Terrasse kann man einen letzten Blick auf die hohen Allgäuer Berge, die Trettachspitze, die Mädelegabel und den Kratzer werfen (s. Farbabb. 17). Eine knappe Viertelstunde noch, und wir sind wieder an der **Talstation** der Nebelhornbahn (6.30 Std.) in Oberstdorf angelangt.

# 21　Zum kleinsten Walsertal
## Von Oberstdorf nach Gerstruben

»Kleinstes Walsertal« ist natürlich nicht der offizielle Name, das Tal, in dem das Bergdorf Gerstruben liegt, heißt Dietersbachtal. Trotzdem ist er treffend, denn die winzige Siedlung Gerstruben wurde von ausgewanderten Walsern gegründet, die wahrscheinlich glücklich waren, auf der einsamen Höhe eine neue Heimat gefunden zu haben. Hier haben sie ihre aus schweren Balken gezimmerten Bauernhöfe gebaut, die wir heute noch bewundern.

**Charakter:** Einfache Halbtageswanderung; wenn man auf den Dietersbachtobel verzichtet, auch mit dem Kinderwagen möglich.
**Wegverlauf:** Von Oberstdorf im Tal der Trettach nach Süden, dann durch den Dietersbachtobel nach Gerstruben. Zurück nach Oberstdorf auf der anderen Flußseite.

**Gehzeiten:** 3 30 Std. (Oberstdorf – Gerstruben 1.30 Std.; Rückweg 2 Std.)
**Höhenangaben:** Oberstdorf 813 m, Gerstruben 1155 m
**Ausrüstung:** Wanderschuhe
**Einkehrmöglichkeiten:** Gasthof Gerstruben (bei schönem Wetter kein Ruhetag, geöffnet Weihnachten bis zum Sonntag nach Ostern sowie Mai bis Ende Oktober), Gasthöfe in und um Oberstdorf
**Wanderkarten:** DAV: Allgäuer/Lechtaler Alpen – Westblatt (2/1); Kompass: Allgäuer Alpen (3); Topographische Karten: Allgäuer Alpen oder L 8726; Zumstein: Oberstdorf (4)
**Bademöglichkeit:** Moorbad bei Oberstdorf
**Anfahrt:** *Bahn:* Oberstdorf ist Endstation der Bahnlinie von Immenstadt. *Bus:* Busverbindungen von allen Orten der Umgebung nach Oberstdorf.

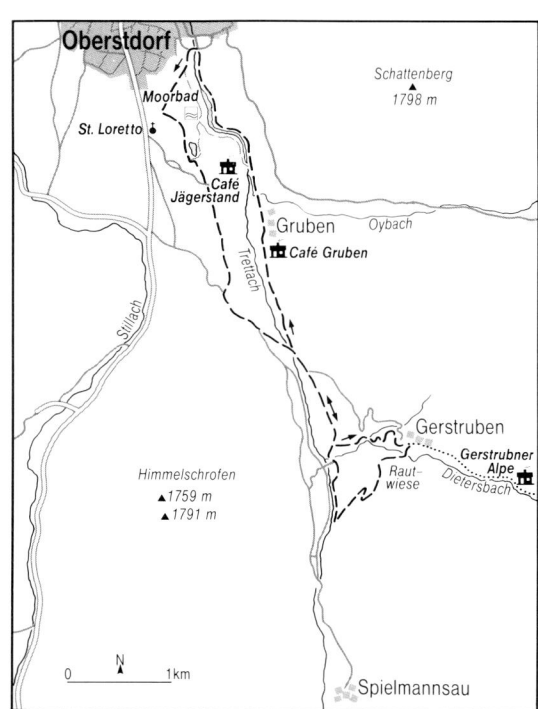

Im Schatten des Höfats:
Bauernhof und Kapelle in
Gerstruben ▷

Wanderung 21: Von
Oberstdorf nach Gerstruben

*Auto:* Von Sonthofen über die B 19 nach Oberstdorf. Das Auto parkt man am besten auf dem gebührenpflichtigen Parkplatz der Nebelhornbahn. Es gibt aber auch die Möglichkeit, es auf einem der Parkplätze am westlichen Ortsrand abzustellen und zu Fuß durch den Ort zur Nebelhornbahn zu gehen.

### Der Wanderweg

Wir beginnen unsere Wanderung in **Oberstdorf** an der **Trettachbrücke** südlich der Nebelhornbahn auf der (orographisch) linken Flußseite. Dort führen zwei Wege nach Gerstruben; wir benutzen den rechten, breiten Weg, der etwas abseits vom Bach beginnt. Er führt uns auf eine prächtige

Allee, von der man einen schönen Überblick über die Täler hat, die sich hier verzweigen: das Stillachtal rechts und das Trettachtal links, dazu die vielen Nebentäler. Dazwischen liegt, mächtig aufragend, der Himmelschrofen. Ganz links führt das Oytal zur Käseralpe (Tour 20). Wir gehen den kleinen Hügel nach unten, biegen links ab, wandern am **Gasthof Alpenrose** vorbei und kommen zu einem stillen **Moorweiher** (30 Min.), in dem sich der Schattenberg aus der Nebelhorngruppe wunderschön spiegelt. Ein Weg durch lichten Mischwald führt uns am Rand des Oberstdorfer Golfplatzes vorbei zu einem Teersträßlein, dem wir weiter folgen. Wir überqueren die Trettach

(1 Std.), hoch über dem Bach sticht die Trettachspitze wie eine kühne Felsnadel in den Himmel und verdeckt fast die viel berühmtere Mädelegabel. An der ersten Abzweigung nach Gerstruben wandern wir noch vorbei, folgen aber etwa 750 m weiter einem zweiten Schild. Über die Felder, dann durch den wilden Tobel des Dietersbaches steigen wir langsam nach oben. Wild ist diese Schlucht wirklich, zum Teil stehen die begrenzenden Felswände nur knapp 2 m auseinander. Nicht umsonst wird der Tobel auch Hölltobel genannt: Früher hat man geglaubt, hier sei der Eingang zur Unterwelt, zur Hölle. Vergessen Sie nicht, sich den Wasserfall anzusehen, wenn Sie auch dazu über

einen kleinen Felsen nach oben klettern müssen.

Oberhalb des Tobels treffen wir wieder auf die Fahrstraße, biegen um eine Ecke und sind in **Gerstruben** (1.30 Std.). Wir können in der Bergwirtschaft der Familie Huber einkehren, die schon seit drei Generationen die Wirtschaft führt. Außer den Hubers wohnt niemand mehr ganzjährig hier oben auf 1155 m Höhe. Die Familie betreibt neben dem Gasthaus noch eine kleine Landwirtschaft, denn von einem Gewerbe allein könnte sie hier nicht leben.

**Abstecher:** Im Sommer bietet sich noch eine Wanderung entlang des Dietersbachs bis zur **Gerstrubener**

Alpe oder gar zur **Dietersbacher Alpe** an. Für den Weg hin und zurück braucht man 40 Min. bzw. 2 Std. zusätzlich.

Auch auf dem Rückweg wollen wir die Teerstraße vermeiden. Wir steigen zwischen Jagdhaus und Kapelle auf einem mit »Spielmannsau« bezeichneten Weglein rechts ab und gehen vor dem Bauernhof über die Wiesen nach unten auf die Bäume zu. Dort geht es steil zum Dietersbach hinunter, den wir auf einer kleinen Holzbrücke überqueren. Hier ist der obere Eingang des Hölltobels, natürlich nur für das Wasser »begehbar«. Über die **Rautwiese** (2 Std.), auf der früher ein Bauernhof stand, führt der Weg im lichten Wald hinunter zum Talweg nach **Spielmannsau** (2.30 Std.). Wir wandern jedoch talauswärts zurück, an der Abzweigung zum Hölltobel vorbei, und kommen so wieder an die **Trettachbrücke.** Um nicht den gleichen Weg zurückzugehen, bleiben wir auf der rechten Bachseite, marschieren am Café Gruben vorbei und treffen auf den Weg, der aus dem Oytal kommt (3 Std.). In einer halben Stunde sind wir wieder in **Oberstdorf** (3.30 Std.).

## 22   Mit dem Wasser durch die tiefe Schlucht
### Die Breitachklamm bei Oberstdorf

Die Breitachklamm ist ein Naturdenkmal, das in seiner Schönheit nahezu einzigartig ist. Sie liegt zwischen Oberstdorf und Riezlern am Eingang zum Kleinwalsertal. Der Gasthof Walserschanz steht genau an der Grenze zum österreichischen Staatsgebiet. Sieht man sich um, so erkennt man noch heute die Reste von Wällen und Gräben, mit denen die Walser ihr Tal im Dreißigjährigen Krieg verteidigt haben. Sie brachten damals den so mächtigen Schweden eine empfindliche Niederlage bei und konnten ihr Tal vor Brandschatzung und Verwüstung retten.

**Charakter:** Einfache, aber sehr eindrucksvolle Halbtageswanderung, vor allem an Wochenenden sehr stark begangener Weg.

**Wegverlauf:** Vom Gasthof Walserschanz in die Breitachklamm, an ihrem nördlichen Ausgang auf das westliche Hochufer und über den

Wanderung 22: Die Breitachklamm

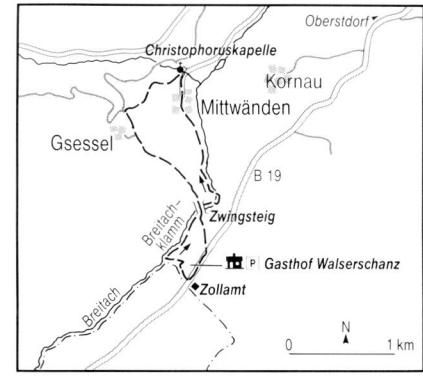

Zwingsteig wieder zum Gasthof zurück.

**Gehzeit:** 2.30 Std.

**Ausrüstung:** Wanderschuhe

**Einkehrmöglichkeiten:** Gasthof Walserschanz (kein Ruhetag, geschlossen Mitte Oktober bis Dezember und im April), Gasthof Breitachklamm (Mittwoch Ruhetag, geschlossen Anfang November bis Mitte Dezember und im Frühjahr)

**Wanderkarten:** Kompass: Allgäuer Alpen (3); Topographische Karten: Allgäuer Alpen oder L 8526 und 8726; Zumstein: Kleinwalsertal

**Anfahrt:** *Bus:* Busverbindungen von Oberstdorf und vom Kleinwalsertal zum Gasthof Walserschanz. *Auto:* Von Oberstdorf auf der B 19 Richtung Kleinwalsertal bis zur österreichischen Grenze. Das Auto kann man dort auf einem der großen Parkplätze des Gasthofs Walserschanz abstellen.

### Der Wanderweg

Ausgangspunkt ist der **Gasthof Walserschanz.** Unmittelbar dahinter führt ein Weg steil zur Breitach hinunter. Wer aber glaubt, die ersten Meter in der Schlucht seien Dramatik genug, der wird schnell eines Besseren belehrt: Nach dem **Kassenhäuschen** (15 Min.) geht es erst richtig los. Unter überhängenden Felswänden ist der Steg befestigt, der uns durch die Schlucht führt. Mal gurgelt die Breitach in fast unergründlicher Tiefe, mal schießt sie wild direkt unter dem Steg durch. Selbst bei hellem Sonnenschein ist es an einigen Stellen in der Schlucht so finster wie in einem Keller, so weit hängen die Felswände über. An der engsten Stelle sind die Felsen am oberen Rand nur 6 m von-

einander entfernt, unten aber, wo unser Weg entlangführt, ist die Schlucht viel breiter. Dort oben überquert eine Brücke, der **Zwingsteig,** die Schlucht. Es wird erzählt, daß sich einst, bevor diese Brücke gebaut worden war, ein Wilderer durch einen verzweifelten Sprung über den Abgrund vor seinen Verfolgern gerettet habe.

Eine gute Stunde dauert der Weg durch die Klamm, und am Ende sind wir fast froh, dem ohrenbetäubenden Lärm des Wassers entkommen zu sein. Ein zweites **Kassenhäuschen** (1.30 Std.) regelt den Besucherstrom von der anderen Seite, natürlich gibt es dort einen kleinen Kiosk mit Andenken und eine Wirtschaft. Viel Ruhe herrscht hier nicht, daher gehen wir den Parkplatz entlang und wandern an seinem Ende, bei der Kapelle, den steilen, aber breiten Weg nach oben Richtung »Alpe Dornach« und »Berggasthof Sesselalpe«. Etwas später kommt noch ein Wegweiser, der zum »Zwingsteig« weist. Dem folgen wir, wandern am **Gasthaus Gsessel** (2 Std.) vorbei und kommen durch den lichten Laubwald zur Klammbrücke, dem **Zwingsteig** (2.15 Std.). Hier können wir mit etwas flauem Gefühl im Magen in die Tiefe schauen und bekommen nochmals einen Eindruck von der Einzigartigkeit dieses Naturdenkmals. Die Wanderer auf dem schmalen Steg unten in der Schlucht wirken wie kleine Puppen.

Vom Zwingsteig aus gehen wir links (der rechte Weg führt wieder in die Schlucht) bis zur Bundesstraße. Dieser müssen wir noch gut 300 m folgen, dann sind wir wieder am **Gasthof Walserschanz** zurück (2.30 Std.).

# Wo einst die Geister tobten

## Die Breitachklamm

Die Breitachklamm hieß bei den Einheimischen früher »Zwing«. In ihr wohnten die Zwinggeister. Wehe dem, der sie nicht ernst nahm, der sie gar verspottete: Begab er sich in ihren Machtbereich, so war es um ihn geschehen. Noch um die Jahrhundertwende waren sich viele Leute sicher, daß man die Klamm nur mit größter Vorsicht betreten dürfe.

Nur einer, der Pfarrer Johann Schiebel von Tiefenbach, sah das ganz anders. An böse Geister glaubte er ohnehin nicht, als Mann des Fortschritts erkannte er vielmehr, daß eine Erschließung der Breitachklamm von erheblicher Bedeutung für den aufkeimenden Fremdenverkehr sein könnte. Im Jahr 1902 ließ er sich in die Schlucht abseilen, um zu erkunden, ob es möglich sei, in ihr einen Weg zu bauen. Nachdem seine Untersuchungen ein positives Ergebnis brachten, gründeten Oberstdorfer Bürger 1904 den »Breitachklamm Verein«, der die Erschließung der Klamm vorantreiben sollte. Er besteht heute noch als eingetragene Genossenschaft und sorgt durch eine ausgeklügelte Satzung dafür, daß die Anteile nicht allmählich an Großkonzerne der Fremdenverkehrsindustrie übergehen können.

Kein Einheimischer wollte damals das Bauprojekt durchführen. Deshalb engagierte man einen Italiener, den Baumeister Johann Lucian aus Primero, der mit solchen Aufgaben mehr Erfahrung hatte. Offensichtlich gefiel es ihm und seiner Familie recht gut in der neuen Heimat, denn seine Nachfahren leben immer noch in Oberstdorf. Ein Jahr dauerte der Wegebau, 16 302 Goldmark kostete das Unternehmen. Im Juni 1905 wurde der neue Weg eröffnet. Die Wegführung ist bis jetzt die gleiche, abgesehen davon, daß die Sicherheitsvorkehrungen den heutigen Erfahrungen und Belastungen angepaßt wurden.

Größte Sorgfalt haben die Mitglieder der Klammgenossenschaft immer darauf verwendet, Unglücksfälle durch Steinschlag zu vermeiden. Jedes Jahr werden nach der Schneeschmelze die Felswände nach lockerem Gestein abgesucht. Alles, was im Laufe des Jahres gefährlich werden könnte, wird radikal in die Tiefe befördert. Daß in dieser Zeit die Klamm nicht begangen werden darf, ist wohl selbstverständlich. Zudem hat man an Stellen Meßanlagen installiert, an denen man vermutet, daß sich ein größerer Felsblock lösen könnte. Obwohl schon seit etlichen Jahren eingebaut, mußten die Sicherungen noch nie Alarm geben. Der Aufwand für die Sicherheit der Gäste hat sich gelohnt. In den 90 Jahren seit der Eröffnung hat es erst drei Bagatellunfälle gegeben, obwohl bisher über 16 Mio. Besucher den Weg benutzten.

1961 sollte die Klamm durch eine Mauer verschlossen werden, um als Rückhaltebecken bei Hochwasser zu dienen. In einer großangelegten gemeinsamen Aktion des Alpenvereins, der Naturschutzverbände und der Gemeinde Oberstdorf wurde dieser unsinnige Bau verhindert. Eines der schönsten Naturschauspiele der Alpen wäre unrettbar verloren gewesen.

# 23   Über einen Schmugglerpfad
## Rund um den Großen Widderstein

Die Bewohner des Kleinwalsertales sind seit dem 15. Jh. österreichische Untertanen, obwohl das Tal sich nur nach Bayern hin öffnet. Wollten sie in ihr Mutterland, ohne dabei eine Grenze zu überschreiten, so mußten sie über Bergpässe wandern. Daher sind viele der schönen Bergwege in dieser Gegend uralte Pfade, schon seit tausend und mehr Jahren benutzt. Sie waren die Lebensadern des Landes bis zum Zollvertrag 1892. Auf unserer Wanderung gehen wir auf einem dieser Wege bis fast an die Widdersteinhütte und umrunden dabei den Widderstein, dessen Besteigung jedoch soviel Können erfordert, daß wir sie hier nicht empfehlen wollen.

**Charakter:** Ganztagestour; etwas Ausdauer erforderlich, sonst ohne Schwierigkeiten.
**Wegverlauf:** In Baad über die Breitach, den Bärguntbach entlang zur Bärgunthütte, weiter an der Neuen

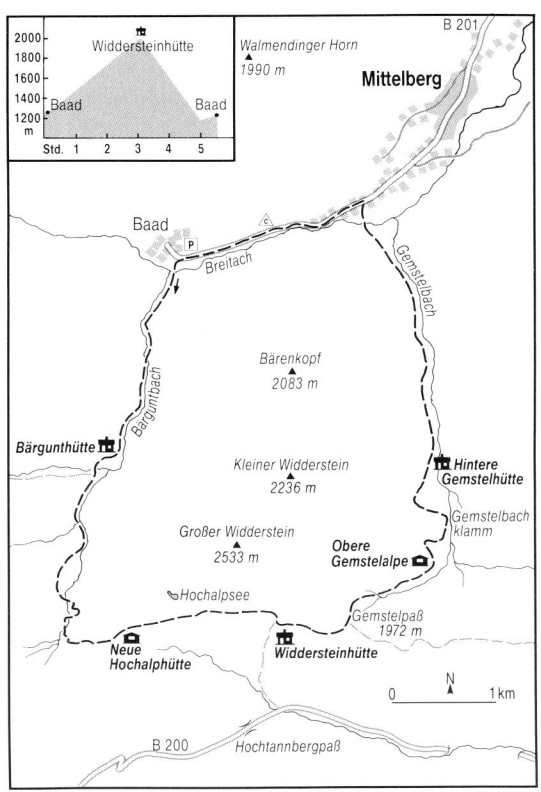

Wanderung 23:
Rund um den Großen
Widderstein

Hochalphütte vorbei zur Widdersteinhütte. Von hier wieder abwärts zum Gemstelpaß, in das Gemsteltal hinein und durch die Gemstelklamm zur Hinteren Gemstelhütte. Von dort auf einer Alpstraße talauswärts bis zur Breitach und am Fluß entlang zurück nach Baad.

**Gehzeiten:** 5.30 Std. (Baad – Widdersteinhütte 3 Std.; Rückweg 2.30 Std.)

**Höhenangaben:** Baad 1244 m, Bärgunthütte 1391 m, Widdersteinhütte 2009 m, Gemstelpaß 1972 m

**Ausrüstung:** Bergstiefel; evtl. Skistöcke, besonders nach stärkeren Regenfällen

**Einkehrmöglichkeiten:** Bärgunthütte (kein Ruhetag, geöffnet Pfingsten bis Ende Oktober sowie Weihnachten bis Ostern), Widdersteinhütte (kein Ruhetag, geöffnet Pfingsten bis Ende Oktober; Übernachtung möglich), Hintere Gemstelhütte (kein Ruhetag, geöffnet 8–18 Uhr, Pfingsten bis Ende Oktober)

**Wanderkarten:** Kompass: Allgäuer Alpen (3); Topographische Karten: Allgäuer Alpen oder L 8726; Zumstein: Kleinwalsertal (5)

**Bademöglichkeiten:** Hochalpsee, Breitach (im Hochsommer)

**Achtung:** Ausweis nicht vergessen, Sie wandern im Grenzgebiet!

**Anfahrt:** *Bus:* Gute Busverbindungen nach Baad von den anderen Orten im Kleinwalsertal und von Oberstdorf.

Widdersteinhütte
unterm Großen
Widderstein

# Wo österreichisches Recht und deutscher Zoll gilt
## Das Kleinwalsertal

Das Kleinwalsertal ist heute ein touristischer Anziehungspunkt ersten Ranges. Kein Wunder, denn die Walser verstehen es, ihren Gästen etwas zu bieten: Vom Spielcasino bis zur Bergbahn, vom Heimatmuseum bis zu allen erdenklichen Sportanlagen, vom internationalen Hotel bis zum gepflegten Privatzimmer – es bleibt kaum ein Wunsch offen. Daß bei all dem Trubel noch stille Landschaft zu finden ist, grenzt schon fast an ein Wunder. Und wenn man an einem schönen Tag durch den Hauptort Riezlern spaziert, glaubt man kaum, daß die Walser jahrhundertelang in bitterer Armut lebten.

Im Mittelalter, etwa bis zum Jahr 1200, war das Klima in Europa wesentlich wärmer als heute. Die Besiedelung der Alpen reichte viel höher hinauf, die Weideflächen für die Sommeralpen dehnten sich bis unmittelbar an die Felsregion aus. Ende des 13. Jh. aber setzte eine plötzliche Klimaverschlechterung ein, die viele Bergbauern in große Not stürzte. Die Schneegrenze sank, die Winter wurden länger, in den kurzen Sommern reiften die Feldfrüchte nicht mehr aus. Dies zwang die Walliser Bauern aus der Gegend von Goms im oberen Rhonetal zur Auswanderung, sie wären sonst wohl verhungert und erfroren. So zogen sie mit allem, was sie transportieren konnten, ostwärts, um sich in den damals noch unerschlossenen Gebieten der Alpen, abgelegenen Tälern, eine neue Heimat aufzubauen. Die meisten Walser blieben im Vorarlberger Gebiet, doch einige kamen bis in das Werdenfelser Land, die Gegend von Garmisch und Mittenwald.

*Auto:* Von Oberstdorf auf der B 19 bis zum Ende des Kleinwalsertals. Parkplätze am Ortseingang von Baad. (Die beiden vordersten Plätze sind privat und gebührenpflichtig.)

## Der Wanderweg

Unsere Wanderung beginnt an der hintersten Ecke der drei Parkplätze am Ortseingang von **Baad** im Kleinwalsertal. Hier befindet sich die Holzbrücke über die Breitach, die an dieser Stelle ihren Namen bekommt. Der Weg ist zunächst mit einem Schild »Zur Bärgunthütte« bezeichnet. Wir wandern den Bärguntbach entlang aufwärts, bleiben beim Wegweiser für den Rundweg rechts unten am Bach und kommen bequem zur **Bärgunthütte** (45 Min.). Die alte Hütte ist vor gut 100 Jahren als Alpe erbaut worden. Ihren Namen hat sie von den Bären, die einst hier hausten, und *Gunt* heißt einfach Grund: Das war also der Bärengrund (s. Farbabb. 16). Tatsächlich wurde hier im vorigen Jahrhundert der letzte Bär im Kleinwalsertal erlegt. An einer verfallenen Alphütte vorbei steigt der Weg jetzt stärker an. Hinter uns taucht das Walmendinger Horn auf, im Winter ein beliebter Skiberg. Besonders nach Regentagen ist es an dieser Stelle arg rutschig, denn der Untergrund ist lehmig. Skistöcke tun dann gute Dienste.

Eines dieser Täler ist das heutige Kleinwalsertal, das vorher höchstens von einigen schwäbischen Adelsfamilien als Jagdgebiet genutzt wurde. Arg wichtig scheint diesen die abgelegene Gegend wohl nicht gewesen zu sein, denn als im Jahr 1451 Herzog Sigmund von Tirol halb Vorarlberg und angrenzende Gebiete eroberte, leisteten sie kaum Widerstand dagegen. So kommt es, daß das Kleinwalsertal seit dieser Zeit zu Österreich gehört, von einer kurzen Unterbrechung zur napoleonischen Zeit abgesehen.

Doch dieser Zustand brachte für die Walser erhebliche Probleme. Wenn sie Erzeugnisse ihrer Höfe auf den Heimatmärkten verkaufen wollten, mußten sie über die hohen Pässe im Süden steigen. Im Winter waren sie vollkommen vom Mutterland abgeschnitten. Wirtschaftlich war das auf die Dauer ein völlig unhaltbarer Zustand. So entschloß man sich 1891, das Kleinwalsertal mit einem Ländervertrag zu einem »Zollausschlußgebiet« zu machen. Das war die entscheidende Wende. Der Vertrag ermöglichte einen problemlosen Fremdenverkehr, von Jahr zu Jahr kamen mehr Gäste in das Tal. Die wirtschaftliche Blüte begann.

Was bringt nun der Ländervertrag in der Praxis? Ganz einfach: Im Kleinwalsertal gilt zwar österreichisches Recht, und alle Einwohner sind österreichische Staatsbürger, aber die Grenze zur Bundesrepublik ist, auch in zollrechtlicher Hinsicht, völlig offen. Das hat natürlich einige Kuriositäten zur Folge. So wird überall mit der Deutschen Mark gerechnet, für Briefe zahlt man Inlandsporto, gleich ob sie nun nach Österreich oder für die Bundesrepublik bestimmt sind. In den Telefonzellen ist es ähnlich: Es sind österreichische Münztelefone, die deutsche Währung schlucken. Das ist aber schon fast alles, was der Besucher vom österreichischen Hoheitsgebiet merkt, sieht man von den gelben Straßenmarkierungen ab. Vielleicht ist es nicht ganz abwegig, dieses Modell als Vorbild für ein vereintes Europa zu betrachten?

Auf einem kleinen Alpboden in etwa 1650 m Höhe blühen im Sommer Alpenrosen, Türkenbund, Arnika, Glockenblumen, Storchenschnabel und Weißer Hahnenfuß, vom Läusekraut und vom Bergklee gar nicht zu reden. Nach einer Bachüberquerung bitte auf den Weg achten, er führt geradeaus weiter, nicht links ab. Eine Gedenktafel erinnert an den tragischen Lawinentod zweier Männer. Erst nach dem letzten steilen Aufstieg biegt der Weg wirklich nach links. Wir gehen an der verfallenen Hochalphütte vorbei, halten uns da erneut links und erreichen in ein paar Minuten die winzig kleine **Neue Hochalphütte** (2.15 Std.). Im Sommer wird sie etwa vier Wochen lang vom Senner Wolfgang Ott bewirtschaftet. Er kümmert sich um eine riesige Kälberschar und um eine Kuh. Wenn Sie früh am Morgen weggegangen sind, können Sie bei ihm noch einen Becher Milch kaufen – ein Riesenunterschied zur Milch »aus der Fabrik«! Links vom Weg ist übrigens der kleine **Hochalpsee,** in dem man im Hochsommer, wenn es sehr heiß ist, sogar baden kann.

Vor uns sehen wir nun schon die Widdersteinhütte liegen, rechts unten im Tal liegt der Hochtannbergpaß mit seinen ungezählten Skihängen und etwas weiter vorne das Lechtal bei Warth. Im Osten steht markant der Biberkopf, im Süden baut sich das Warther Horn, das Kar- und das Amselfelder Horn auf. Durch die blühenden Wiesen marschieren wir fast eben auf die **Widdersteinhütte** (3 Std.). Links und rechts sind die Warnpfiffe der Murmeltiere zu hören. Achten Sie bitte auf den Weg, selbst der ist manchmal von einem »Murmele« untergraben.

Von der Hütte aus geht der Weg weiter über die Bergwiesen bis zum **Gemstelpaß** (3.15 Std.). Hier biegen wir links in das Tal hinein ab. Auf dem Weg liegt sehr viel Geröll, das vom Widderstein herabgespült wurde. Vorsicht beim Gehen, man setzt sich sehr schnell und unerwartet auf den Boden! An der **Oberen Gemstelalpe** (3.45 Std.), an der wir bald vorbeikommen, ist für die Wanderer ein kleiner Unterstand hergerichtet, der bei einem plötzlich herannahenden Gewitter Schutz bietet. Diese Hochalpe wird nur 14 Tage im Jahr bestoßen, denn nur in diesem Zeitraum finden die 200 Stück Jungvieh hier Nahrung. Die Weiderechte

haben die Lechtaler Bauern. Die **Klamm,** die wir gleich darauf auf einem kühn angelegten, aber sehr gut gesicherten Steig durchqueren, war für das Vieh völlig unpassierbar. Nur die Schmuggler wußten einen versteckten Weg. Deshalb war dieses Tal früher als *das* Schmugglertal zwischen Österreich und Deutschland wohlbekannt.

Der Weg windet sich weiter steil abwärts, bis er am Talboden die **Hintere Gemstelhütte** (4.20 Std.) erreicht. Von der Hütte sind wir in einer guten halben Stunde vorne an der **Straße** zwischen Mittelberg und Baad (5 Std.). Nach einem schönen Talspaziergang entlang der Breitach erreicht man in einer halben Stunde den Parkplatz in Baad (5.30 Std.). An heißen Tagen kann man in dem blitzsauberen Fluß noch ein erfrischendes Bad nehmen.

**Abkürzung:** Die letzte halbe Stunde kann man sich sparen, wenn man an der Straße den stündlich verkehrenden Bus zurück nach Baad nimmt.

## 24   Das zu Fels erstarrte Meer
### Das Gottesackerplateau am Hohen Ifen

Vom Hohen Ifen, dem höchsten Gipfel des Gebiets, genießt man zwar eine hervorragende Aussicht bis weit hinein in die Berge des Bregenzer Waldes, aber die eigentliche Attraktion dieser Gegend, die fremdartig anmutenden Karstfelder des Gottesackerplateaus, sieht man nur aus der Ferne. Daher schlagen wir die Besteigung des sehr viel bescheideneren Hahnenköpfles vor, an die man eine Wanderung durch dieses zu Fels erstarrte Meer anschließen kann.

**Charakter:** Einfache Ganztageswanderung ohne Schwierigkeiten und Tiefblicke; auf keinen Fall bei Nebel gehen, Gefahr des Verlaufens!

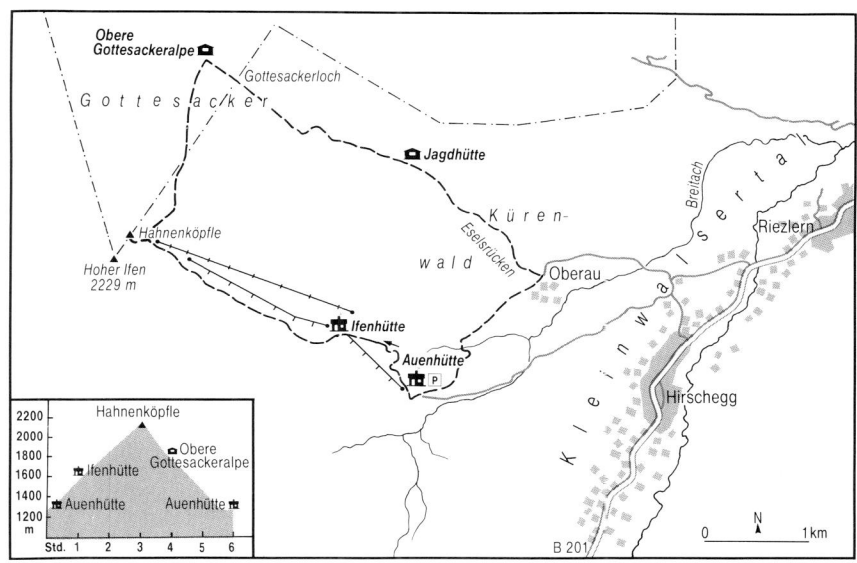

Wanderung 24: Das Gottesackerplateau unter dem Hohen Ifen

**Wegverlauf:** Von der Auenhütte auf der Alpstraße zur Ifenhütte, weiter über den Grashang auf das Ifenplateau bis zum Hahnenköpfle. Von hier über die Karstfläche zur verfallenen Oberen Gottesackeralpe, durch das Kürental nach Oberau und auf Talwegen zur Auenhütte zurück.

**Gehzeiten:** 6 Std. (Auenhütte – Ifenhütte 1 Std. – Hahnenköpfle 2 Std. – Obere Gottesackeralpe 45 Min. – Auenhütte 2.15 Std.)

**Höhenangaben:** Auenhütte 1275 m, Ifenhütte 1586 m, Hahnenköpfle 2143 m, Obere Gottesackeralpe 1835 m

**Ausrüstung:** Bergstiefel

**Einkehrmöglichkeiten:** Auenhütte (geöffnet Pfingsten bis Ende Oktober), Ifenhütte (kein Ruhetag, geöffnet Dezember bis April, Mitte Juni bis Oktober)

**Wanderkarten:** Kompass: Allgäuer Alpen (3); Topographische Karten: Allgäuer Alpen oder L 8726; Zumstein: Kleinwalsertal (5)

**Achtung:** Keine Stützpunkte, daher sollte man ausreichend Getränke mitnehmen, denn es kann sehr heiß werden (Schatten nur während der letzten Gehstunde)!

**Anfahrt:** *Bus.* Bei schönem Wetter Busverbindung von Riezlern zur Auenhütte. *Auto:* Von Oberstdorf auf der B 19 ins Kleinwalsertal. In Riezlern fährt man bis zur Breitachbrücke und folgt von dort den Hinweisschildern »Ifen 2000« bis zur Auenhütte, wo man das Auto auf dem Liftparkplatz abstellen kann.

### Der Wanderweg

Von der bewirtschafteten **Auenhütte** wandern wir auf der bequemen Alp-

Blick vom Gottesackerplateau auf Hohen Ifen und Hahnenköpfle

straße zur **Ifenhütte** (1 Std.) hinauf. (Wer sich diesen Weg sparen will, kann auch den Sessellift benutzen.) Dann gilt es, eine Steilstufe von gut 150 Höhenmetern zu bewältigen. Wenn Sie nicht den ausgetretenen Trampelpfad benutzen, der in der Fallinie in den Hang getreten ist, sondern den bezeichneten Weg, dann ist das auch nicht allzu anstrengend. Nach diesem »Schinder« führen mehrere Wege parallel zueinander langsam aufwärts, ein Beispiel übrigens für die Wunden, die Wanderer, die sich nicht an die vorgegebenen Bahnen halten, einem Berg zufügen können.

Nun taucht zum ersten Mal der Anblick eines tosenden Ozeans auf, der uns den ganzen Weg nicht mehr verlassen wird. Es hat den Anschein, als wären seine gewaltigen Wellen urplötzlich zu Fels erstarrt. Links von uns steht die Riesenwelle des Ifenrückens, in dem Moment eingefroren, in dem sie sich überschlagen hat. Sogar die Gischt liegt – in Form von Bruchsteinen – noch am Boden. Rechts erhebt sich eine zu Fels gewordene kleinere Welle, auf deren Flanke wir nach oben steigen. Wir gehen dabei immer geradeaus, der Weg ist nie zu verfehlen, bis wir zur **Bergstation** des Sessellifts (2.45 Std.) kommen, die im Sommer verlassen auf einem kleinen Felsbuckel steht. Von dort aus sehen wir unser erstes Ziel, das **Hahnenköpfle**, unmittelbar vor uns liegen. Über einen Steig, der an die von Trockenmauern gesäumten Wege des Südens erinnert, der hier aber ohne Zutun der Menschen entstanden ist, sind wir schnell auf dem **Gipfel** (3 Std.).

Der Gipfel ist nur eine kleine Anhöhe, die etwa 50 m aus einer gewaltigen Steinwüste ragt. Der Eindruck des erstarrten toten Meeres drängt sich hier noch stärker auf. Im Norden recken sich zwei weitere riesige Wellenzüge über die Hochfläche, unter uns liegt der bleiche Kalk, zerrissen und zerklüftet, an manchen Stellen ohne jede Vegetation. Riesige Ausmaße hat dieses steinerne Chaos, nur ganz fern im Westen sieht man die Bregenzer Grasberge aufragen, die mit ihrem lebhaften Grün das Auge beruhigen.

Um diese Steinwüste zu durchqueren, müssen wir zu der verlassenen Liftstation zurückkehren. Hier beginnt eine sehr deutliche gelbe Markierung, der wir **genau folgen**. Versucht man nämlich, direkt zu dem von oben deutlich sichtbaren Weg abzusteigen und den Umweg über das Lifthaus zu sparen, muß man unter Umständen unten lange kreuz und quer nach dem Weg suchen, weil es keinerlei Orientierungspunkte gibt. Bei plötzlich hereinbrechendem schlechtem Wetter oder gar aufziehendem Nebel kann das äußerst gefährlich werden!

Wir wandern also den gelben Strichen nach, die im Nebel besser zu sehen sind als die üblichen roten Markierungen. Über ein paar Höhenzüge

aus emporgequollenem Urgestein kommen wir von Felswelle zu Felswelle zur verfallenen **Oberen Gottesackeralpe** (3.45 Std.). Der Weg ist fast eben, er erfordert keine besondere Mühe, nur die Vorsicht, in keine der Spalten zu treten.

An der Alpe, übrigens ein idealer Rastplatz, biegt der Weg rechts ab und führt durch die wilde Steinschlucht des **Gottesackerlochs** mit Wänden aus weißem Kalk gemächlich abwärts. In der Schlucht ist die Markierung wieder im üblichen Rot. Nach einer Stunde Weg taucht eine kleine **Jagdhütte** (4.45 Std.) auf, die wir rechts liegenlassen. Die Schneiderkürenalpe, die auf den Karten eingezeichnet ist, berühren wir nicht unmittelbar. Langsam kommen wir in den Wald, endlich gibt es Schatten. Ein paar Windbrüche sind zu umgehen, trotzdem ist der Weg nie zu verfehlen. Wir überqueren eine neu gebaute Forststraße und gehen in gleicher Richtung weiter abwärts, bis wir wieder auf eine Waldstraße stoßen, die sich an dieser Stelle gabelt. Wir nehmen den Weg nach unten, gehen an einer großen gelben Felswand vorbei, von der man einen wunderschönen »Postkartenblick« auf Riezlern und die Kanzelwand hat, und kommen in **Oberau** an die Autostraße (5.45 Std.).

Der kaum befahrenen Teerstraße folgen wir nach rechts, gehen am **Haus Küren** vorbei zu einem Wegweiser, der uns die Richtung zur Auenhütte zeigt. Noch ein Stückchen Teerstraße, dann wandern wir auf einem schmalen Fußweg durch Wiesen und lichten Wald, bis wir zum Parkplatz an der **Auenhütte** (6 Std.) zurückkommen.

# 25 Ein Kleinod des Allgäus
## Von der Breitachklamm nach Rohrmoos

Was wir Ihnen hier vorschlagen, ist ein ausgedehnter Nachmittagsspaziergang durch die stillen Bergwälder über der Starzlach. Der Höhepunkt der Wanderung ist Rohrmoos, ein ganz kleines Dorf mit einer nahezu einmaligen Kapelle, die in der zweiten Hälfte des 16. Jh. der Fürst von Waldburg gestiftet hat, um eine Andachtsstätte in seinen Jagdrevieren zu haben, und einer uralten Wirtsstube, die etwa aus der gleichen Zeit stammen soll.

**Charakter:** Einfache Halbtageswanderung; auch mit dem Kinderwagen möglich.
**Wegverlauf:** Vom Parkplatz an der Breitachklamm zur Sesselalpe, an der Diensthütte im Buchwald vorbei zur Scheidthalalpe und von dort weiter nach Rohrmoos. Von dort auf dem Rautweg über die Rautalpe bis zur Mautstelle, dann durch Wiesen und über die Starzlach hinüber zurück zum Parkplatz.
**Gehzeiten:** 3.30 Std. (Parkplatz Breitachklamm – Rohrmoos 2 Std.; Rückweg 1.30 Std.)
**Höhenangaben:** Parkplatz Breitachklamm 831 m, höchster Punkt am Weg 1180 m, Rohrmoos 1070 m
**Ausrüstung:** Wanderschuhe
**Einkehrmöglichkeit:** Gasthof Rohrmoos (Mittwoch ab 16 Uhr und Donnerstag Ruhetag, geschlossen 1. 11. bis 15. 12. sowie 4 Wochen ab Weißem Sonntag)
**Wanderkarten:** Kompass: Allgäuer Alpen (3); Topographische Karten:

Allgäuer Alpen oder L 8526; Zumstein: Oberstdorf (4)
**Sehenswürdigkeiten:** Holzkapelle in Rohrmoos
**Anfahrt:** *Bus:* Busverbindung von Oberstdorf zum Parkplatz an der Breitachklamm. *Auto:* Von Oberstdorf auf der B 19 Richtung Sonthofen. Hinter der Brücke über die Breitach biegt man links ab und fährt am Fluß entlang zurück nach Mittwänden zum Parkplatz an der Breitachklamm (gebührenpflichtig).

### Der Wanderweg

Vom Parkplatz an der **Breitachklamm** steigen wir den Schotterweg bei der Christophoruskapelle steil aufwärts bis zur Teerstraße. Dieser folgen wir bis zu einer Kreuzung, dort führt unser Weg leicht links versetzt geradeaus in Richtung **Sesselalpe** (30 Min.) weiter. Von ihr aus hat man einen selten schönen Blick auf Tiefenbach und auf das Illertal vom Grünten (Tour 17) über die Sonnenköpfe (Tour 19) bis zum Nebelhorn.

Unsere Straße führt an der Alpe vorbei, nach einer Serpentine sind wir im Buchwald bei einer Diensthütte. Kurz dahinter biegen wir rechts ab und gehen an der **Scheidthalalpe** (1 Std.) vorbei noch einige Meter aufwärts. Die großen, soliden Jägerstände, die in Abständen am Weg stehen, gehören dem Fürsten von Waldburg, der hier immer noch sein privates Jagdgebiet hat. Der Weg neigt sich am Hang entlang langsam abwärts, bis wir die paar Häuser von

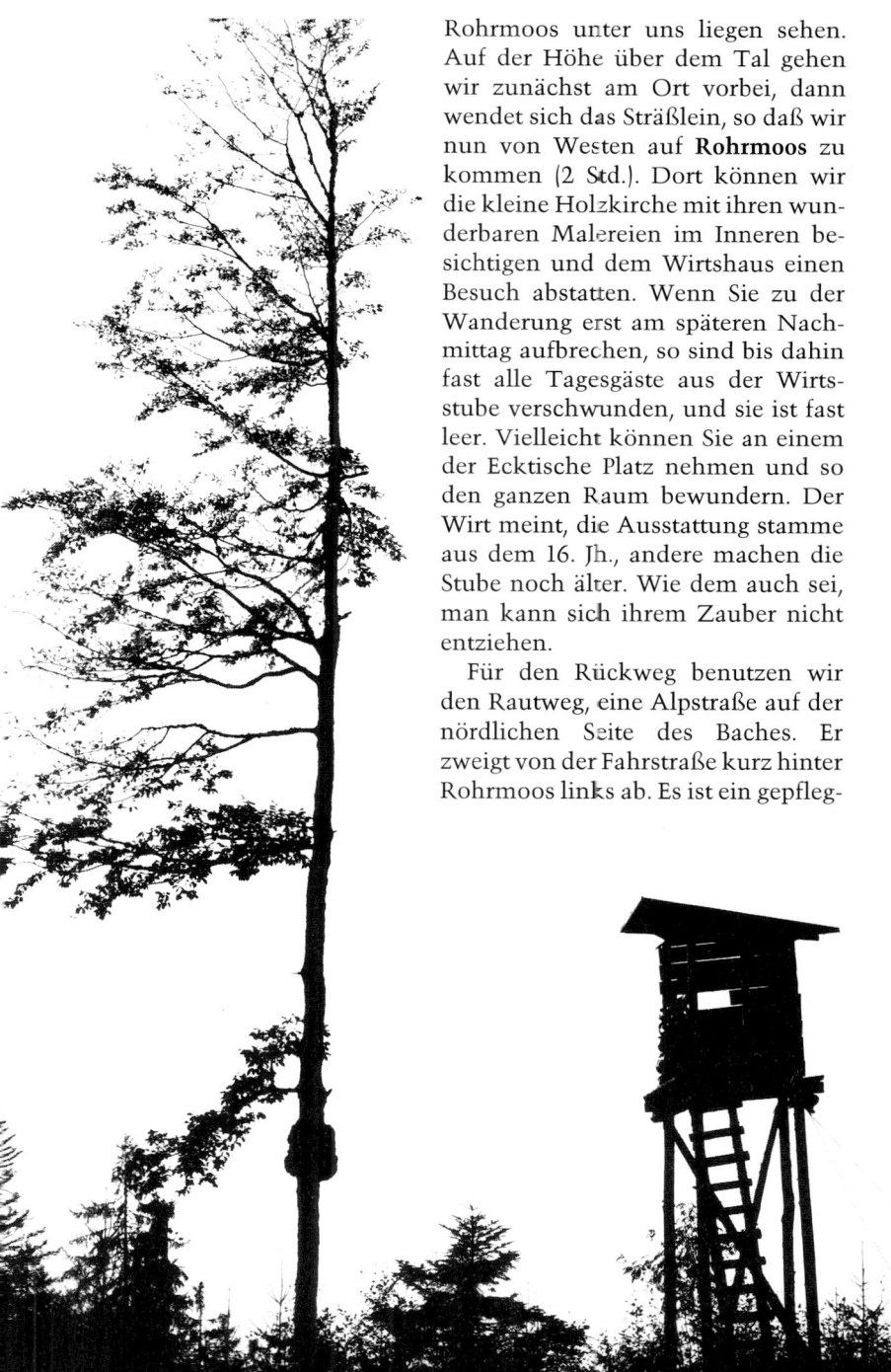

Rohrmoos unter uns liegen sehen. Auf der Höhe über dem Tal gehen wir zunächst am Ort vorbei, dann wendet sich das Sträßlein, so daß wir nun von Westen auf **Rohrmoos** zu kommen (2 Std.). Dort können wir die kleine Holzkirche mit ihren wunderbaren Malereien im Inneren besichtigen und dem Wirtshaus einen Besuch abstatten. Wenn Sie zu der Wanderung erst am späteren Nachmittag aufbrechen, so sind bis dahin fast alle Tagesgäste aus der Wirtsstube verschwunden, und sie ist fast leer. Vielleicht können Sie an einem der Ecktische Platz nehmen und so den ganzen Raum bewundern. Der Wirt meint, die Ausstattung stamme aus dem 16. Jh., andere machen die Stube noch älter. Wie dem auch sei, man kann sich ihrem Zauber nicht entziehen.

Für den Rückweg benutzen wir den Rautweg, eine Alpstraße auf der nördlichen Seite des Baches. Er zweigt von der Fahrstraße kurz hinter Rohrmoos links ab. Es ist ein gepfleg-

# Kunst in und um Oberstdorf

Der große Brand von 1865 ist der Grund, weshalb **Oberstdorf** mit keiner alten Hauptkirche aufwarten kann. Die heutige Pfarrkirche wurde unmittelbar nach der Katastrophe erbaut und dem Geschmack der damaligen Zeit entsprechend mit neugotischen Altären eingerichtet. Trotzdem ist sie einen Besuch wert. Bei einem Rundgang entdeckt man wunderschöne alte Einzelfiguren. Die hochgoti-

Maria Himmelskönigin,
Fresko in der Kapelle
Maria Loretto

sche Figurengruppe der Mutter Anna mit dem Kind Maria stammt von 1340, die »Schöne Oberstdorferin«, eine Muttergottes aus dem Umkreis des Meisters des Imberger Altares, ist knapp 150 Jahre später entstanden.

Drei Kapellen haben das große Feuer unversehrt überstanden, weil sie weit genug vom Brandherd entfernt waren. Schon wegen ihrer reizvollen Lage am Südrand des Ortes lohnt sich ein Besuch. Die älteste von ihnen ist die Appachkapelle, in der uns die beiden gotischen Figuren der hll. Wolfgang und Sebastian beeindrucken. Diese Kapelle war über viele Jahrhunderte das Ziel von Wallfahrern, die zum Teil bis aus dem Lechtal hierher kamen. Als der Raum nicht mehr ausreichte, um die vielen Beter aufzunehmen, baute man in den Jahren 1657/58 unmittelbar daneben eine neue, größere Kapelle. Sie wurde, wie häufig zu dieser Zeit, dem Gedenken an das (legendäre) Loretowunder geweiht. In den von Anton Sturm aus Füssen errichteten Hochaltar wurde das Gnadenbild der Appachkapelle übertragen, eine einfache Tonfigur Mariens aus dem 15. Jh. Das Kuppelfresko aus dem 19. Jh. stammt von einem der berühmtesten Söhne Oberstdorfs, Claudius Schraudolph. In der dritten Kapelle, die dem Nährvater Jesu, dem hl. Josef, geweiht ist, können wir noch einen Palmesel bewundern. Er stammt von keinem Geringeren als Franz Xaver Schmädl, der ebenfalls ein geborener Oberstdorfer war.

Ein wenig weiter im Süden, oben am Berg, steht die Kirche von **Gerstruben.** Sie stammt aus dem 17. Jh., ihr Hochaltar ist etwa hundert Jahre später entstanden. Die Bauernheiligen Katharina, Nikolaus und Sebastian umgeben eine Muttergottes, die als Himmelskönigin dargestellt ist. Der Patron der Allgäuer, St. Magnus, schaut von der Seite her auf die Gruppe.

Eine kunstgeschichtliche Rarität ersten Ranges finden wir in **Rohrmoos.** Hier steht die 1568 ganz aus Holz erbaute Annakapelle. Außen völlig unscheinbar,

Anbetung der Heiligen
Drei Könige, Fresko in
der Kapelle St. Anna

immer noch mit Holz verkleidet, birgt sie im nachträglich verputzten Inneren einen wahren Schatz. Ein unbekannter Künstler hat hier 1587 einen Freskenzyklus gemalt, der nahezu einmalig ist. Es gibt wohl keine Kirche im Süden Deutschlands, in der ein Freskenzyklus aus dieser Zeit praktisch vollständig erhalten ist. Den Auftrag für dieses Kirchlein erteilten die Erbtruchsessen von Waldburg, die hier die Grundherren waren und denen heute noch ein guter Teil des Waldes um Rohrmoos gehört. Ihre Stifterwappen finden wir am Chorbogen über dem kleinen Flügelaltar, in dessen Schrein eine Kreuzigungsgruppe dargestellt ist. Links und rechts davon, auf den Flügeln, sehen wir die Anbetung des Jesukindes durch die Heiligen Drei Könige und durch die Hirten. Der Alphornbläser, den der Maler im Hintergrund gemalt hat, beweist uns, daß dieses mächtige Instrument bereits vor 400 Jahren gespielt wurde. Das große Fresko an der Westwand über dem Eingang stellt das Jüngste Gericht dar. In der Mitte thront Christus als Weltenrichter, umgeben von mehreren Engeln und Heiligen. Darunter wird die Schar der Auferstandenen in Gute und Böse getrennt. Die Wände tragen ebenfalls Bilder von Heiligen und Szenen aus dem Marienleben. Die zum Teil recht seltsame Schreibweise der Eigennamen darf nicht verwundern, »Rechtschreibung« im heutigen Sinne kannte man damals schließlich noch nicht.

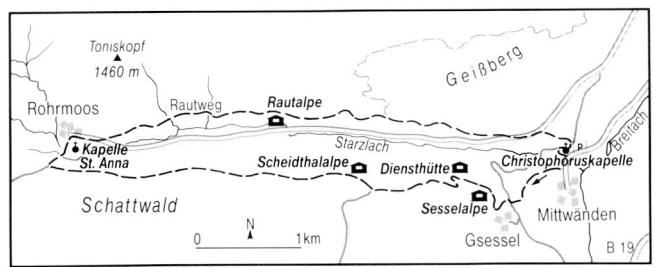

ter Weg, der sich, bis auf eine kleine Steigung am Anfang, immer eben oder leicht abwärts den Hang entlang zieht. Im Herbst ist es möglich, daß Sie in der Dämmerung mitten in die Hirschbrunft kommen. Das wilde, fast unheimliche Röhren der liebestollen Hirsche ist dann deutlich aus dem Wald zu vernehmen.

Wir kommen an der **Rautalpe** (2.30 Std.) vorbei. Sie ist, was sehr selten in diesem Gebiet ist, zweigeteilt. Links vom Weg steht das Wohnhaus und rechts der uralte, in Holzblockbauweise errichtete Stall, das Dach mit Legschindeln gedeckt und mit Steinen beschwert. Der Weg führt weiter durch den Wald und senkt sich dann zur Mautstraße hin ab (3 Std.). Wir müssen etwa 500 m an der Straße entlanggehen, dann können wir rechts abbiegen (Wegweiser zur Breitachklamm) und kommen schräg über die Wiesen wieder zu einem Teersträßlein. In dieses biegen wir rechts ein, steigen den Hang hinunter, gehen an der nächsten Straße wieder links und sehen nach etwa 100 Metern den **Parkplatz** an der Breitach liegen (3.30 Std.).

# 26   Zur Wohnung der wilden Männle
## Von Bolsterlang zur Sturmannshöhle

In der Gegend um die Sturmannshöhle sollen einst »wilde Männle« gehaust haben, die das Wetter und das Feuer völlig beherrschten. Solange diese unbehelligt blieben, ging kein Hagelwetter über Felder nieder, zündete kein Blitz. Doch eines Tages wurden sie aus Habgier von den Menschen angegriffen und vertrieben. Aus Rache dafür zündeten sie den Wald an, der dann viele Tage lang brannte.

Diese hier gekürzt wiedergegebene Sage hat einen historischen Hintergrund: Die »wilden Männle« oder »wilden Zigeuner« bezeichnen die nicht mehr seßhafte keltisch-römische Mischbevölkerung, die sich vor dem Ansturm der Völkerwanderung in damals unzugängliche Bergtäler zurückgezogen hatte. Die immer weiter vordringenden Alemannen vertrieben sie erneut und nahmen ihnen mit dem Recht des Stärkeren alles be-

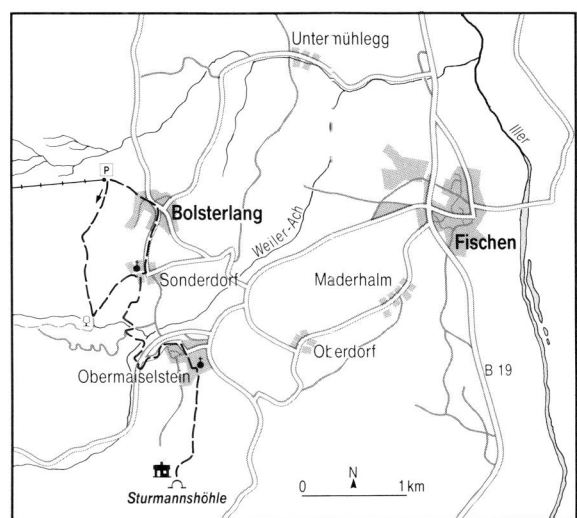

**Wanderung 26:**
Von Bolsterlang zur
Sturmannshöhle

siedelbare Land weg. Im Allgäu gingen sie schließlich völlig in den Eroberern auf, 100 km weiter südlich, im Engadin, konnten sie bis heute überleben und ihre Sprache, das Rätoromanische, bewahren.

**Charakter:** Einfache Halbtageswanderung ohne größere Steigungen.

**Wegverlauf:** Von der Talstation der Hörnerbahnen in Bolsterlang am Waldrand entlang nach Sonderdorf, auf dem Talweg weiter nach Obermaiselstein und über Feldwege zur Sturmannshöhle. Auf dem gleichen Weg wieder nach Sonderdorf, von dort im Tal zurück nach Bolsterlang.

**Gehzeiten:** 2.40 Std. (Bolsterlang – Sturmannshöhle 1.30 Std.; Rückweg 1.10 Std.)

**Höhenangaben:** Talstation Hörnerbahnen 920 m, höchster Punkt am Weg 1000 m, Sturmannshöhle 900 m

**Ausrüstung:** Wanderschuhe; warme Kleidung für die Höhle (Innentemperaturen um 4°C!)

**Einkehrmöglichkeiten:** Gasthof Riedberger Horn in Sonderdorf (Donnerstag Ruhetag, geschlossen November bis Weihnachten sowie 3 Wochen nach Ostern), Gasthöfe in Obermaiselstein

**Wanderkarten:** Kompass: Allgäuer Alpen (3); Topographische Karten: Allgäuer Alpen oder L 8526; Zumstein: Oberstdorf (4)

**Sehenswürdigkeiten:** Sturmannshöhle (Montag geschlossen, geöffnet Mitte Mai bis Mitte Oktober; Besichtigung nur mit Führung, 9.30 Uhr bis 16 Uhr, Dauer etwa 30 Min.; Eintritt DM 3,–, Kinder und Gruppen ermäßigt)

**Anfahrt:** *Bus:* Busverbindungen von Oberstdorf über Fischen und von Sonthofen nach Bolsterlang. *Auto:* Von Sonthofen auf der B 19 Richtung Oberstdorf. Am Ortseingang von Fischen biegt man rechts Richtung Bolsterlang ab; in Bolsterlang durchfährt man den Ort, hält sich vor der Kirche links und fährt bergauf zum Parkplatz der Hörnerbahnen oberhalb des Ortes.

## Der Wanderweg

An der **Talstation** der Hörnerbahnen in **Bolsterlang** beginnt der »Bergblickweg«, dem wir zunächst nach Süden folgen. Er führt teils im lichten Wald, teils am Waldrand oberhalb von Bolsterlang und Sonderdorf entlang. Immer wieder laden Bänke zur gemütlichen Rast ein und lassen uns über das Illertal schauen. Vom Grünten (Tour 17), der fast vom ganzen Allgäu aus sichtbar ist, über die Sonnenköpfe (Tour 19) bei Schöllang zum Nebelhorn und dem davorliegenden Rubihorn schweift unser Blick, der Höfats drängt sich als Pyramide zum Himmel und leitet zu den Spitzen der Allgäuer Hochalpen über. Wir wandern den Bergblickweg entlang, bis wir an eine große **Wetterfichte** mit einer Bank darunter (20 Min.) kommen. Von hier aus gehen wir schräg den Hang hinunter nach **Sonderdorf** (30 Min.) zurück. Die kleine Kapelle am Gasthof Riedberger Horn ist eine echte Überraschung. Die bäuerlichen Figuren der hl. Verena oder des hl. Sebastian sind mit soviel Liebe und Naivität gemacht, wie man es selten findet. Natürlich darf auch der hl. Magnus nicht fehlen, der Patron und Beschützer der Allgäuer. Im Zentrum des kleinen Altars ist er auf einem Bild dargestellt.

Etwas unterhalb des Gasthofs Riedberger Horn biegt eine für den allgemeinen Verkehr gesperrte Straße rechts ab. Wir überqueren auf einer Steinbrücke die Weiler-Ach, kreuzen die Fahrstraße zum Riedbergpaß und gehen auf einem schmalen, kleinen Steig hinauf nach **Obermaiselstein.** Vorbei an den im Sommer mit Blumen fast überladenen Häusern gehen wir zur Kirche (1 Std.). Dort finden wir einen Wegweiser zur **Sturmannshöhle.** Über den Gasthof Sturmannshöhle kommen wir schließlich zum Höhleneingang (1.30 Std.). (Die Höhle kann nur mit Führung besichtigt werden.)

Die Höhle war der Bevölkerung immer bekannt, das beweisen schon die Höhlensagen. Die Erforschung begann sehr zaghaft im 19. Jh., und erst als man 1904 Azetylenlampen zur Verfügung hatte, konnte an eine ernsthafte Erschließung gedacht werden. Das war auch die Zeit, in der sich der Fremdenverkehr langsam zu entwickeln begann, und so gründete man einen Höhlenverein, der Teile der Höhle begehbar machte. 1906 besuchten die Höhle bereits 2.600 Personen, »nicht immer ohne Angst«, wie die Chronik berichtet.

Angst brauchen wir bei der Besichtigung der Höhle heute nicht mehr zu haben, denn alle Gänge, die den Besuchern zugänglich sind, hat man gut gesichert. Das erste, was uns auffällt, ist das ständige Tosen des Wassers, das aus den Tiefen der Höhle zu kommen scheint. Das sind zum Teil recht bedeutende unterirdische Bäche, die weit im Inneren des Berges durch das verzweigte Höhlennetz fließen. Das Wasser hat im Laufe von vielen hunderttausend Jahren die Höhle aus dem Kalkstein ausgewaschen. Von ihm hat sie auch indirekt ihren Namen bekommen, denn früher hieß sie *Sturmatzloch.* Das Wort stammt aus dem Mittelhochdeutschen und bedeutet soviel wie »Loch des Lärmes«. Als man die Bedeutung

nicht mehr verstand, wurde das »Sturmannsloch« daraus. Knapp 200 Stufen führen vom Eingang in die Tiefe, dann steigt man durch schmale Spalten bis in den Höhlenkessel, in dem früher ein kleiner See war. Soweit ist die Höhle für die Besucher erschlossen. Die Gänge und Schächte haben phantasievolle Namen wie »Drachentor«, »Adlerschacht« oder »Höllenrachen«. Nur ein kleiner Teil der Höhle ist allgemein zugänglich, der Rest ist den Höhlenkundlern vorbehalten, die auch heute immer noch in unerforschte Gänge vordringen können.

Wenn uns das blendende Tageslicht wieder umgibt, müssen wir zunächst bis **Sonderdorf** (2.30 Std.) auf dem gleichen Weg zurückmarschieren. Im Dorf lassen wir das Wirtshaus links liegen und wandern auf der ebenen Fahrstraße wieder nach **Bolsterlang** (2.40 Std.) hinein.

# 27   Kletterfreuden
## Über den Großen Ochsenkopf zum Riedberger Horn

Bolsterlang liegt am Fuß der Hörnergruppe auf einer leicht hügeligen
Hochebene über der tiefer fließenden
Iller. Diese Talform ist für flußdurch-
strömte Alpentäler charakteristisch.
Geologisch gesehen ist sie sehr jung,
denn sie ist erst nach der letzten Eiszeit entstanden. Während der Eiszeit
wurde das Tal von den Gletschern bis
auf den felsigen Grund hinab ausge-
räumt. Beim Rückzug des Eises blieben Geröll und Felsschutt liegen,
mehrere hundert Meter hoch. So
entstand die Ebene, auf der heute
beispielsweise    Bolsterlang    oder
Schölling liegen. Die Iller transpor-
tierte dann den abgelagerten Schotter
aus dem Tal. Dabei grub sie sich immer tiefer in den Untergrund ein, und
es entstanden zwei Ebenen im Tal:
die tiefergelegene Flußaue, die früher
ständig von Überschwemmungen bedroht war und deshalb höchstens von
Fischern besiedelt wurde, und die
Hochebene, die als Bauernland genutzt werden konnte.

**Charakter:** Ganztageswanderung, bei
der man an einigen Stellen etwas über
Fels klettern muß.
**Wegverlauf:** Auffahrt von Bolsterlang mit den Hörnerbahnen, auf ebe-
nem Weg zum Schwabenhaus, weiter
zum Großen Ochsenkopf und am
Grat entlang zum Riedberger Horn.
Abstieg bis zum Sattel, wo der Weg
von der Grasgehrenhütte herauf-
kommt. Von dort im Bogen durch
den Talschluß der Bolgenach, am
Hang entlang zur Oberen Bolgenalpe.

Über eine Alpstraße und den Hang-
weg oberhalb von Sonderdorf entlang
zurück nach Bolsterlang.
**Gehzeiten:** 4.30 Std. (Bergstation
Hörnerbahnen – Großer Ochsenkopf
1 Std. – Riedberger Horn 1 Std. –
Obere Bolgenalpe 1 Std. – Bolsterlang
1.30 Std.)
**Höhenangaben:** Talstation Hörnerbahnen 920 m, Bergstation Hörner-
bahnen 1540 m, Großer Ochsenkopf
1662 m, Riedberger Horn 1787 m,
Obere Bolgenalpe 1367 m
**Ausrüstung:** Bergstiefel
**Einkehrmöglichkeiten:**    Schwaben-
haus (Donnerstag ab 15 Uhr und Freitag bis 11 Uhr Ruhetag, ganzjährig geöffnet), Obere Bolgenalpe, Zunklei-
tenalpe
**Wanderkarten:** Kompass: Allgäuer
Alpen (3); Topographische Karten:
Allgäuer Alpen oder L 8526; Zumstein: Oberstdorf (4)
**Anfahrt:** *Bus:* Busverbindungen von
Oberstdorf über Fischen und von
Sonthofen nach Bolsterlang. *Auto:*
Von Sonthofen auf der B 19 Richtung
Oberstdorf. Am Ortseingang von Fi-
schen biegt man rechts Richtung Bolsterlang ab; in Bolsterlang durchfährt
man den Ort, hält sich vor der Kirche
links und fährt bergauf zum Park-
platz der Hörnerbahnen oberhalb des
Ortes.

### Der Wanderweg
In **Bolsterlang** fahren wir mit den
**Hörnerbahnen** in gut 20 Min. auf
1500 m Seehöhe. Damit haben wir
uns einen guten Teil des Anstiegs

gespart. Die Aussicht von der Bergstation auf das Illertal ist großartig und bietet geradezu ein Bilderbuchpanorama des Allgäus: Verstreute Dörfer mit ihren Kirchen liegen inmitten von Feldern, die von Büschen oder Bäumen eingerahmt werden, selbst die Kühe auf der Weide sind deutlich zu erkennen. Von hier aus sehen wir auch recht schön die beiden Gipfel, die wir heute noch besteigen werden: Rechts über dem Schwabenhaus erhebt sich der Große Ochsenkopf, ein Grat verbindet ihn mit dem Riedberger Horn, das ganz hinten im Talschluß aufragt.

Von der Bergstation wandern wir über den oberen der beiden gut sichtbaren Wege fast eben zum **Schwabenhaus** (30 Min.). Ein Marterl für den verunglückten Wirt des Schwabenhauses erinnert daran, daß dieser Weg, der im Sommer so harmlos aussieht, während des Winters ziemlich gefährlich werden kann.

Die meisten Wanderer, die das Riedberger Horn besteigen wollen, gehen am Schwabenhaus vorbei geradeaus weiter. Das ist ein sehr einfacher Weg, der Sie aber um manch schönen Blick bringen würde. Für Kinder ist er ohnehin zu langweilig. Wir biegen deshalb unmittelbar vor dem Schwabenhaus rechts ab und steigen gut 100 Höhenmeter steil auf, bis wir auf den ausgetretenen Pfad kommen, der vom Weiherkopf herüberführt. Diesem folgen wir westwärts (nach links) und sind rasch am Gipfel des **Großen Ochsenkopfes** (1 Std.). Das Gipfelkreuz ist mit Stacheldraht eingezäunt. Das soll es nicht vor Diebstahl schützen, sondern vor dem Wild und dem Weidevieh. Die Tiere würden sich solange an den scharfen Kanten des Balkens wetzen, bis er umfällt. Im Norden steht über dem Tal der Gunzesrieder Ache die ganze Nagelfluhkette. Vor allem der Weg vom Mittagberg zum Stuiben (Tour 29) ist deutlich zu verfolgen.

Vom Großen Ochsenkopf gehen wir dann etwas abwärts durch ganze Felder von Heidelbeerbüschen auf ein kleines Hochmoor zu, dessen Wasseraugen selbst im regenärmsten Sommer nicht austrocknen. Versu-

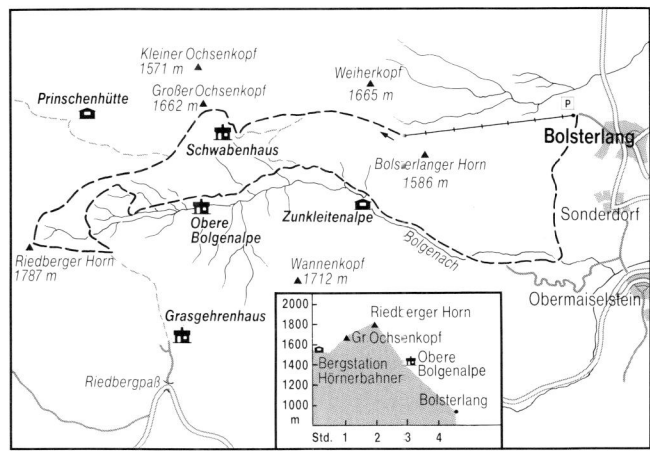

Wanderung 27:
Über den Großen
Ochsenkopf
zum Riedberger
Horn

# Das Ende des Alpsommers
## Der Viehscheid

Der Viehscheid im Herbst gehört im Allgäu zu den höchsten Festen des ganzen Jahres. Vom Sinn her hat er ein wenig Ähnlichkeit mit dem Erntedankfest, schließlich wird hier auch die Ernte des gesamten Alpsommers, der etwa 100 Tage dauert, eingebracht. Das Fest findet meist in der zweiten oder dritten Septemberwoche statt. Jedes Dorf hat seinen eigenen Festtag, der in Abstimmung mit den Nachbargemeinden festgelegt wird. Ein wenig bedauerlich ist, daß der Viehscheid in einigen Orten zu einer gewaltigen Fremdenverkehrsattraktion verkommen ist, so daß man vor Besuchern kaum noch die Tiere sieht und das Bierzelt größer als die Scheidewiese ist. Doch es gibt noch genügend Dörfer, die völlig auf Kommerz verzichten und den Termin nicht einmal in die Zeitung setzen. Sie wollen unter sich bleiben. Wer allerdings als Gast zufällig vorbeikommt, ist gern gesehen.

Die Vorbereitungen zum Viehscheid werden gleichermaßen unten im Dorf und oben auf der Alpe getroffen. Am Berg räumt der Hirte die Alpe auf und macht sie winterfest, denn er sollte sie nicht mehr betreten, sobald die Tiere abgetrieben sind. Im Winter wohnt das „Nachtvolk" auf den Alpen, Geister, die im Winter nicht belästigt werden wollen, im Sommer aber dafür sorgen, daß keinem Rind etwas zustößt. Stört man sie aber, so bringen sie Unglück über die Alpe, wenn sie sich nicht sofort an dem Störenfried bitter rächen. Heute, in der Zeit des Wintersports, wird das allerdings nicht mehr so recht ernst genommen.

Im Tal binden die Frauen den Schmuck für die Kranzkühe und die kleinen Sträußchen für die Herde. Dies ist eine recht schwierige kunsthandwerkliche Arbeit. Es soll schließlich nicht nur schön aussehen, sondern muß auch einiges aushalten. Auch die Kranzkuh, die der Hirt der Herde vorantreibt, marschiert nicht immer friedlich und ruhig durch das Dorf! Die Schande eines abgerissenen oder verlorenen Kranzes wird im ganzen Allgäu bekannt.

Als Kranzkuh muß der Hirt, dem Brauch entsprechend, die schönste und beste Kuh wählen. Für den Stall des jeweiligen Bauern bedeutet dies eine hohe Ehre. Deshalb ist auch ein Trinkgeld für diese Wahl fällig, dessen zu erwartende Höhe natürlich wiederum die Wahl beeinflußt. Die Entscheidung ist nicht eben leicht, denn wenn sie zu offensichtlich vom Geld beeinflußt wird, ist der Hirt dem Gespött des ganzen Dorfes ausgesetzt.

Am Morgen des Viehscheids werden die Kühe nochmals gemolken und dann aufgekranzt. Zuerst wird den Kälbern und den Kühen ein kleines Latschenbüschel an den Kopf gebunden, um den Hals bekommen sie die Prunkglocken, die hier im Allgäu »Bumbla« oder »Rumpeln« genannt werden. Diese großen Glocken mit ihrem dunklen, klangvollen Geläut sind recht wertvoll. 1000,– DM kann so eine Glocke mit dem Riemen schnell kosten. Deshalb sind sie auch ein beliebtes Geschenk zur Hochzeit oder zur Taufe geworden. Mit einem Schild am Glockenriemen erinnert man an den Anlaß. Benutzt werden diese Glocken nur für den Viehscheid, auf der Alpwiese trägt die Kuh oder das Kalb eine einfache, aus Blech geformte Weideschelle. Das Aufkranzen dauert je

nach Größe der Herde zwei bis drei Stunden. Dann werden die Tiere bis zu
einem Sammelplatz in der Nähe des Dorfes hinuntergetrieben. Dort warten
zwei Frauen mit dem Schmuck der Kranzkuh. Fast mutet es feierlich an, wenn
ihr die mit Blumen geschmückten Latschenkränze umgebunden werden. Wichtig ist ein kleiner Spiegel, der vor die Stirn der Kuh gehänqt wird, und ein Kreuz.
Der Spiegel soll die bösen Geister vertreiben, das Kreuz den Segen des Himmels erflehen. So nah liegen heidnischer Mythos und christlicher Glaube bei-
sammen!

Endlich kommt der große Moment, der Zug durchs Dorf. Ein Hirt, der etwas
auf sich hält, hat sich vorher noch schnell umgezogen: Das Arbeitsgewand vertauscht er mit der Sonntagslederhose, weißem Hemd und blumengeschmück-
tem Hut. An einer kurzen Kette führt er die Kranzkuh durch das Dorf, seine
Herde wird von ein paar Helfern hinterhergetrieben. Wenn eine Geiß mit auf der
Alpe war, darf sie vorneweg mit der Kranzkuh laufen. Die Absicht ist offensichtlich: Jeder soll sehen, wie gut der Hirt war, daß die Tiere bestens genährt und
alle gesund über den Alpsommer gekommen sind. Aber auch im Allgäu gilt:
Wenn ein Tier während des Alpsommers verunglückt ist, gibt es keinen Viehscheid für die Herde!

Der Weg durch das Dorf endet auf einem eingezäunten Wiesenstück. Dort beginnt der eigentliche Viehscheid, eine recht anstrengende Arbeit. Der Hirte muß nämlich aus der Herde, die durchaus 50 Stück Vieh umfassen kann, die Tiere ihrem jeweiligen Besitzer zutreiben. Mit kritischem Blick beobachten ihn die Dorfbewohner. Die Leistung eines Hirten wird nämlich im wesentlichen danach beurteilt, wie schnell und genau er die Tiere aussondern kann. Das wird manchmal recht schwierig, wenn eine Kuh andere Vorstellungen über die Richtung hat als der Hirt. Ist der Stall in der Nähe der Scheidewiese, so treibt der Bauer das Vieh heim. Ist der Weg länger, wird es auf einen Viehwagen verladen und nach Hause gefahren. Nach einer guten Stunde ist der Scheideplatz wieder leer, und der Zug von der nächsten Alpe kann eintreffen.

chen Sie aber nicht darin zu baden, Sie werden den Schlamm den ganzen Tag nicht mehr los! Wir wandern immer am Grat entlang, an der Abzweigung zur Prinschenhütte vorbei, die tief unten am Rande eines zweiten Hochmoors steht. An manchen Stellen des Grates muß man etwas klettern, einfach und ganz ungefährlich, aber für Kinder immer ein Erlebnis. In einer guten Stunde (vom Ochsenkopf aus) sind wir dann am **Riedberger Horn** (2 Std.). Tief unter uns liegt das Grasgehrenhaus, das man über die Riedbergpaß-Straße bequem mit dem Auto erreichen kann. Von dort aus kommen sehr viele Wanderer auf das Riedberger Horn, es ist der kürzeste Anstieg. (Für Eltern mit kleineren Kindern durchaus zu empfehlen.) Im Süden stehen wie riesige Wälle die mächtigen Gottesackerwände, im Westen sieht man die Schweizer Alpen, den Säntis und den Altmann. Ein wunderschönes Panorama, für das Sie sich Zeit lassen sollten!

Der Abstieg ist einfach. Wir nehmen zunächst den Weg in Richtung Grasgehrenhütte. Am Sattel (2.15 Std.) biegen wir links ab und umrunden gut zur Hälfte den Talschluß der Bolgenach in Richtung Schwabenhaus,

bis wir zu einem Wegweiser kommen, der uns die Richtung nach Sonderdorf weist. An einer großen Melkhütte vorbei kommen wir auf eine Alpstraße, die stellenweise sogar geteert ist. Kurz danach taucht die **Obere Bolgenalpe** (3 Std.) auf. Spätestens hier ist eine ausgiebige Brotzeit fällig, die haben wir uns jetzt auch verdient!

Der Weiterweg auf der Alpstraße den Berg abwärts ist jetzt nicht mehr zu verfehlen. Wir wandern an der ebenfalls bewirtschafteten **Zunkleitenalpe** vorbei und bleiben auf der Straße, bis wir nach ein paar steilen Serpentinen, etwas unterhalb eines Wasserhochbehälters, auf einen Wegweiser nach »Sonderdorf-Hörnerbahn« (links) stoßen. (Die Abzweigungen, die Sie auf verschiedenen Landkarten schon vorher eingezeichnet finden, sind heute gesperrt und werden nicht mehr instand gehalten. Also bitte versuchen Sie nicht, so einen Weg zu gehen.) Der Weg führt über die Bolgenach, dann durch einen Wald nochmals etwas aufwärts und trifft bei einer Wetterfichte (4.10 Std.) auf den **Bergblickweg** (Tour 26), über den wir ohne große Mühe zum **Parkplatz** (4.30 Std.) kommen.

## 28   Zum ältesten Lebewesen Europas
### Von Balderschwang auf den Siplinger Kopf

Über viele Jahrhunderte hinweg
wurde das Tal um Balderschwang
nur als Jagdrevier oder als Sommer-
weide genutzt. Erst 1767 siedelte sich
der erste Bauer ganzjährig im Tal an,
weitere 15 Jahre dauerte es, bis der
nächste folgte, und nochmals 25 Jahre, bis ein Wirtshaus eröffnete. Obwohl das Tal zu Bayern und damit
seit dem 19. Jh. zum Deutschen Reich
gehörte, war es doch immer nur über
österreichisches Gebiet erreichbar.
Daß dies der Ortsentwicklung nicht
gerade dienlich war, kann man sich
vorstellen. Erst seit Dezember 1961
verbindet die Straße über den Riedbergpaß den Ort direkt mit seinem
Mutterland, erst seither ist eine regu-
läre wirtschaftliche Entwicklung
möglich. Heute spürt man nichts
mehr von diesen Problemen, höchstens in positiver Weise, denn Bau-
sünden sind hier weitgehend unter-
blieben.

**Charakter:** Relativ kurze Ganztageswanderung, die beim Gipfelanstieg
Schwindelfreiheit und Trittsicherheit
erfordert. Alternative: einfache Variante mit identischem Hin- und Rückweg.
**Wegverlauf:** Von Balderschwang
beim Hof »Bim Schwarze Stürer« auf
der Alpstraße aufwärts, an der alten
Eibe und der Oberen Socheralpe vorbei bis zur Abzweigung Richtung
Obere Wilhelminealpe. Von dort auf
breitem Alpweg zur Oberen Wilhelminealpe, weiter nach oben zum Grat
und diesen entlang auf den Siplinger

Kopf. Abstieg zuerst am Grat weiter
bis zu einer Senke, dann über den
Grashang auf die Alpstraße und auf
ihr nach Balderschwang zurück.
**Gehzeiten:** 4 Std. (Balderschwang –
Obere Wilhelminealpe 1.30 Std. – Sip-
linger Kopf 1 Std. – Balderschwang
1.30 Std.)
**Höhenangaben:** Balderschwang 1044
m, Obere Wilhelminealpe 1520 m,
Siplinger Kopf 1746 m
**Ausrüstung:** Bergstiefel; evtl. Reep-
schnur zur Sicherung von Kindern
beim Aufstieg über den Grat auf den
Siplinger Kopf
**Einkehrmöglichkeiten:** Alpen am
Weg, Gasthöfe in Balderschwang
**Wanderkarten:** Kompass: Allgäuer
Alpen (3); Topographische Karten:

---

Wanderung 28: Von Balderschwang auf
den Siplinger Kopf

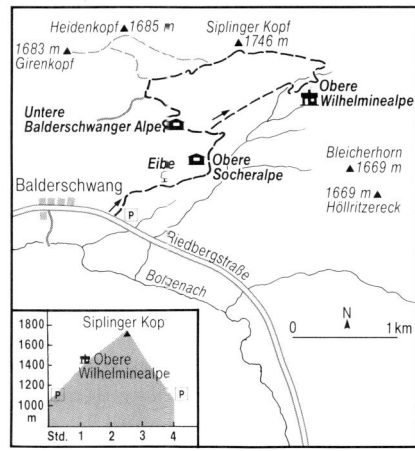

Allgäuer Alpen oder L 8526; Zumstein: Sonthofen (6)
**Sehenswürdigkeiten:** 2000 Jahre alte Eibe unmittelbar am Weg
**Anfahrt:** *Bus:* Busverbindung von Oberstdorf über Fischen nach Balderschwang. *Auto:* Von Sonthofen auf

**Der Wanderweg**
Am Dorfeingang von **Balderschwang** steht der prächtige Bauernhof »Bim Schwarze Stürer«. Kurz vor dem Hof führt uns ein geteertes Alpsträßlein aufwärts. Das ist übrigens kein überflüssiger Luxus, sondern heute eine

der B 19 Richtung Oberstdorf. Am Ortseingang von Fischen biegt man rechts Richtung Obermaiselstein ab und fährt über den Riedbergpaß und die Riedbergstraße nach Balderschwang. Parkmöglichkeit am Straßenrand beim Hof »Bim Schwarze Stürer«, kurz vor Balderschwang.

Eibe am Siplinger Kopf. Der mächtige Baum soll über 2000 Jahre alt sein; er trägt immer noch Blätter und Früchte.

Blick auf den Gipfelgrat des
Siplinger Kopfes ▷

fast zwingende Notwendigkeit. Eine ungeteerte Straße müßte jedes Jahr mindestens einmal ausgebessert werden. Das erfordert viele Arbeitsstunden und damit erhebliche Lohnkosten, das erforderliche Material gar nicht gerechnet. Keine Alpgenossenschaft könnte sich das heute noch leisten!

Das Sträßlein (es ist für den öffentlichen Verkehr gesperrt) führt in einer flachen Rechtskurve nach oben. Etwa 100 m nach dieser Biegung müssen Sie aufpassen: Links oben am

Hang, knapp 50 m vom Weg entfernt, steht ein Baum, der von weitem gesehen zwei Stämme zu besitzen scheint und sich deutlich von den Bäumen der Umgebung abhebt. Es ist eine **Eibe.** Fachleute behaupten, sie sei etwa 2000 Jahre alt, womöglich sogar noch wesentlich älter. Wenn wir nähertreten, sehen wir, daß beide Stämme aus einer Wurzel kommen. Einst muß dieser Baum einen einzigen gewaltigen Stamm gehabt haben, der später in der Mitte hohl wurde. Dieser Teil ist abgestorben und ausgefault, übrig blieben die beiden Hälften, die sich zu zwei Stämmen geschlossen haben und weiter Zweige, Nadeln und rote, beerenartige Früchte tragen. Man hat uns in Balderschwang versichert, dieser Baum sei das älteste Lebewesen Europas. Ob das stimmt, sei dahingestellt, es tut der Ehrfurcht, die man unwillkürlich empfindet, keinen Abbruch.

Der Weg führt langsam aufwärts und an der **Oberen Socheralpe** vorbei. Kurz hinter einer Spitzkehre zweigt rechts ein ungeteerter Weg ab, ein uralter Alpweg, der zur **Oberen Wilhelminealpe** führt (1.30 Std.). Dort gehen wir zunächst auf den Wiesen den roten Pfosten folgend bis zu einer Krüppelfichte, die direkt an dem Steilhang steht, der nach Norden ins Gunzesrieder Tal abfällt. Dann geht es sehr steil nach oben. Von der Alpe aus konnte man kaum glauben, daß sich durch den Wiesenhang noch ein Weglein ziehen könnte. Und doch kann man hier aufsteigen, ein wenig anstrengend zwar, aber ohne jede Gefahr. Eine knappe Stunde dauert die Kraxelei noch, dann stehen wir auf dem Gipfel des **Siplinger Kopfes** (2.30 Std.).

**Variante:** Wer einen bequemen Weg vorzieht und seiner Trittsicherheit nicht traut, der geht auf der Teerstraße weiter und erreicht den Gipfel auf dem Abstiegsweg.

Die Sicht von diesem Gipfel ist deshalb so großartig, weil kein höherer Berg in der Nähe den Blick verstellt. Lassen Sie uns nur die markantesten Gipfel aufzählen, die Sie an einem schönen Tag identifizieren können: die Nagelfluhkette im Norden (Touren 29 und 31), weit hinten im Westen der Säntis und der Altmann, die beiden bekannten Schweizer Aussichtsberge. Weiter nach links folgt die schneebedeckte Schesaplana und die Zimbaspitze aus dem Rätikon. Im Süden, ganz nahe unter uns, sind die Bergwälle des Gottesackerplateaus (Tour 24) und der Hohe Ifen mit seinem unverkennbaren Sägezahndach, rechts davon ist der Biedanskopf aus dem Bregenzer Wald. Links vom Hohen Ifen, durch seine Größe nicht zu verkennen, steht der Widderstein (Tour 23), und dahinter wie ein Stockzahn der Patriol aus der Verwallgruppe. Dann folgen in geschlossener Formation die Spitzen der Allgäuer Hochalpen wie Biberkopf, Hochwappenkopf, Rotgundspitze und schließlich die Mädelegabel mit ihrer Begleiterin, der Trettachspitz. Links hinter dem Kratzer (neben der Trettachspitz), den wir auf der Tour 20 über das Himmeleck ganz aus der Nähe sehen, glänzt die Lechtaler Wetterspitz und die Passeierspitz, dann folgt die Hornbachgruppe. Schließlich beendet das Nebelhorn mit der Bergkette zum Hohen Daumen die Reihe der Allgäuer Hochalpen. Die Berge um Hindelang vor den Tannheimern und der Grünten leiten in das Voralpenland über.

Vom Gipfel aus können wir entweder den Grat weitergehen oder den kleinen Einschnitt zwischen Gipfel und Vorgipfel benutzen. Dort, wo der Grat sich am weitesten nach unten senkt, gehen wir über die Wiese auf die Alpstraße (3 Std.) zu, der wir dann nach unten, an der **Unteren Balderschwanger Alpe** vorbei, folgen. Wir treffen auf die Abzweigung, an der wir auf dem Hinweg zur Oberen Wilhelminealpe abgebogen sind, und können den Weg nach **Balderschwang** (4 Std.) nicht verfehlen.

# 29   Auf und ab im Nagelfluh
### Über den Mittagberg zum Stuiben

Der Mittagberg ist der östlichste Gipfel der Nagelfluhkette, die sich von Immenstadt über den Stuiben und den Hochgrat etwa 25 km weit nach Westen erstreckt. Der Nagelfluh, aus dem sie aufgebaut ist, besteht eigentlich aus Schutt und Geröll, das voreiszeitliche Flüsse von den Alpen nach Norden verfrachtet haben. Im Laufe der Jahrmillionen hat sich das Gemenge immer weiter verfestigt und eine Beschaffenheit angenommen, die in etwa der von magerem Beton entspricht. Bei der Auffaltung der Alpen wurde diese Ablagerungsschicht nach oben verfrachtet. So finden wir sie heute in Höhen bis zu 2000 m.

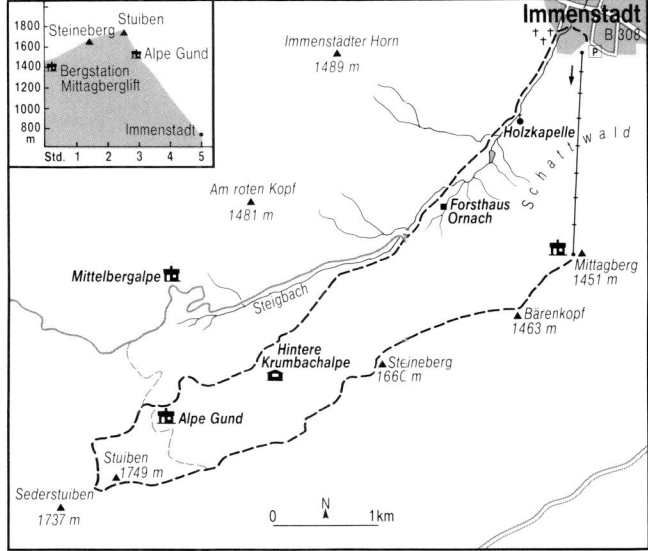

Wanderung 29:
Über den Mittagberg zum Stuiben

**Charakter:** Ganztages-Höhenwanderung, die zum Teil Trittsicherheit und Schwindelfreiheit erfordert.

**Wegverlauf:** Auffahrt von Immenstadt mit dem Mittagberglift; am Bergrücken entlang zum Bärenkopf und weiter zum Steineberg. Vom Gipfel aus am Grat entlang nach Westen zum Stuiben und von dort über die Wiesenhänge zur Alpe Gund. Abstieg über den alten Alpweg an der Hinteren Krumbachalpe vorbei in das Steigbachtal. Auf der Alpstraße am Forsthaus Ornach vorbei und durch den Steigbachtobel zurück nach Immenstadt.

**Gehzeiten:** 5 Std. (Bergstation Mittagberglift – Steineberg 1.15 Std. – Stuiben 1.15 Std. – Alpe Gund 30 Min. – Immenstadt 2 Std.)

**Höhenangaben:** Immenstadt 728 m, Bergstation Mittagberglift 1451 m, Bärenkopf 1463 m, Steineberg 1660 m, Stuiben 1749 m

**Ausrüstung:** Bergstiefel; evtl. Reepschnur zur Sicherung von Kindern beim Aufstieg über den Grat zum Stuiben

**Einkehrmöglichkeiten:** Bergstation Mittagberglift (geöffnet während der Betriebsstunden des Lifts), Alpe Gund

Der Gipfel des vielgesichtigen Steinebergs: im Süden sanfter Grashang, im Norden schroffe Steilwand

**Wanderkarten:** Kompass: Allgäuer Alpen (3); Topographische Karten: Allgäuer Alpen oder L 8526; Zumstein: Sonthofen (6)
**Bademöglichkeit:** Steigbachtobel
**Anfahrt:** *Bahn:* Immenstadt liegt an der Bahnlinie München – Lindau. *Bus:* Gute Busverbindungen von allen Orten der Umgebung nach Immenstadt. *Auto:* Von Sonthofen oder Lindau über die B 308 nach Immenstadt. Im Ortszentrum biegt man gegenüber der Kirche ab und folgt den Schildern zur Talstation des Mittagberglifts, die nach 400 m auf der rechten Seite liegt. Hier kann man auch das Auto parken.

### Der Wanderweg

Von der Talstation des **Mittagberglifts** in **Immenstadt** schweben wir über den Schattwald auf den 1451 m hohen Mittagberg. Über Grasmatten wandern wir in westlicher Richtung bis zum **Bärenkopf** (15 Min.), dessen Gipfelkreuz kurioserweise in einer Senke neben dem Gipfel steht. Hier wurde 1760 der letzte Bär des Allgäus erlegt. Schon auf diesem kurzen Wegstück beginnen wir zu ahnen,

welch herrliche Aussicht uns bevorsteht. Doch zunächst folgt einem kurzen Abstieg in eine kleine Senke erst einmal ein scharfer, schweißtreibender Anstieg direkt unter das Gipfelkreuz des Steinebergs. Wir nehmen den »Normalweg«, der Anstieg »für Geübte« ist ziemlich ausgesetzt. Schließlich stehen wir etwa 20 Höhenmeter unterhalb des Gipfelkreuzes. Um es zu erreichen, müssen wir einen kleinen Umweg machen. Wir gehen auf einem ganz schmalen Weg nördlich unter dem Gipfelfelsen vorbei und finden uns nach ungefähr 200 m überraschend auf einer großen Wiese, über die wir fast eben zum **Gipfel** des **Steinebergs** (1.15 Std.) zurückmarschieren. Was im Norden und Osten steil und felsig aussieht, ist auf der Gegenseite ein harmloser Grasbuckel.

Das nächste Ziel, der Stuiben, ist schon im Westen zu sehen. Die Wanderung geht fast immer am Grat entlang, kritische Stellen hat der Alpenverein mit Drahtseilen gesichert. Wenn man den Weg im Frühjahr geht, durchquert man bunte Wiesen mit weißen und blauen Krokussen, Soldanellen, Aurikeln und Schusternagerln. Tief unten kann man vielleicht ein Rudel Gemsen beobachten,

das langsam über ein Altschneefeld wechselt.

Über eine Stunde klettern wir so auf und ab, vorbei an der Abzweigung, die direkt zur Alpe Gund hinunterführt (Wegweiser). Vor allem Kindern macht es ungeheuren Spaß, mit Hilfe der festen Drahtseile über »gewaltige Wände« zu kraxeln. Selbst kleinere Kinder können Sie ohne weiteres mitnehmen, sie gehören jedoch durch ein Reepschnürl gesichert. Schwindelfreiheit ist jetzt aber unbedingt gefordert! Schließlich erreichen wir den Gipfel des **Stuiben** (2.30 Std.) und genießen den grandiosen Rundblick. Von hier aus können wir die ganzen Allgäuer Hochalpen überblicken, vom Nebelhorn bis über die Mädelegabel und den Großen Widderstein (Tour 23) bis zu den einsamen Gottesackerwänden am Hohen Ifen (Tour 24). Weit im Westen leuchtet der Säntis herüber, tief unter uns liegt das Gunzesrieder Tal und darüber die Felsnadeln des Siplinger Kopfes (Tour 28). Vom Gipfel aus wandern wir über die Weidewiesen zur **Alpe Gund** (3 Std.).

Für den Rückweg nach Immenstadt wählen wir den breiten, alten, von halbverfallenen Steinmäuerchen eingefaßten Alpweg, auf dem die Senner über Jahrhunderte hinweg alljährlich das Vieh auf die Alp getrieben haben. Der Weg ist zwar nicht oder kaum markiert, aber dennoch nicht schwer zu finden. Wir gehen an der Ostseite der Alpe Gund weg, genau entgegengesetzt zur Alpstraße. Dort steht auch ein Wegweiser mit der Aufschrift »Immenstadt«. An einigen Dolinen vorbei führt der Weg bis zum Sumpfboden der **Hinteren Krumbachalpe** abwärts. Nach einer einfachen Brücke über einen Bach biegen wir links ab und steigen steil den Berg hinunter. Der Bach begleitet uns zunächst mit wilden Wasserfällen. Wir queren einen Kahlschlag, der sich als Streifen durch den Wald zieht. Eine rote Blechmarkierung (für Skiwanderer) zeigt uns die Stelle, wo der Alpweg nach unten führt. Mit etwas Aufmerksamkeit kann man recht gut erkennen, wie alt dieser Weg ist, der heute kaum mehr genutzt wird. Es ist ein herrlich einsamer Pfad, die Vögel pfeifen in den Bäumen, und wenn Sie Glück haben (und nicht zu laut sind), dann quert vor Ihnen ein Rudel Rehe den Weg.

Nach einer guten Stunde treffen wir auf die Alpstraße (4 Std.), gehen am **Forsthaus Ornach** vorbei und kommen zu einer hölzernen Kapelle, die im Jahre 1800 dem Bauernheiligen Wendelin zu Ehren erbaut wurde. Kurz danach ist auf der rechten Seite ein Wegweiser zum Steigbachtobel. Wer schon müde ist, kann auf dem Wanderweg oben bleiben. Viel schöner ist es, dem gut ausgebauten Weg unten am Steigbach zu folgen und zu sehen, wie das Wasser in wilden Kaskaden nach unten schießt und sich dann in tiefen Gumpen sammelt. In ein paar Minuten sind wir dann unten am **Friedhofskirchlein** von **Immenstadt** und gehen durch die Wohnsiedlung zur **Seilbahn** zurück (5 Std.).

# 30 Das Allgäu zu Füßen
## Das Immenstädter Horn

Den Allgäuern wird nachgesagt, daß sie eine künstlerische Ader hätten und Tradition und Brauchtum hochhielten. Am Immenstädter Horn steht ein Beweis dafür. Das gewaltige, 14 Zentner schwere Gipfelkreuz trägt einen hervorragend gestalteten Corpus, der vom Bildhauer und Landwirt Albert Rasch aus Bühl am Alpsee unentgeltlich geschnitzt wurde. Der Künstler setzte damit eine Familientradition fort. Schon 1928 war an der gleichen Stelle ein Kreuz errichtet worden, das sein Vater, Xaver Rasch, gefertigt hatte. Von diesem stammt übrigens die lebensgroße Figur des Kapuziners, der in Immenstadt am Haus der Dresdner Bank am Klosterplatz den Balkon stützt.

**Charakter:** Einfache Ganztageswanderung ohne schwierige Stellen.

**Wegverlauf:** Vom alten Immenstädter Friedhof am Osthang des Immenstädter Horns in steilen Serpentinen nach oben, nach der Aussichtskanzel nur mehr flach ansteigend zum Gipfel. Abstieg zuerst über den Westhang zur Kesselalpe, von dort über Alpwege nach Rieder am Alpsee und über den Hornweg am Osthang des Immenstädter Horns entlang wieder zurück zum Ausgangspunkt nach Immenstadt.

**Gehzeiten:** 4.30 Std. (Immenstadt – Immenstädter Horn 2 Std. – Rieder 1.30 Std. – Immenstadt 1 Std.)

**Höhenangaben:** Immenstadt 728 m, Immenstädter Horn 1489 m

**Ausrüstung:** Bergstiefel

**Einkehrmöglichkeit:** Kesselalpe (Die in den Landkarten am Gipfel des Immenstädter Horns eingezeichnete Hütte ist nicht bewirtschaftet!)

**Wanderkarten:** Kompass: Allgäuer Alpen (3); Topographische Karten: Allgäuer Alpen oder L 8526; Zumstein: Sonthofen (6)

**Bademöglichkeit:** Alpsee

**Anfahrt:** *Bahn:* Immenstadt liegt an der Bahnlinie München – Lindau. *Bus:* Gute Busverbindungen von allen Orten der Umgebung nach Immenstadt. *Auto:* Von Sonthofen über die B 308 nach Immenstadt. Am besten parkt man das Auto auf einem der Großparkplätze (gebührenpflich-

Wanderung 30:
Das Immenstädter Horn

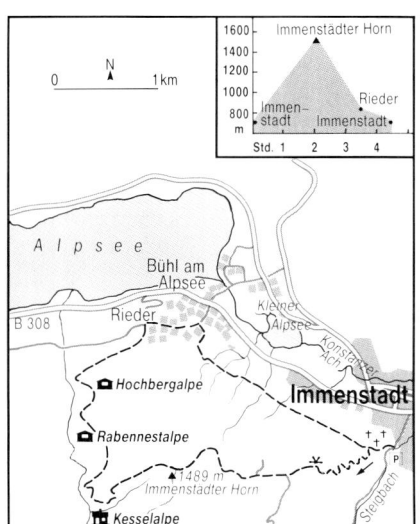

tig) in Immenstadt und geht dann zu Fuß links am Bahnhof vorbei die kurze Strecke zum alten Friedhof, da dort kaum ein Parkplatz zu finden ist.

**Der Wanderweg**
Vom kleinen alten **Friedhof** von **Immenstadt** am Steigbach nehmen wir zuerst rechts die breite Forststraße und folgen dann wiederum rechts dem Wegweiser »Auf das Horn«. Dieser Weg verzweigt sich bereits nach ein paar Metern, geradeaus führt der »Hornweg«, auf dem wir zurückkommen werden, nach Bühl. Links steigt der direkte Weg zum Horn steil an, eine Serpentine folgt der anderen. Aber der Steig verläuft durchwegs durch den Wald, der Schatten spart manchen Schweißtropfen. Nach einer Stunde kommt man an die **Kanzel,** einen vorspringenden Felsen, der freie Sicht auf Immenstadt und den Ostteil des Alpsees gewährt. Es ist wie ein Blick aus dem Flugzeug, nur hat man beliebig lange Zeit, um zu schauen. Man kann auf der Bank sitzen und über die kleingewordene Welt unten sinnieren. Der Weiterweg wird nun sehr viel flacher, er führt durch einen hervorragend kultivierten Hochwald. Die Stämme sind soweit ausgelichtet, daß durch Selbstaussaat überall junge Bäume aufgewachsen sind. Der Sturm hat kaum eine Chance, einen dieser Bäume umzuwerfen.

Wir kommen auf eine breite Forststraße, die wir aber schon nach ca. 300 m wieder verlassen. Aber Vorsicht: Benutzen Sie nicht den aufgekiesten Holzziehpfad, der ebenfalls links abbiegt, sondern den schmalen, rot markierten Wanderweg, der Sie dann schnell zum Gipfel (2 Std.)

12. 10. 1985
Hier an dieser Stell', flog Kessel's Bei knecht foscht in d' Höll er fiel wohl 30 Meter weit und um a' Haar in d' Ewigkeit

führt. Das **Immenstädter Horn** ist eigentlich nur ein flacher Wiesenberg, fällt aber nach Norden zu extrem steil und tief ab. Und genau das ergibt die einzigartige Aussicht, für die das Horn berühmt ist: nicht nur in die Weite, auf das Allgäuer Voralpenland, sondern auch in die Tiefe, steil nach unten auf den Alpsee, der uns buchstäblich zu Füßen liegt.

Nach einer ausgiebigen Gipfelpause steigen wir zur **Kesselalpe** (2.20 Std.) ab und folgen von dort dem Weg Nr. 42 Richtung »Bühl-Alpsee«. Am Waldrand, etwa 5 Min. nach der Alpe, muß man gut auf die Markierung achten. Sie führt links zurück bis zum Bach. Wo dieser einen kleinen Felswall durchbricht, führt unser Weg weiter. Von nun an ist er nicht mehr zu verfehlen. An der **Rabennestalpe** und an der **Hochbergalpe** vorbei wandern wir über die Alpwege durch kleine Wälder und

# Immenstadt

1269 wurde Immenstadt als *Ymmendorf* zum ersten Mal urkundlich erwähnt. Man kann jedoch mit ziemlicher Sicherheit annehmen, daß die Gegend schon sehr viel früher besiedelt war, denn schon zu Römerzeiten führte die Militärstraße *Via Decia* an dieser Stelle vorbei. 1360 wird aus Ymmendorf Immenstadt, denn Kaiser Karl IV. erhebt es auf Antrag der Grafen von Montfort, den Grundherren des Ortes, zur Stadt. 1407 war die Stadt bereits so stark befestigt, daß sie die Belagerungen während des Appenzeller Krieges überstand. Knapp 70 Jahre später erhielt der Ort ein gräfliches Landgericht und wurde damit zur Verwaltungsstadt aufgewertet. Zur Blüte kam Immenstadt durch den lebhaften Salzhandel ab der Mitte des 16. Jh., als es zum Hauptumschlagplatz der großen Salztransporte von Hall im Tiroler Inntal an den Bodensee wurde.

Von dem wirtschaftlichen Niedergang im Dreißigjährigen Krieg konnte sich die Stadt nur sehr langsam erholen, wenngleich sie im 18. Jh. zum Zentrum des Allgäuer Leinenwebergewerbes aufstieg. Sie hatte das Recht der »Leinwandschau« bekommen, durfte also eine öffentliche Kontrolle der in und um Immenstadt erzeugten Leinwand ausüben. Dies sicherte nicht nur eine stets gleichbleibende Qualität, sondern auch einen Schutz der Leinwandhersteller gegen Preis- und Lohnunterbietungen. 1803 wurde Immenstadt wie das ganze übrige Allgäu bayerisch. Wenn auch das Mißtrauen gegenüber der neuen Herrschaft zu Anfang sehr groß war, wich es doch rasch der Zufriedenheit. Sicher hat die positive Wirtschaftsentwicklung seit dem 18. Jh. das ihre getan. Es darf heute als Glück bezeichnet werden, daß Männer wie Carl Hirnbein (s. S. 28 f.) rechtzeitig die Probleme der niedergehenden Leinenweberei erkannt und die Umstellung auf die Milchwirtschaft vorangetrieben haben.

Die Anbindung Immenstadts an das Bahnnetz im Jahre 1853 förderte die wirtschaftliche Entwicklung noch zusätzlich. Heute lebt der Ort von Industrie, Handel und Handwerk, aber auch vom Fremdenverkehr, der immer größere Bedeutung erlangt. Die mustergültig sanierte Innenstadt trägt viel zu dem freundlich-fröhlichen Eindruck bei, den der Ort heute vermittelt.

Wandert man durch Immenstadt, so fällt auf, daß die Häuser recht modern sind. Das ist kein Wunder, denn bei einem Brand im Jahre 1844 wurde fast der ganze Stadtkern eingeäschert. Die Pfarrkirche St. Nikolaus ist ein Kind des frühen 20. Jh. Innerhalb von knapp 100 Jahren hatte sich damals die Einwohnerzahl der Stadt vervierfacht, und die alte Kirche war zu eng geworden. Im Stil des Neobarocks baute man ein größeres Gotteshaus. Die Einrichtung wurde aus der alten Barockkirche übernommen. Im Chor stehen die wohl wertvollsten Schnitzwerke der Stadt: eine Muttergottes mit dem Jesukind, vermutlich aus der Werkstatt des Memminger Schnitzers Ivo Strigel, und die beiden Pestheiligen Sebastian und Rochus, von Jakob Maurus aus Kempten zwischen 1520 und 1530 geschnitzt. Das kleine Friedhofskirchlein am Steigbach wurde von Georg Freiherr von Königsegg 1619 zu Ehren seines Namenspatrons erbaut. Heute beherbergt es einen vornehm-klassizistischen Hochaltar von 1806 und Bilder von Ludwig Glötzle, die um die Jahrhundertwende zu den großen Sehenswürdigkeiten Immenstadts gezählt wurden.

Wiesen nach **Rieder** (3.30 Std.). Von dem kleinen Ort aus kann man schnell zum Alpsee hinuntergehen, wo es fast überall die Möglichkeit zum Baden gibt. Vom See aus kann man auch mit dem Bus nach Immenstadt zurückfahren.

Wir gehen auf der wenig befahrenen Dorfstraße durch den Ort und den Berg hinunter, bis rechts ein Telephonhäuschen auftaucht. Dort zweigt ein wunderschöner Waldweg nach Immenstadt ab, der nur, wir gestehen es gerne, den Nachteil hat, daß man zunächst noch einmal etwa 75 Höhenmeter ansteigen muß. Doch die geruhsame Waldwanderung, die jetzt fast eben den Hang entlang nach **Immenstadt** (4.30 Std.) führt, entschädigt für alles.

# 31   Gipfelpromenade
## Vom Hochgrat über den Seelekopf zur Falkenhütte

Um die Jahrhundertwende hätte unsere heutige Wanderung nur von hervorragend trainierten Bergsteigern unternommen werden können. Man hätte von Oberstaufen zunächst gut zwei Stunden an den Fuß des Hochgrats gehen und dann drei Stunden aufsteigen müssen, erst dann hätte man mit der Tour beginnen können. Zählt man den Rückweg dazu, so wäre man damals acht Stunden länger unterwegs gewesen, als wir es

Wanderung 31: Vom Hochgrat über den Seelekopf zur Falkenhütte

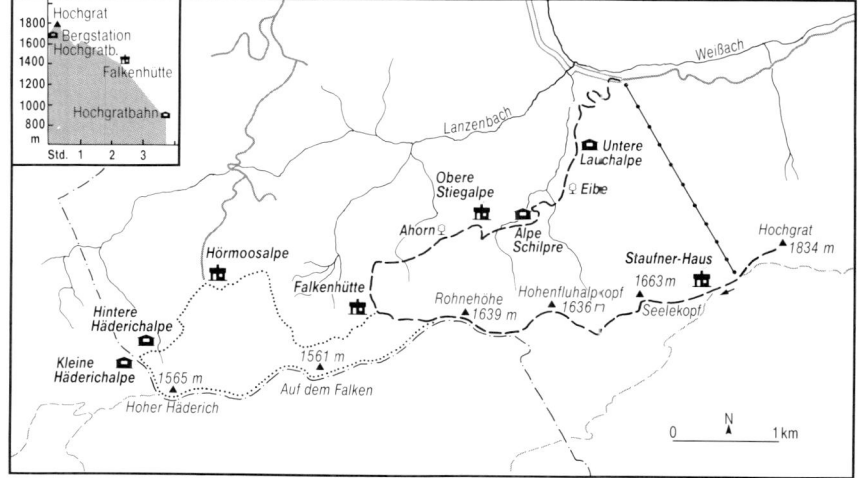

heute sind. Deshalb bauten die Oberstaufener am Hochgrat 1907 das Staufner Haus, das heute etwas unterhalb der Seilbahnbergstation steht. Damit war ein fester Stützpunkt in der Nagelfluhkette geschaffen, wo man übernachten konnte.

**Charakter:** Ganztageswanderung; zum Hochgrat und zur Falkenhütte einfache Bergpfade, für die Variante über den Hohen Häderich sind Trittsicherheit und Schwindelfreiheit unbedingt erforderlich!

**Wegverlauf:** Auffahrt mit der Hochgratbahn, Abstecher auf den Hochgrat; zur Bergstation zurück, über den Gipfelkamm zum Seelekopf und weiter zur Falkenhütte. Von dort über Alpwiesen zur Talstation der Hochgratbahn zurück.

**Gehzeiten:** 3.45 Std. (Bergstation Hochgratbahn – Hochgrat und zurück 30 Min. – Seelekopf 30 Min. – Falkenhütte 1.15 Std. – Talstation Hochgratbahn 1.30 Std.)

**Höhenangaben:** Talstation Hochgratbahn 850 m, Bergstation Hochgratbahn 1704, Hochgrat 1834 m, Seelekopf 1663 m, Hoher Häderich 1565 m

**Ausrüstung:** Bergstiefel; evtl. Reepschnur zur Sicherung von Kindern bei der Variante über den Hohen Häderich

**Einkehrmöglichkeit:** Falkenhütte (kein Ruhetag, geöffnet Weihnachten bis nach Ostern sowie Christi Himmelfahrt bis Allerheiligen; Übernachtung möglich)

**Wanderkarten:** Topographische Karten: Lindau/Oberstaufen oder L 8526

**Achtung:** Da man am Weg kaum Wasser findet, sollte man sich genügend zu trinken mitnehmen!

**Anfahrt:** *Bus:* Regelmäßige Busverbindungen von Oberstaufen zur Talstation der Hochgratbahn. *Auto:* Von Immenstadt auf der B 308 Richtung Lindau; auf der Höhe von Oberstaufen biegt man links Richtung Weißach und Steibis ab und fährt durch Steibis zur Talstation der Hochgratbahn, wo ausreichende Parkmöglichkeit besteht.

### Der Wanderweg

Die kleinen Viermanngondeln der modernen **Hochgratbahn** bringen uns in 20 Min. vom Parkplatz im **Weißachtal** zur Bergstation. Schon im oberen Drittel der Fahrt taucht auf der rechten Seite der Seilbahn die Gipfelkette auf, die das Ziel unserer Wanderung ist. Wir gehen um die Bergstation herum und steigen in nordöstlicher Richtung zum Gipfel des **Hochgrats** (20 Min.). Hier kann man sehen, woher der Berg seinen Namen hat: Fast senkrecht fallen die Nagelfluhwände nach Norden hin ab. Doch selbst sehr Ängstliche brauchen keine Bedenken zu haben, denn die Bahngesellschaft hat den ganzen Weg mit einem Drahtseilgeländer sichern lassen, und wer nicht ganz schwindelfrei ist, der braucht nur etwas weiter links zu gehen, und schon bleiben ihm unangenehme Tiefblicke erspart. Das Gipfelkreuz ist eine interessante Nietarbeit aus Eisenbändern. Es stammt vom Oberstaufener Schlossermeister Konrad Rief und wurde 1893 aufgestellt.

Rasch sind wir wieder zurück an der Bergstation (30 Min.). Wir wandern weiter nach Westen, auf den Seelekopf zu, dessen Gipfelkreuz wir schon vom Hochgrat aus sehen konnten. Links und rechts vom Weg

Staufner Haus und Seelekopf

blühen im Sommer Tausende von Blumen, sogar der geschützte Türkenbund und das Knabenkraut. Zum Gipfel können wir den steileren direkten Anstieg wählen, der auch vom Hochgrat aus sichtbar ist. Etwa 20 Gehminuten von der Bergstation zweigt er rechts am Beginn einer Bergwiese ab, ein kleiner, nicht beschilderter Pfad. Falls Sie ihn nicht finden, gehen Sie einfach weiter auf dem bequemeren Weg, der über die Westseite auf den Gipfel führt. Das Kreuz auf dem **Seelekopf** (1 Std.) ist ein Kriegerdenkmal für die Gefallenen der beiden Weltkriege.

Der Weiterweg ist nicht zu verfehlen, er führt immer am Bergkamm entlang, ist aber an keiner Stelle besonders ausgesetzt. Die einzige steile Stelle ist mit einer kleinen Eisenleiter entschärft, die man aber auch umgehen kann. Der angenehm schattige Weg bietet überall Rastplätze, an denen sich gut und gern mehrere Stunden verträumen lassen. Wie üblich in den Nagelfluhbergen, findet man am Weg kaum Wasser. Wenn auf der rechten Seite der Mast eines Skiliftes auftaucht (2 Std.), verlassen wir den Grat und steigen zur **Falkenhütte** ab (2.15 Std.).

**Variante:** Wer noch Lust hat, kann am Grat weiterwandern und den recht interessanten Weg zum Hohen Häderich hinübergehen. Schwindelfreiheit und sicheres Gehen am Berg sind für dieses Wegstück unbedingt Voraussetzung, denn an manchen Stellen geht es links und rechts vom Weg ganz beachtlich in die Tiefe. Vom Gipfel geht man über die Hintere Häderichalpe auf die Falkenhütte zu.

Von der Falkenhütte folgen wir den Wegweisern Richtung Talstation über die blühenden Almwiesen abwärts, bis wir inmitten einer Weide erneut an einen Wegweiser kommen. Beide Arme zeigen zur Talstation. Wir benutzen den oberen Weg, der rechts abzweigt. Hier erwarten uns noch zwei botanische Kostbarkeiten: alte Bäume, wie man sie sonst kaum mehr sehen kann. Die ersten stehen unmittelbar links und rechts von unserem Weg. Es sind uralte Bergahorne, die Stämme mit Moos bewachsen, aber immer noch mit voller Laubkrone. Ein besonders schönes Exemplar finden wir gleich unterhalb des Weges, nachdem wir durch das kleine Wäldchen gegangen sind,

das zwei Weideflächen voneinander trennt. Der Baum ist innen hohl, der Senner benutzt ihn, um hier seine Zaunpfosten trocken zu lagern. Die Sagen und Märchen von Königstöchtern, die in einem hohlen Baum Zuflucht gefunden haben, kommen einem an dieser Stelle gar nicht mehr so unglaublich vor.

Wir marschieren an der **Oberen Stiegalpe** vorbei, die heute ein bewirtschafteter Berggasthof ist, und kommen auf einer Bergstraße in großem Bogen zur Alpe Schilpre, wo die zweite Überraschung auf uns wartet: eine tausendjährige Eibe (s. Farbabb. 24). Von weitem sieht sie fast aus wie ein großer Busch, so unscheinbar steht sie auf der Weide zwischen dem Weg ins Tal und dem Weg, der nach rechts zum Staufner Haus hinaufführt. An ihrer leicht rötlichen Färbung ist sie leicht zu erkennen. Beim Näherkommen sehen wir, daß aus dem riesigen Stamm viele Äste und Zweige wachsen. Obwohl immer wieder abgebrochen und vom Sturm zerzaust, trägt sie frische Nadeln.

An der Unteren Lauchalpe vorbei, erreichen wir auf dem kleinen Teersträßlein schnell die **Talstation** der Gondelbahn (3.45 Std.).

## 32   Aussichtswiesen am Hochgrat
### Über die Hündlealpe zum Denneberg

Wenn wir auf unserer Bergtour in das Konstanzer Tal hinabschauen, so herrscht dort ein recht reger Verkehr. Die belebte Fernbahnstrecke München-Zürich durchquert das Tal, auf

der Deutschen Alpenstraße braust der Fernverkehr von Ost nach West, und auch die ungezählten Nebenwege werden für lokale Verbindungen aller Art genutzt. Wir oben am

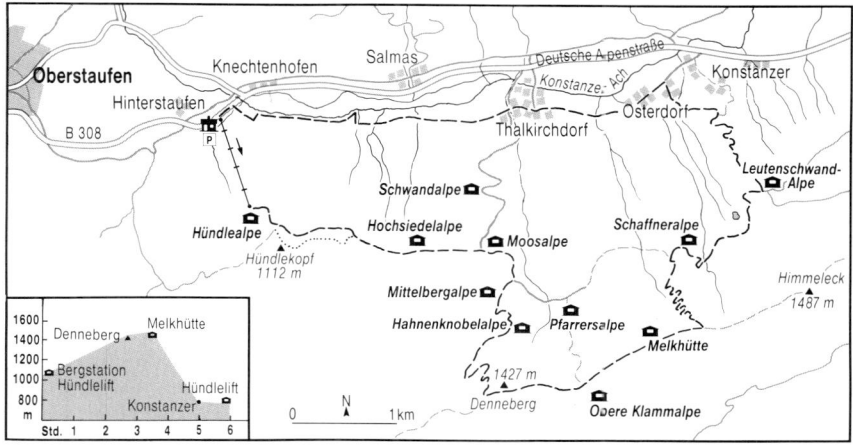

Wanderung 32: Über die Hündlealpe zum Denneberg

Berg freuen uns, daß wir diesem Trubel entkommen sind und ihn aus beachtlichen Abstand betrachten können. Das war nicht immer so. Die Täler waren einst sumpfig und stets von Überschwemmungen bedroht, überdies gab es die Gefahr eines Überfalls von den Höhen herab. Nicht gerade gute Voraussetzungen für eine Handelsstraße. Deshalb baute man in früherer Zeit die Straßen, soweit es möglich war, oben am Berg oder zumindest entlang der Berghänge. So lief z. B. auch die *Via Decia* (s. S. 24) von Immenstadt aus auf der Salmaser Höhe, die uns im Westen unmittelbar gegenüber liegt.

**Charakter:** Längere Ganztageswanderung, die eine gewisse Ausdauer erfordert.

**Wegverlauf:** Auffahrt mit dem Hündlelift, über die Alpwiesen zur Moosalpe, von dort durch den Wald aufwärts zum Denneberg. Am Bergkamm entlang zu einer Melkhütte; von dort Abstieg bis kurz vor Konstanzer, dann im Tal auf fast ebenen Wegen zurück zum Ausgangspunkt.

**Gehzeiten:** 6 Std. (Bergstation Hündlelift – Denneberg 2.30 Std. – Melkhütte 1 Std. – Konstanzer 1.30 Std. – Talstation Hündlelift 1 Std.)

**Höhenangaben:** Talstation Hündlelift 780 m, Bergstation Hündlelift 1040 m, Hündlekopf 1112 m, Denneberg 1427 m

**Ausrüstung:** Bergstiefel

**Einkehrmöglichkeiten:** Alpen am Weg, Gasthäuser in Osterdorf und Thalkirchdorf, Liftstube an der Talstation des Hündlelifts (geöffnet während der Betriebsstunden des Lifts)

**Wanderkarten:** Kompass: Allgäuer Alpen (3); Topographische Karten: Allgäuer Alpen, Lindau/Oberstaufen oder L 8526; Zumstein: Sonthofen (6)

**Sehenswürdigkeiten:** Leutenschwandalpe (Ziegenalpe)

**Anfahrt:** *Bus:* Busverbindungen von Oberstaufen und Immenstadt zur Talstation des Hündlelifts. *Auto:*

Vor Geistern und Dämonen gut geschützt: Die Hahnenknobelalpe

Von Oberstaufen oder Immenstadt auf der B 308 bis zur Talstation des Hündlelifts zwischen Knechtenhofen und Hinterstaufen.

**Der Wanderweg**
Die Talstation des **Hündlelifts** liegt an der Deutschen Alpenstraße im **Konstanzer Tal,** etwa 2 km von Oberstaufen entfernt. In gut 10 Min. schweben wir über die fetten Alpwiesen hinauf zur Hündlealpe. Auf der rechten Seite taucht ganz in der Ferne der schneebedeckte Säntis aus den Schweizer Alpen auf. Von der Bergstation aus folgen wir zunächst den Wegweisern nach Thalkirchdorf bis zur **Hochsiedelalpe** (30 Min.).

**Abstecher:** Wenn Sie Lust haben, können Sie auch einen kleinen Umweg über den Hündlekopf machen, das dauert nur eine Viertelstunde länger. Der Aufstieg zum Gipfel zweigt rechts vom Weg ab und trifft vor der Hochsiedelalpe wieder auf ihn.

An der Alpe gehen wir oberhalb vorbei und kommen in ein paar Minuten zu einem Grashang, auf dem wir ein paar Meter bis zur **Moosalpe** absteigen müssen. Beim Überqueren des sumpfigen Talbodens ahnen wir schnell, woher diese Alpe ihren Namen hat. Von ihr aus folgen wir dem geteerten Alpsträßlein etwa 10 Min. nach oben und gehen dabei um einen kleinen Bergbuckel herum, der ein Kreuz trägt. Ein Wegweiser (1 Std.) läßt uns nach rechts Richtung Denneberg abbiegen, die rote Punktmarkierung wird uns nun bis zum Gipfel begleiten. Wir gehen der Trasse des Schlepplifts bis zur schönen **Hahnenknobelalpe** (1.30 Std.) nach. Über ihrem Eingang hängt noch ein Ochsenschädel, ein Brauch, der sich bis in vorchristliche Zeiten zurückverfolgen läßt und der Abwehr von Dämonen und bösen Geistern diente.

Von der Alpe aus folgen wir dem Weg in Richtung Lifthäusl und gehen dann auf einem schmalen Pfad durch den steilen Bergwald auf den Gipfel des **Dennebergs** (2.30 Std.). Das Gipfelkreuz ist nicht auf dem großen Grasbuckel, der uns Platz für eine Mittagsrast bietet, sondern etwas weiter östlich am Berggrat, so daß es von beiden Tälern her gut sichtbar ist. Man sitzt hier auf einer Art Schaukanzel direkt vor der großen Nagelfluhkette. Die Drachenflieger und Fallschirmpiloten, die vom Hochgrat

(Tour 31) aus starten, malen bunte Farbtupfer in den Himmel. Von Westen her schaut der Pfänder (Tour 36) mit seinem großen Sendeturm zu uns herüber, dahinter glänzen die Berge des Appenzeller Landes. Im Norden ist die Riedholzer Kugel (Tour 34) recht deutlich zu erkennen, und mit etwas Mühe finden wir auch die Blumenwiesen des Sonneckgrates (Tour 33) wieder. Der Aussichtsturm am Schwarzen Grat dahinter gibt die Richtung an. Im Osten erstreckt sich der Bergrücken, dem wir nun folgen werden.

Wir gehen am Kreuz vorbei weiter und kommen in die Senke der **Oberen Klammalpe** (2.45 Std.). (Wer es eilig hat, könnte von hier über die Pfarrersalpe absteigen und über die Alpstraße nach Thalkirchdorf abkürzen.) Hier steigen wir nochmals steil auf, bis wir zu einer alten, verfallenen **Melkhütte** (3.30 Std.) kommen. Eine umgestürzte, uralte Wetterfichte vor einer jungen, kräftigen Baumgruppe führt uns das ewige Werden und Vergehen der Natur vor Augen. Von der Hütte aus geht man noch ein paar hundert Meter weiter bis zu einem Weidezaun, an dem uns ein Schild nach Thalkirchdorf weist. Wir steigen den Weg in vielen Serpentinen durch den Bergwald abwärts. Die Folgen des großen Orkans von 1990 sind überall deutlich sichtbar, an einigen Stellen mußte der Weg von Forstarbeitern freigeschnitten werden.

Kurz bevor der Wald zu Ende ist, bei einem großen Kahlschlag (4.30 Std.), zweigt das Weglein zur **Schaffneralpe** nach rechts ab. Es umrundet die Alpe in weitem Bogen und führt vorbei an einem kleinen Bergsee zur

**Leutenschwandalpe,** um die herum im Sommer an die 40 Ziegen und etwa 150 Stück Großvieh weiden. Ab hier ist die Alpstraße geteert. Tief unter uns sehen wir schon den Weiler Konstanzer. Rechts weist ein Schild auf einen Wasserfall hin, der vor allem nach Regentagen recht eindrucksvoll ist. Wir gehen weiter bis nach **Osterdorf** (5 Std.) und biegen links nach **Thalkirchdorf** ab (Wegweiser). Ab da folgen wir den Weg-weisern zum Hündlelift. Wir gehen an alten Bauernhöfen vorbei und bewundern die kunstvoll geflochtenen Holzzäune, die hier überall noch erhalten sind. Die letzten anderthalb Kilometer wandern wir an der Konstanzer Ach entlang, in der die Forellen auf und ab flitzen und an deren Ufer manchmal Reiher beim Fischen stehen. Der Weg endet direkt bei der **Talstation** des **Hündlelifts** (6 Std.), wo man noch einmal einkehren kann.

## 33   Ein Faulenzerweg hoch über dem Tal
### Von Weitnau zur Ruine Alttrauchburg

Weitnau war über 350 Jahre österreichisches Hoheitsgebiet. Ursprünglich, im 12. Jh., gehörte das Land um Weitnau einem Adelsgeschlecht, das seine Stammburg bei Rettenberg hatte, dann aber in diese Gegend gezogen war: den Herren von Trauchberg-Hohenegg. Sie nannten sich nach der Trauchburg bei Weitnau und der Burg Hohenegg, die den Eingang des Schüttentobels (Tour 34) bewachte. 1379 ging das Land an die Herren von Montfort über, die es 1451 an den Erzherzog Sigmund von Tirol weiterverkauften. Ein größeres Glück hätten sich die Weitnauer nicht erträumen können, denn mit der Zugehörigkeit zu Tirol erhielten sie Freiheiten, von denen die umliegenden Allgäuer Gebiete nur träumen konnten. So waren sie auch 1803 mit dem Übergang an Bayern gar nicht einverstanden. Sie schlossen sich den Tiroler Aufständischen unter Andreas Hofer an, mußten sich aber am Ende doch geschlagen geben. Inzwischen ist das alles vergessen, und die Einwohner von Weitnau fühlen sich längst dem Freistaat Bayern zugehörig.

**Charakter:** Einfache Halbtagestour, die bequem zu einer Tageswanderung ausgedehnt werden kann.

Wanderung 33:
Von Weitnau zur Ruine Alttrauchburg

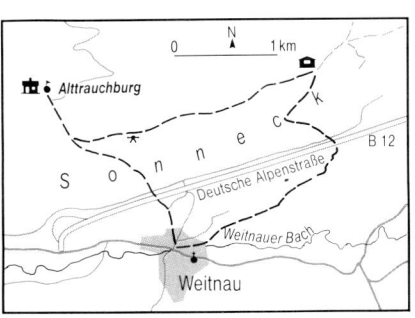

**Wegverlauf:** Von Weitnau auf den Sonneckgrat, abwärts zur Ruine Alttrauchburg. Zum Kamm zurück und diesen entlang nach Osten bis zu einer Unterstandhütte; auf der Forststraße nach Weitnau zurück.

**Gehzeiten:** 2.15 Std. (Weitnau – Alttrauchburg 1 Std. – Unterstandhütte am Sonneckgrat 45 Min. – Weitnau 30 Min.)

**Höhenangaben:** Weitnau 797 m, Sonneck 1053 m, Alttrauchburg 903 m

**Ausrüstung:** Wanderschuhe

**Einkehrmöglichkeiten:** Gasthaus Alttrauchburg (Dienstag Ruhetag, geöffnet Anfang April bis Mitte November, 10–22 Uhr), Gasthäuser in Weitnau

**Wanderkarten:** Kompass: Isny (187); Topographische Karten: Kempten, Lindau/Oberstaufen oder L 8326

**Sehenswürdigkeiten:** Pfarrkirche in Weitnau, Ruine Alttrauchburg

**Anfahrt:** *Bus:* Busverbindungen von Kempten und Isny nach Weitnau.

*Auto:* A 7 bis Autobahn-Dreieck Allgäu, dann weiter auf der A 980 und B
12 Richtung Isny. Die Umgehungsstraße führt zunächst an Weitnau
vorbei, doch führt wenig später eine
Abzweigung in den Ort zurück. Dort
stellt man am besten das Auto an der
Kirche oder auf dem kleinen Parkplatz gegenüber dem Gasthof »Gol-
dener Adler« ab.

### Der Wanderweg

Etwa gegenüber vom Gasthof Golde-
ner Adler in **Weitnau** beginnt die
Hirnbeinstraße, die wir zunächst ent-
langwandern. Sie erinnert an Carl
Hirnbein, der hier beheimatet war
und dessen Nachfahren heute noch
in dem schloßähnlichen Gebäude bei
der Brauerei wohnen (s. S. 28 f.). Der
Weg ist mit »Nr. 6 Sonneckgrat-Alt-
trauchburg« beschildert. Er führt auf
einer kleinen Brücke über die Autostraße Kempten-Lindau. Am Wiesenhang entlang wandern wir an zwei
Allgäuer Bauernhöfen vorbei und
tauchen bei einem kleinen Heustadel
in den lichten Wald ein. Hier ist die

Die Ruine Alttrauchburg – frisch renoviert

Natur noch halbwegs im Gleichgewicht, Schmetterlinge, wunderschöne Pfauenaugen zum Beispiel, begleiten uns im Sommer über die Felder, im Wald wächst an den lichten Stellen der Hasenklee. Wenn wir die Kammhöhe (50 Min.) erreicht haben, sind wir auf 1050 m angestiegen. Unter uns sehen wir das Ziel unserer Wanderung hoch über dem Tal der Wengener Argen, das heute, nach dem Autobahnbau, wieder recht ruhig geworden ist. Den Waldberg gegenüber nennt man den Schwarzen Grat; man erkennt ihn von weitem an seinem Aussichtsturm. Über einen steil abfallenden Hohlweg sind wir schnell an der **Burgruine Alttrauchburg** (1 Std.).

Die Ruine ist erst kürzlich renoviert worden, die Spuren der Sicherungsarbeiten sind noch gut erkennbar. Wie renoviert man eine Ruine? Der Maurer aus Weitnau, der diese Arbeit durchgeführt hat, gab uns bereitwillig Auskunft: Als erstes muß die Feuerwehr mit ihren Wasserschläuchen die ganze Ruine abspritzen. Dabei werden alle lockeren Steine, Erde und Pflanzenwuchs von den Mauern abgewaschen. Erst wenn die noch stehenden Mauern ganz sauber sind, kann mit der eigentlichen Arbeit begonnen werden. Nun wird der Boden um die Ruine herum aufgegraben, und alle herabgefallenen Mauersteine werden gesammelt. Nur diese dürfen bei der nachfolgenden Ausflickarbeit wieder verwendet werden, um den authentischen Charakter des restaurierten Gebäudes zu gewährleisten. Dann werden alle Mauerritzen neu ausgefugt und die Löcher in den Wänden mit den ausgegrabenen Steinen gestopft. Etliche

Jahre hat der Maurer mit ein oder zwei Helfern an der Burg gearbeitet. Jetzt, wo alles fast fertig ist, ist er stolz, daß er mithelfen durfte, das älteste Bauwerk seiner Gemeinde zu erhalten.

Das Gasthaus Alttrauchburg steht unmittelbar neben der Ruine. Für den Rückweg gehen wir zunächst den Hohlweg wieder bis zu der Stelle hinauf, von der aus wir die Burg zum ersten Mal gesehen haben (1.20 Std.). Dort folgen wir dem Weg Nr. 1, der ziemlich genau an der höchsten Stelle des langgezogenen Berges nach Osten führt. Im Wald und in den Wiesen kann man immer wieder große Trichter sehen. Hierbei handelt es sich um Bombenkrater, die noch aus dem Zweiten Weltkrieg stammen.

Nach einer knappen halben Stunde kommen wir an eine Sitzbank, die an einem der schönsten sonnigen Aussichtsplätze im ganzen Allgäuer Alpenvorland steht. Tief unter uns liegt das Weitnauer Tal mit seinen vielen Bauernhöfen, Feldern und Weiden, gegenüber steht wie ein Wall der steile Hausenberg, dessen höchster Gipfel schon bis 1237 m ansteigt. Rechts öffnet sich der Blick bis zu den Bergen der Schweiz, links sehen wir weit in die Vorgebirgslandschaft des Allgäu hinein. Der Weiterweg führt wieder oben am Bergkamm entlang, die Schilder zeigen jetzt in östlicher Richtung nach Rechtis. An einer kleinen **Unterstandhütte** (1.45 Std.), die mit »Sonneckgrat (1050 m)« beschriftet ist, wenden wir uns nach rechts und wandern auf der breiten Forststraße in großen Kehren wieder nach **Weitnau** zurück (2 15 Std.).

# 34 Durch den Tobel auf die Kugel
### Der Eistobel südlich von Isny

Der 2. Mai 1907 war für das Allgäu ein großer Tag: Die neue Brücke über die Argen beim Eistobel sollte eröffnet werden. Es war eine aus Eisenprofilen zusammengenietete Konstruktion mit Trägern und Verstrebungen, welche die über 50 m tiefe Schlucht überspannte. Dieses Bauwerk war eine technische Sensation, mit 205 m Länge die längste Brücke Bayerns ohne Stützpfeiler. So war auch der bayerische Prinzregent Luitpold mit seinem Sohn, dem Prinzen Ludwig, höchstpersönlich ins Allgäu gekommen, um die Brücke ihrer Bestimmung zu übergeben. Selbst nach dem Zweiten Weltkrieg fanden die Reiseführer diese Brücke noch erwähnenswert. Und heute? Die Brücke ist verschwunden, sang- und klanglos hat man sie durch eine moderne Stahlbetonkonstruktion ersetzt. Sie war zu schmal, zu schwach geworden, dem modernen Verkehr nicht mehr gewachsen. So schnell vergeht der Ruhm der Welt!

**Charakter:** Einfache Halbtageswanderung.
**Wegverlauf:** Durch den Schüttentobel und den Eistobel nach Riedholz. Von dort auf die Riedholzer Kugel und auf ihrem Südhang wieder zum Ausgangspunkt zurück. **Achtung:** Busfahrer beginnen in Riedholz, steigen zuerst auf die Riedholzer Kugel und kehren, nach einem kleinen Umweg in den Schüttentobel, durch den Eistobel nach Riedholz zurück.
**Gehzeiten:** 3.30 Std. (Parkplatz – Eistobelbrücke 1 Std. – Riedholz 15 Min. – Riedholzer Kugel 1 Std. – Parkplatz 1.15 Std.)
**Höhenangaben:** Schüttentobel 724 m, Riedholzer Kugel 1066 m
**Ausrüstung:** Wanderschuhe
**Einkehrmöglichkeiten:** Gasthaus Argentobelbrücke (Donnerstag Ruhetag, geschlossen Mitte November bis Weihnachten sowie im Januar)
**Wanderkarten:** Kompass: Isny (187); Topographische Karten: Kempten, Lindau/Oberstaufen oder L 8326

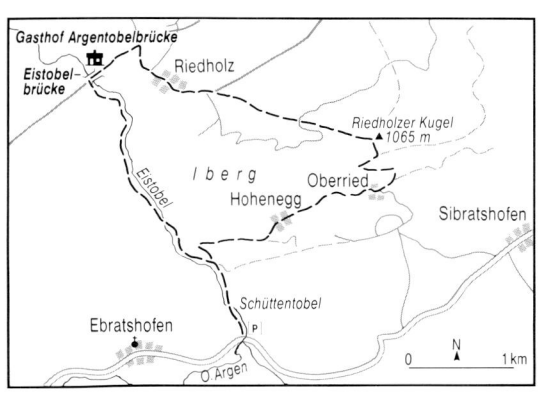

Wanderung 34:
Durch den Eistobel südlich von Isny

Nagelfluhwand im Schüttentobel

---

**Sehenswürdigkeiten:** Eistobel (Eintrittsgebühr)

**Anfahrt:** *Bus:* Zum Eingang des Schüttentobels besteht keine Busverbindung, sondern nur von Isny nach Riedholz. Busfahrer beginnen entsprechend etwa auf halber Strecke in Riedholz, legen die zweite Hälfte der beschriebenen Wanderung vor der ersten zurück und machen zwischendurch einen kleinen Umweg in den Schüttentobel. *Auto:* A 7 bis Autobahndreieck Allgäu, dann weiter auf der A 980 und B 12 Richtung Isny, vorbei an Weitnau. In Seltmans biegt man Richtung Röthenbach ab und fährt über Sibratshofen bis zum Wan-

derparkplatz am Schüttentobel, der etwa 3 km hinter dem Ort auf der rechten Seite der Straße liegt.

### Der Wanderweg

Wir starten vom **Wanderparkplatz** des **Schüttentobels,** überqueren die Fahrstraße und wandern gemächlich flußabwärts. Das erste Stück der Schlucht, der Schüttentobel, ist noch breit. Wir müssen durch das Sägewerk Poschenrieder hindurchmarschieren, in dem Holzplatten für Campingfahrzeuge gefertigt werden. Noch innerhalb des Werksgeländes überqueren wir die Argen und gehen auf der rechten Seite des Flusses wei-

Fachwerkhaus in Riedholz

ter. Früher wurde die Schlucht von der Burg Hohenegg bewacht, die hoch oben am Steilhang stand. Hinter der aufgelassenen Schüttenmühle wechseln wir wieder die Flußseite und kommen zu einem **Kassenhäuschen.** Mit der kleinen Gebühr, die für das Begehen des **Eistobels** verlangt

wird, werden die Wege und (buchstäblich) Stege im Tobel erhalten. (Wenn das Häuschen nicht besetzt ist, bezahlen wir fairerweise den Betrag am Ausgang des Tobels.)

Wir überqueren erneut den Fluß, wandern an einem großen weißen Gebäude vorbei, das einst eine Mühle war, dann Molkerei, im Krieg ein Rüstungsbetrieb, bis es schließlich in den letzten Jahren zum Wohnhaus umgebaut wurde. Noch einmal wechseln wir die Flußseite und stehen unvermittelt vor einer gewaltigen Nagelfluhwand. Über 50 m fällt sie senkrecht zum Fluß ab, der hier durch ein kleines Elektrizitätswerk aufgestaut ist. Am Wegrand blüht der Weiße Hahnenfuß, wachsen verschiedene Schachtelhalme und seltene Steinbrecharten. Wir wandern über die soliden Stege vorbei an den vielen Wasserfällen und Katarakten. Die Sandbänke dazwischen sind ideale Spielplätze für Kinder, die sich mit Wasser, Kies und angeschwemmtem Holz ewig beschäftigen können. Im Sommer kann man hier auch gut baden. Wenn man auch nicht mehr als ein paar Züge schwimmen kann, so ist das Wasser doch herrlich erfrischend. Fast möchte man meinen, man ist im Hochgebirge, so gewagt sind die Wege an den steilen Wänden der Schlucht entlang angelegt. Sie sind jedoch an allen kritischen Stellen bestens durch Geländer oder Drahtseile gesichert, so daß niemand Angst bekommen muß.

Am Ende der Schlucht (1 Std.) stand einst die berühmte Eisenbrücke. Hinter der neuen Eistobelbrücke führt ein steiler Weg nach oben zur Brücke, auf der wir die Schlucht überqueren. Drüben lädt das **Gasthaus Argentobelbrücke** zu einer Rast ein.

Wir gehen zu dem kleinen Dorf **Riedholz** hinüber, das auf der anderen Seite der Hauptstraße etwas abseits liegt, und marschieren mitten durch den Ort (1.15 Std.). Am östlichen Ortsausgang, an einer Straßengabelung, finden wir einige Wegweiser. Wir folgen dem Schild Richtung Riedholzer Kugel über die Weidewiesen aufwärts. Der Berg wird von den Einheimischen meist nur als »die Kugel« bezeichnet. Eine blaue Markierung hilft, den Steig besser zu finden. Wir kommen in einen Wald, dort wird der Weg ziemlich steil und zieht sich genau auf der Bergschulter nach oben bis zum Gipfel der **Riedholzer Kugel** (2.15 Std.). Die Rast auf der Gipfelbank neben einer kleinen, unbewirtschafteten Skihütte tut nach der Steigerei recht gut. Der Blick schweift nach Süden, von den Immenstädter Bergen über die Nagelfluhkette mit dem Hochgrat (Tour 31) bis zum Pfänder (Tour 36).

Zurück wandern wir den ausgetretenen Wiesenweg nach Süden bergab. Die Wegweiser zeigen zunächst »Riedholz-Maierhofen« an. Von dem langgezogenen Kamm des **Iberges** (2.30 Std.) aus kann man noch einmal schön zurückblicken. Am Rande des Weges taucht allenthalben der Nagelfluh auf und verrät uns, aus welchem Gestein die Kugel aufgebaut ist. Der Weg wird langsam zur Fahrstraße, auf der wir den Weiler **Hohenegg** durchqueren, der seinen Namen von der alten, abgebrochenen Burg hat. Dort steht der erste Wegweiser »Eistobel«. In diese Richtung gehen wir weiter. Hinter dem Dorf wendet sich die Fahrstraße in einer steilen Serpentine nach links, wir folgen jedoch geradeaus dem uralten Hohlweg, der heute an manchen Stellen ziemlich ausgewaschen ist. Der Weg führt uns bis zur Argen. An einer nahezu senkrechten Nagelfluhwand mit einem hohen Wasserfall stehen wir hoch über dem Schüttentobel. Von dieser Stelle aus erkennt man erst, wie tief sich der Fluß eingegraben hat. Der Weg neigt sich nun steil abwärts, wir kommen wieder zum **Sägewerk** und erreichen rasch den **Wanderparkplatz** (3.30 Std.).

## 35　Oberstaufens Paradeweg
### Über das Paradies in die Mühle

Auf unserem Weg über das Allgäuer Hügelland kommen wir nach Aach mit seiner alten Wallfahrtskirche. Sie hat einen seltsamen Namen: Maria Schnee. Dieser geht auf eine Legende zurück, derzufolge es am 5. August 352, also bei der größten Hitze mitten im Sommer, auf einem Hügel in Rom geschneit habe. Das nahm man als himmlisches Zeichen, dort eine Kirche zu bauen: Santa Maria Maggiore. Diese Kirche wurde wegen ihres Gnadenbildes, das der hl. Lukas selbst gemalt habe, eine außerordentlich wichtige Wallfahrtsstätte. Man kopierte dieses Bild immer wieder, stellte es in anderen Kirchen auf, und da man den Kopien ähnliche Wunderkraft zuschrieb wie dem Original, wurden auch diese Kirchen zum Pilgerziel.

Nun hat unsere Geschichte aber einen Haken: Als Legende ist sie erst seit dem Jahre 1000 verbürgt und historisch keinesfalls haltbar. Das hatte schon um 1750 Papst Benedikt XIV. erkannt und wollte sie aus dem Brevier streichen lassen. Aber ausgerechnet am 5. August des Jahres 1716 hatte Prinz Eugen bei Peterwardein die Tür-

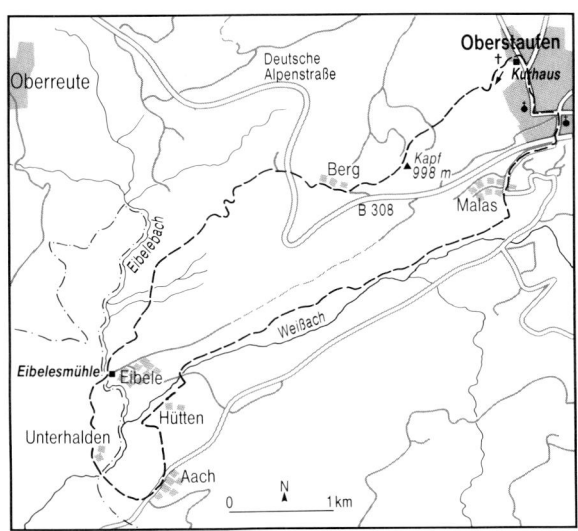

Wanderung 35:
Über das Paradies in die Mühle

Das »Paradies« bei Oberstaufen: Was im Sommer wie eine harmlose Asphaltschlange aussieht, kann im Winter zur gefährlichen Rutschbahn werden

ken vernichtend geschlagen. Das sah man als unmittelbaren Beweis für die Richtigkeit der Legende an. Überall im Lande entstanden daraufhin Maria-Schnee-Kirchen, auch hier in Aach, und die Pilger wollten sich ihren Glauben an das Wunder nicht nehmen lassen. So blieb das Fest im Kirchenkalender.

**Charakter:** Einfache Ganztageswanderung.

**Wegverlauf:** Vom Kurhaus in Oberstaufen über den Höhenrücken des Altenbergs auf den Kapf, über das Café Paradies an der Deutschen Alpenstraße und am Grafhof vorbei zur Eibelesmühle. Nach einem kurzen Abstecher nach Österreich über Un-

# Gute Luft und kalte Tücher

## Oberstaufen

Oberstaufen ist einer der wenigen großen Orte in unserem Wandergebiet, die ihren Ursprung nicht auf römische oder gar keltische Zeit zurückführen können. Die *Via Decia*, die römische Militärstraße, umging auf der Salmaser Höhe die Stelle, wo gut 500 Jahre später ein Hof stehen sollte, der die Keimzelle des heutigen Oberstaufens bildete. 1311 wurde zum ersten Mal eine Burg der Stauferkaiser erwähnt, nach welcher der Ort seinen Namen bekam. Kurz darauf wurde neben der Burg ein Kollegiatstift für meist adlige Priester gegründet. Die enge Nachbarschaft zu Adel und Klerus konnte die Oberstaufener nicht einschüchtern: Fast 100 Jahre vor der Erhebung der Bauern gegen die adligen Unterdrücker haben sie in einem sorgfältig angelegten Prozeß versucht, die Leibeigenschaft abzuschütteln. Sie haben den Prozeß zwar verloren, aber immerhin erreicht, daß ihre Herren nicht mehr ganz so schalten und walten konnten, wie sie das bisher gewohnt waren.

Nach dem allgemeinen Niedergang im Dreißigjährigen Krieg versuchten auch die Oberstaufener, langsam wieder auf die Beine zu kommen, doch zwei Feuersbrünste, die im Abstand von 100 Jahren jeweils die ganze Ortschaft zerstörten, machten alle Bemühungen zunichte. Oberstaufen blieb im Grunde ein armer Ort abseits der großen Straßen, daran änderte auch die Tatsache nichts, daß 1803 die Adelsherrschaft zu Ende war und Oberstaufen mit ganz Schwaben zum Königreich Bayern kam. Damals wurde übrigens die alte Oberstaufener Burg abgebrochen, und zwar so gründlich, daß man heute nicht einmal mehr Grundmauern besichtigen kann. Erst 50 Jahre später, im Jahr 1853, trat

terhalden und Aach zum Weißachstausee und weiter entlang der Weißach zurück zum Kurhaus in Oberstaufen.

**Gehzeiten:** 4.30 Std. (Oberstaufen – Eibelesmühle 2 Std. – Aach 30 Min. – Oberstaufen 2 Std.)

**Höhenangaben:** Oberstaufen 791 m, Kapf 998 m, Aach 647 m

**Ausrüstung:** Wanderschuhe

**Einkehrmöglichkeiten:** Café Paradies (Mittwoch Ruhetag, geöffnet 11.30–17 Uhr), Gasthof Eibelesmühle (Montag Ruhetag, ganzjährig geöffnet), Gasthöfe in Aach und Oberstaufen

**Wanderkarten:** Kompass: Bregenzer Wald (2); Topographische Karten:

Lindau/Oberstaufen oder L 8524 und L 8526

**Sehenswürdigkeiten:** Wallfahrtskirche in Aach

**Achtung:** Ausweis nicht vergessen, die Wanderung führt kurz auf österreichisches Gebiet!

**Anfahrt:** *Bahn:* Oberstaufen liegt an der Bahnlinie München – Lindau. *Bus:* Gute Busverbindungen von allen Orten der Umgebung nach Oberstaufen. *Auto:* Von Immenstadt oder Lindau auf der Bundesstraße 308 nach Oberstaufen; dort folgt man am Bahnhof der Ausschilderung zum Kurhaus, wo sich ein großer Parkplatz befindet.

eine gewisse Wende in der wirtschaftlichen Entwicklung ein. In diesem Jahr wurde die Bahnstrecke Immenstadt – Lindau eröffnet, und Oberstaufen begann ein Fremdenverkehrsort zu werden. 1918 bereits, im letzten Kriegsjahr, bekam es den wichtigen Titel »Luftkurort«. Damit war es ein anerkannter Erholungsort, in dem man eine ärztlich verordnete Kur machen konnte.

Wahrscheinlich wäre Oberstaufen ein Kurort geblieben, wie es viele in der Voralpenlandschaft gibt, wenn nicht im Dezember 1947 Dr. Hermann Brosig als Heimatvertriebener in den Ort gekommen wäre. Er war Arzt und hatte in seiner schlesischen Heimat Niederlindewiese in den Schroth'schen Heilanstalten praktiziert. Die Kur, die dort angewandt wurde, geht auf Johann Schroth zurück, einen Fuhrmann, der in der ersten Hälfte des 19. Jh. durch genaue Naturbeobachtung und Selbstversuche eine Heilmethode entwickelte, die damals ihrer Zeit weit voraus war und auch heute noch, in einer etwas modifizierten Form, einmalig ist.

Das Verfahren besteht aus drei Teilen. Eine spezielle Diät ohne Fett, Eiweiß und Salz fördert die Entschlackung des Körpers und bewirkt dadurch einen erheblichen Gewichtsverlust. Durch kalte Tücherpackungen werden Blutkreislauf und Stoffwechsel der Patienten angeregt, was ebenfalls zur Entschlackung beiträgt. Hinzu kommt ein periodischer Wechsel von sogenannten Trockentagen mit Trinktagen, an denen nur naturreiner, alkoholarmer Wein getrunken werden darf. Diese Kur greift tief in den Stoffwechsel ein, beugt Infarktkrankheiten vor und erneuert den Körper von innen heraus.

Dr. Brosig fand in dem damaligen Bürgermeister Wucherer einen verständnisvollen Förderer seiner Idee, hier einen Schrothkurbetrieb aufzubauen. Wie erfolgreich sie war, zeigt das Bild des Ortes heute: Über 80 Kurhotels, Kurheime und Sanatorien bemühen sich um die Kurgäste. Oberstaufen ist heute der einzige staatlich anerkannte Schrothkurort Deutschlands.

## Der Wanderweg

Wir starten am **Kurpark** von **Oberstaufen**, gehen rechts am Kurhaus vorbei und folgen dem gut bezeichneten Weg »Auf den Kapf«. Der kleine Pfad mündet nach einiger Zeit in eine Teerstraße, aus der im Wald schließlich eine Forststraße wird. Wir kommen an einem Gedenkkreuz für zwei deutsche Soldaten vorbei, die kurz vor Kriegsende hier erschossen aufgefunden wurden, und erreichen den 998 m hohen **Kapf** (1 Std.), wie dieser Gipfel heute genannt wird. Der Altensberg, der in vielen Karten an dieser Stelle noch eingetragen ist, zieht sich als Höhenrücken im Wald vom Kapf nach Nordwesten. Eine Bank erlaubt, in Ruhe das Bergpanorama zu bewundern. Links liegt der bewaldete Denneberg (Tour 32), dahinter die Nagelfluhkette mit dem felsigen Hochgrat (Tour 31), tief unter uns das Weißachtal, das wir heute noch durchwandern wollen. Ganz rechts ist das »Paradies«, eine Schleife der Deutschen Alpenstraße mit Gefällstrecke, die im Winter bei den Autofahrern nicht eben beliebt ist.

Der Weiterweg folgt zunächst den Wegweisern nach »Berg« den Hang abwärts. Der Blick öffnet sich nach Norden, wo man die Schleifen der Alpenstraße bis nach Oberreute hin ver-

Schutzmantelmadonna in der Wallfahrtskirche Maria Schnee

ist streng geschützt, bitte auf keinen
Fall pflücken! An einer kleinen Wet-
termeßstation vorbei kommen wir an
die **Eibelesmühle** (2 Std.), ein Gasthaus mit gemütlicher Bauernstube.
Die älteste Urkunde berichtet schon
1573 von dem Haus, damals war es
Sägemühle, Gasthof, Sennerei und
Bauernhof zugleich.

Nun überquert man den Eibeles-
bach, der die Grenze nach Österreich
bildet. Der dreistufige Wasserfall des
Baches ist einen Abstecher auf die
Sandbank wert. Für Kinder ist das
überdies ein herrlicher Spielplatz.
Von der Grenze aus gehen wir weiter,
zuerst Richtung Sulzberg, an der
Hauptstraße halten wir uns links
Richtung Reifensberg. Nach dem
Weiler **Unterhalden** sehen wir zwei
Brücken, die über die Weißach führen. Wir gehen über die schöne, ge-
deckte Holzbrücke, queren noch einen kleinen Bach und sind schon
wieder auf deutschem Boden. Über
einen Wiesenweg geht es hinauf in
das kleine Kirchdorf **Aach** (2.30 Std.).
Hier sollten Sie nicht versäumen, in
die Kirche zu schauen. Am Hochaltar
steht eine wunderschöne gotische
Schutzmantelmadonna. Die Wirtshäuser am Ort lassen, wie es im Allgäu guter Brauch ist, keinen Wunsch
offen.

Zurück nach Oberstaufen gehen
wir zunächst auf einem Fußweg neben der Autostraße. Nach etwa 700 m
ist links ein Schild »Haus Säntis-
blick«. In diesen Weg biegen wir ein,
er führt zurück Richtung Eibelesmühle. Unten am Wald geht es auf
schmalem Pfad über ein paar Bäche
bis zum Stauwehr des **Weißachstau-
sees** (3 Std.). In den feuchten Wiesen
gedeihen die Trollblume, die Ein-

folgen kann. Wir gehen auf ein Bauernhaus zu, das sich ganz überraschend als **Café Paradies** entpuppt.
Der nächste Wegweiser ist unterhalb
des Cafés am Brunnen. Wir folgen
der Richtung Lauffenegg, Dobliswald
und Eibelesmühle. Die Alpenstraße
queren wir in einer kleinen Unterfüh-
rung und marschieren am **Grafhof**
(1.30 Std.) vorbei. Dieses Bauernhaus
ist vor etwa 400 Jahren erbaut und vor
einigen Jahren stilvoll renoviert worden. Die originale Barocktür ist Zier
und Stolz des Hauses. Der Weg zieht
sich über Viehweiden stets leicht abwärts. In den Wiesen links und rechts
kann man im Frühjahr das dunkel-
rot-violette Knabenkraut, eine selten
gewordene Orchideenart, finden. Sie

beere und der so selten gewordene Türkenbund. Wir überqueren das Stauwehr nach links und biegen unmittelbar danach, bei den drei Garagen, in den für den öffentlichen Verkehr gesperrten »Weißach Talweg« ein. Er führt zunächst an der aufgestauten Weißach entlang, dann über Wiesen direkt auf Oberstaufen zu. Wir kommen an einen aufgelassenen **Steinbruch** (4 Std.), der heute als Holzlagerplatz dient. Von ihm aus steigen wir durch eine romantische Schlucht nach oben und erreichen die Straße beim »Metro Ferienclub«.

Nach ein paar Metern biegt rechts der »Aurel Stadler Weg« ab, den wir bis zum Ende bei den Wohnhäusern gehen. Wir biegen links in die Weißbachstraße ein, verlassen sie dann gleich wieder auf einem Fußweg, der zuerst unter der Deutschen Alpenstraße hindurch und dann mit einer Schleife über die Ortseinfahrt von **Oberstaufen** hinwegführt. Wir kommen über die Hochgratstraße zum Kirchplatz, von hier ist es über die Lindauer Straße nur mehr ein paar Minuten zum **Parkplatz** am Kurhaus (4.30 Std.).

# 36   Zur Aussicht über den Bodensee
## Auf den Pfänder

Diese Wanderung auf den Pfänder ist gerade richtig zum »Eingehen« im Frühjahr, wenn die Beine das Wandern noch nicht recht gewohnt sind. Sie führt durch Wälder und Wiesen, ist nie besonders anstrengend, und weil sie überwiegend an Südhängen verläuft, kann man sie schon dann gehen, wenn überall sonst noch Schnee liegt.

**Charakter:** Einfache Ganztageswanderung; Rückweg vom Pfänder nach Regenfällen etwas feucht.
**Wegverlauf:** Von Möggers den Bergrücken entlang, am Gasthaus Trögerstüble und dem Gedenkstein der ehemaligen Bischofskapelle vorbei auf den Gipfel des Pfänders. Zurück zum Gedenkstein, weiter Richtung Hinteregg und ein Stück auf der Pfänderstraße entlang. Von dieser wieder abbiegend, an den Gschwendhöfen vorbei, über Bromatsreute und Oberstein zur Ulrichskapelle und zurück nach Möggers.
**Gehzeiten:** 4.30 Std. (Möggers – Pfänder 2 Std.; Rückweg 2.30 Std.)
**Höhenangaben:** Möggers 948 m, Pfänder 1063 m
**Ausrüstung:** Wanderschuhe
**Einkehrmöglichkeiten:** Gasthaus Trögerstüble (Freitag Ruhetag, geschlossen Ende November bis 25. 12.), Gasthäuser am Pfänder, Bromatsreute (nur an manchen Wochenenden geöffnet)
**Wanderkarten:** Kompass: Bregenzer Wald (2); Topographische Karten: Lindau/Oberstaufen oder L 8524
**Sehenswürdigkeiten:** Alpenwildpark am Pfänder mit angeschlossener Adlerwarte (Flugvorführungen um 11 und 14.30 Uhr)

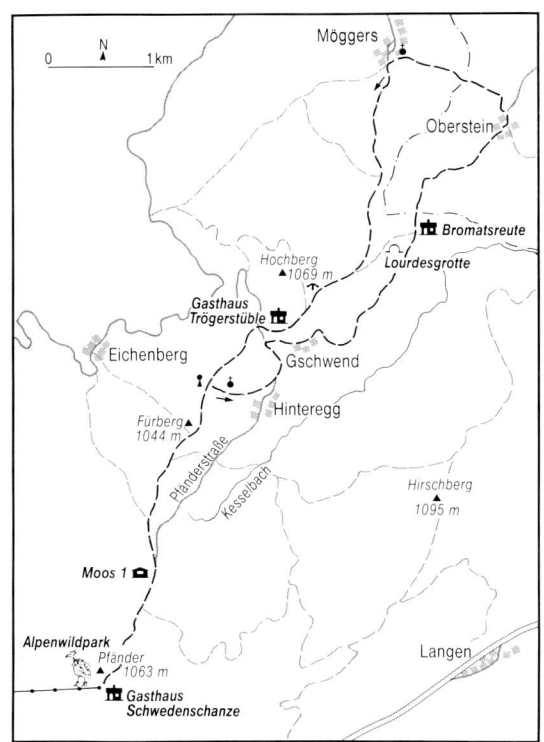

Wanderung 36:
Auf den Pfänder

**Achtung:** Ausweis nicht vergessen, der Weg verläuft auf österreichischem Gebiet!

**Anfahrt:** *Bus:* Im Sommer Busverbindungen von Scheidegg und Bregenz nach Möggers. *Auto:* Von Lindau oder Lindenberg auf der B 308 bis Scheidegg; in der Ortsmitte biegt man in die Zollstraße ein und folgt ihr über die Grenze hinweg. Nach der Grenzkontrolle hält man sich links und fährt nach Möggers, wo man das Auto auf dem Parkplatz an der Kirche abstellen kann.

### Der Wanderweg

Wir beginnen unsere Wanderung an der uralten Linde neben der Pfarrkirche von **Möggers**. Von dort führt der zunächst grün-weiß markierte Weg leicht ansteigend in den Wald. Wir gehen an einem kleinen Bildstock vorbei und kommen auf eine große Lichtung. Diese weitet sich zu einer Wiese, die wir bis zu einer Weggabelung entlanggehen (45 Min.). Dort wartet eine Bank zur ersten Rast und läßt uns das Panorama der Bregenzer Berge bestaunen.

Wir folgen dem linken Sträßlein, gehen am Hof des **Trögerbauern** vorbei und werfen einen Blick in die dem hl. Michael geweihte Hauskapelle. 1773 wurde das Kirchlein erbaut, sein kleiner barocker Altar mit dem Bild des Kirchenpatrons stammt noch aus dieser Zeit. Ein paar Meter weiter abwärts lädt das **Gasthaus Trögerstüble** zu einer Brotzeit ein. Unten am Sattel überqueren wir die Pfänderstraße (1 Std.) und gehen über einen Feldweg in den Wald. Im Wald wählen wir den linken Weg. Nach etwa 10 Min. sind wir wieder im Freien auf einer Weide und gehen in eine kleine Senke hinunter. Dort steht neben einem Kruzifix ein **Gedenkstein** aus quarzdurchzogenem Granit (1.15 Std.). Er steht an der Stelle der 1938 abgebrochenen Bischofskapelle, die an eine Zusammenkunft der befreundeten Bischöfe Konrad von Konstanz und Ulrich von Augsburg im 10. Jh. erinnerte, welche an diesem Ort stattfand. Das moderne Kreuz daneben stammt von Hubert Fessler aus Hörbranz und wurde 1964 aufgestellt. Zu dieser Stelle führt übrigens der Abstieg vom Pfänder zurück.

Wir gehen, den Wegweisern folgend, den Pfänderrücken entlang und kommen durch einige Weidegatter (bitte Schließen nicht vergessen!) nochmals an die Pfänderstraße, auf der wir an dem schönen Bauernhof **Moos 1** vorbei den Pfänderparkplatz erreichen. Nach links kann man zum sehenswerten Alpenwildpark gehen, geradeaus geht es auf den **Pfändergipfel** (2 Std.). Tief unter uns liegt der Bodensee mit seinen vielen Buchten. Bei Föhn soll man sogar Konstanz am anderen Ende des Sees ganz deutlich erkennen können. Im Norden liegt das oberschwäbische Hügelland mit seinen vielen Kirchen, Kapellen und Dörfern, im Süden schaut man auf das Rheintal und auf die Schweizer Berge. Das **Gasthaus Schwedenschanze** erinnert an die letzten Kämpfe im Dreißigjährigen Krieg. Bregenz galt als hervorragend geschützt, die ganze Umgebung hatte

ihre Schätze in die Stadt gebracht. Die Befestigungen reichten bis zum Pfändergipfel hinauf. Dennoch wurde die Stadt 1647 von den Schweden erobert, die dabei ungeheuer reiche Beute machten. Die Befestigungswälle am Pfänder sind auch heute noch gut zu erkennen. Sie finden sie zum Beispiel, wenn Sie vom großen Parkplatz aus quer durch den Wald zu der Straße gehen, die zur Adlerwarte führt.

Zurück marschieren wir zunächst auf dem bekannten Weg bis zu dem **Gedenkstein** (2.45 Std.). Dort folgen wir, nach rechts abbiegend, der Fichtenallee (Wegweiser »Hinteregg«). Wir gehen an einer winzigen Marienkapelle vorbei und wandern den geteerten Bauernweg abwärts bis zur Pfänderstraße. Auf dieser müssen wir (leider) wieder etwas ansteigen und zwar in Richtung der Stelle, an der wir beim Hinweg die Straße gekreuzt haben. Etwa 200 m vor dieser Kreuzung geht rechts eine Straße ab, die mit einem Sackgassenschild gekennzeichnet ist (3 Std.). Gegenüber ist ein Hinweis: »Urlaub auf dem Bauernhof, Fam. Eller«. Wir gehen in diese Sackgasse hinein, marschieren an den beiden Gschwendhöfen vorbei und kommen in den Wald zu einem Hohlweg. Nach einem Bächlein führt der Weg leicht abwärts. Jetzt heißt es aufpassen: Auf der rechten Wegseite steht ein verwittertes, aber noch deutlich lesbares Schild »Bromatsreute«. Dort biegen wir links ab, queren einen Wiesenhang und kommen, immer abwärts gehend, durch ein kurzes Waldstück auf die nächste, ganz von Wald umgebene Wiese. Wir folgen immer dem Hauptweg, auch wenn er zunehmend schlechter wird.

# Pferdehandel war ihr Zubrot

## Lindenberg und Scheidegg

Obwohl die beiden Orte ganz in der Nähe der römischen Militärstraße *Via Decia* liegen, hat sich bis jetzt kein Hinweis auf einen römischen Ursprung gefunden. Sehr wahrscheinlich sind sie erst in der Zeit der alemannischen Landnahme gegründet worden. Lindenberg läßt sich schon 857 als *Lintiberc* nachweisen, während Scheidegg erst im Jahr 1255 schriftlich erwähnt wird. Freilich weiß man, daß sämtliche älteren Urkunden über Scheidegg verlorengegangen sind. Beide Orte waren Bauernansiedlungen, und die Landwirtschaft scheint ihre Bewohner zunächst gut ernährt zu haben. Als aber im ausgehenden Mittelalter das Klima immer rauher wurde, mußten sich die Bauern zum Überleben einen Nebenerwerb suchen. Da bot sich der aufkommende Salzhandel an, denn die Salzstraße, die von Tirol über Hindelang nach Bregenz verlief, ging praktisch an ihrer Haustür vorbei. Mit Spanndiensten ließ sich schnell ein Zubrot verdienen. Dafür brauchte man aber gute Pferde, und davon scheinen die Scheidegger und die Lindenberger etwas verstanden zu haben. Sie setzten ihre Züchtungen bald nicht nur im Transportgewerbe ein, sondern verkauften sie auch über das ganze damals bekannte Europa. Von Norddeutschland bis nach Sizilien waren sie als Pferdehändler unterwegs, überall bekannt und hochgeachtet.

Indirekt war dies schließlich die Grundlage für einen weiteren Erwerbszweig. Irgendwann hatten sich nämlich die Lindenberger Pferdehändler in Italien so verspätet, daß ihnen der einbrechende Winter den Rückweg über die Alpen versperrte. In dieser Zwangspause erlernten sie in Norditalien das Flechten von Strohhüten. Im Laufe des 19. Jh. entstand so in Lindenberg eine regelrechte Strohhut-Industrie, die, nach einigem Auf und Ab, bis heute noch große Bedeutung hat. Am besten informiert man sich im Lindenberger Hutmuseum über dieses Gewerbe. Hier kann man nicht nur einer Hutmacherin bei der Arbeit zusehen, sondern man bekommt auch einen Überblick über die Entwicklung der Hutmode von der Biedermeierzeit bis zur Moderne.

Aber Lindenberg hat noch mehr zu bieten. Die alte Pfarrkirche St. Aurelius sollte man sich unbedingt wegen ihrer hervorragenden Spätrokoko-Ausstattung ansehen. Die prächtigen Grabstätten der Strohhutfabrikanten geben dem Friedhof an der Kirche einen ganz eigenen Charakter. Die neue Pfarrkirche im Ortszentrum ist nicht etwa in der Barockzeit entstanden, wie ihr Turm glauben macht, sondern erst 1913/14. Erbaut in reinem Neobarock, ist sie ein Muster für jenen Baustil, dem die Kunstgeschichtler erst in der jüngsten Zeit wieder erheblichen Wert zuweisen.

Hat Lindenberg seinen Schwerpunkt im Gewerbe gefunden, wenngleich es auch als Höhenluftkurort schon lange einen guten Ruf hat, so hat sich das benachbarte Scheidegg zu einem der großen Kur- und Fremdenverkehrsorte des Allgäu entwickelt. Es ist Kneippkurort und staatlich anerkannter heilklimatischer Kurort. Wahrscheinlich hat die temperaturausgleichende Wirkung des Bodensees und die Reinheit der Luft in dieser relativ hohen Lage das seltene

Gasthof Rössle in
Scheidegg – Die
Erinnerung an
den Pferde-
handel ist immer
noch lebendig

Prädikat erbracht, denn es wird nur nach eingehenden wissenschaftlichen Klimauntersuchungen verliehen.

Den Gästen wird hier einiges geboten. Vom neuerbauten Kurhaus über ein Alpenfreibad bis zum hervorragend ausgebauten Gastgewerbe bleibt kein Wunsch offen. Doch auch der Kunstbeflissene kommt nicht zu kurz. Die dem Missionar Gallus geweihte Pfarrkirche hat Johann Georg Specht aus Lindenberg erbaut. Sie ist typisch für den Übergang vom beschwingten Rokoko zum etwas distanzierten, kühlen Klassizismus. Schräg gegenüber steht der Gasthof »Zum Rößle«, den der Münchner Architekt Friedrich von Thiersch zu Beginn unseres Jahrhunderts auf uralten Grundmauern neu erbaut hat. Seine zeitlose Gestalt besticht noch heute.

Ein weiteres Schild »Bromatsreute, Scheidegg« bestätigt uns in der Richtung. Man sieht deutlich, daß der etwas verfallene Weg früher viel breiter war, so daß Fuhrwerke darauf fahren konnten. In einer **Lourdesgrotte,** die in den Nagelfluhfelsen gehauen ist, schildert ein kleines Votivbild aus dem Jahre 1904, wie der Bauer Vogler aus Bromatsreute bei einem Fuhrwerkunglück wie durch ein Wunder unversehrt davongekommen ist. Von der Grotte sind wir in ein paar Minuten in **Bromatsreute** (3.30 Std.), unmittelbar an der österreichisch-deutschen Grenze. Früher war das ein Bauernhof, der die Schankgerechtigkeit besaß. Heute gehört das Haus dem Ski- und Wanderverein Reutlingen, der es an Wochenenden meist bewirtschaftet.

Wir überqueren die Grenze (ohne Grenzkontrolle) und gehen auf der Feldstraße weiter Richtung Oberstein. Rechts ergibt sich noch einmal

ein schöner Blick auf das Tal von Scheffau, die Nagelfluhkette mit dem Hochgrat (Tour 31) und die Vorarlberger Alpen. Wir passieren das Dorf **Oberstein** (4 Std.), bewundern das prächtige Feldkreuz am Stadel des letzten Bauernhofs und biegen in ein Wiesenweglein ein. Nach ein paar Minuten kommen wir in lichten Wald, überqueren nochmals die deutsch-österreichische Grenze und stehen dann vor der **Ulrichskapelle** (4.15 Std.), die der Sage nach von dem Heiligen selbst erbaut wurde. Die Heilquelle neben der Kirche, die heute noch fließt, soll der rührige Gottesmann ebenfalls gefunden haben. Immerhin konnte man Grundmauern aus der Zeit um 1000 nachweisen; damit wird die Gründung durch Ulrich durchaus wahrscheinlich. Von der Kirche aus gehen wir weiter durch den Wald und erreichen nach einer Viertelstunde wieder **Möggers** (4.30 Std.).

# Praktische Reise- und Wanderinformationen

# Reisevorbereitungen und Anreise

## Auskünfte

Ausführliches Informationsmaterial über Urlaub im Allgäu verschickt der

Tourismusverband Allgäu/Bayerisch-Schwaben
Fuggerstr. 9
86150 Augsburg
☏ 08 21/3 33 35
Fax 08 21/3 38 31

Darüber hinaus unterhalten nahezu alle Orte im Allgäu Informationsbüros, bei denen man Auskünfte anfordern kann:

Verkehrsamt Balderschwang
Gemeindeamt
87538 Balderschwang
☏ 0 83 28/10 23
Fax 0 83 28/2 65

Kurverwaltung Bayersoien
Dorfstr. 45
82435 Bayersoien
☏ 0 88 45/18 90
Fax 0 88 45/90 00

Verkehrsamt Bernbeuren
Marktplatz 4
86975 Bernbeuren
☏ 0 88 60/2 10
Fax 0 88 60/81 30

Verkehrsamt Bolsterlang
Rathausweg 4
87538 Bolsterlang
☏ 0 83 26/83 14
Fax 0 83 26/94 06

Verkehrsamt Buchenberg
Rathaussteige 2

87474 Buchenberg
☏ 0 83 78/2 31
Fax 0 83 78/77 21

Verkehrsamt Buching
Bergstr. 2a
87642 Halblech-Buching
☏ 0 83 68/2 85
Fax 0 83 68/72 21

Verkehrsamt Burgberg
Grüntenstr. 2
87545 Burgberg
☏ 0 83 21/8 48 10
Fax 0 83 21/8 97 84

Verkehrsamt Eisenberg
Pröbstener Str. 9
87637 Eisenberg
☏ 0 83 64/12 37

Verkehrsamt Gemeinde Ettal
Ammergauer Str. 8
82488 Ettal
☏ 0 88 22/35 34
Fax 0 88 22/63 99

Kurverwaltung Fischen
Am Anger 15
87538 Fischen
☏ 0 83 26/18 15
Fax 0 83 26/90 66

Kurverwaltung Füssen
Augsburgerstr. 1
87629 Füssen
☏ 0 83 62/70 77 oder 70 78
Fax 0 83 62/3 91 81

Gästeinformation/Kurverwaltung
Hindelang
Rathaus

87541 Hindelang
Tel. 0 83 24/8 92-0
Fax 0 83 24/80 55

Gästeamt Immenstadt
Marienplatz 3
87509 Immenstadt
☏ 0 83 23/8 04 81
Fax 0 83 23/78 46

Kurverwaltung Isny
Untere Grabenstr. 18
88316 Isny
☏ 0 75 62/7 01–10
Fax 0 75 62/7 01–72

Verkehrsamt Jungholz
87491 Jungholz
☏ 0 83 65/81 20
Fax 0 83 65/82 87

Verkehrsverein Kaufbeuren
Rathaus
Kaiser-Max-Str. 1
87600 Kaufbeuren
☏ 0 83 41/4 04 05
Fax 0 83 41/43 76 60

Verkehrsamt Kempten
Rathausplatz 29
87435 Kempten
☏ 08 31/25 25-2 37
Fax 08 31/25 25-4 27

Verkehrsamt des Kleinwalsertals
Walserstraße 65
87567 (A-6991) Riezlern
☏ 0 83 29/51 14-0 (von Deutschland)
☏ 0 55 17/51 14-0 (von Österreich)
Fax 0 83 29/51 14 21 (von Deutschland)

Verkehrsverein Lindau
Ludwigstr. 68
88131 Lindau
☏ 0 83 82/2 60 00
Fax 0 83 82/26 00 26

Verkehrsamt Lindenberg
Stadtplatz

88161 Lindenberg
☏ 0 83 81/8 03 24
Fax 0 83 81/8 03 88

Fremdenverkehrsamt Marktoberdorf
Rathaus
Jahnstr. 1
87616 Marktoberdorf
☏ 0 83 42/40 08–45
Fax 0 83 42/40 08–75

Verkehrsamt Nesselwang
Hauptstr. 18
87484 Nesselwang
☏ 0 83 61/7 50
Fax 0 83 61/37 88

Verkehrsbüro Oberammergau
Eugen-Papst-Str. 4a
82487 Oberammergau
☏ 0 88 22/10 21
Fax 0 88 22/73 25

Verkehrsamt Obermaiselstein
Am Scheid 18
87538 Obermaiselstein
☏ 0 83 26/2 77
Fax 0 83 26/94 08

Kurverwaltung Oberstaufen
Schloßstr. 8
87534 Oberstaufen
☏ 0 83 86/9 30 00
Fax 0 83 86/93 00 20

Verkehrsamt Oberstdorf
Marktplatz 7
87561 Oberstdorf
☏ 0 83 22/7 00-0
Fax 0 83 22/7 00-2 36

Kur- und Verkehrsamt Pfronten
Allgäuerstr. 6
87459 Pfronten
☏ 0 83 63/6 98-88
Fax 0 83 63/6 98-66

Verkehrsamt Rettenberg
Kranzeggerstr. 4

87549 Rettenberg
℘ 0 83 27/12 09
Fax 0 83 27/71 59

Verkehrsamt Saulgrub
Kohlgruber Str. 2
82442 Saulgrub
℘ 0 88 45/10 66
Fax 0 88 45/18 14

Kurverwaltung Scheidegg
Rathausplatz 4
88175 Scheidegg
℘ 0 83 81/8 95 55
Fax 0 83 81/8 95 50

Kurverwaltung Schwangau
Münchnerstr. 2
87645 Schwangau
℘ 0 83 62/81 98-0
Fax 0 83 62/81 98-25

Verkehrsamt Seeg
Hauptstr. 26
87637 Seeg
℘ 0 83 64/6 42
Fax 0 83 64/84 84

Verkehrsamt Sonthofen
Rathausplatz 3
87527 Sonthofen
℘ 0 83 21/7 62 91 oder 7 62 92
Fax 0 83 21/7 63 27

Verkehrsamt Steingaden
Krankenhausstr. 1
86989 Steingaden
℘ 0 88 62/2 00 oder 2 83
Fax 0 88 62/64 70

Verkehrsamt Trauchgau
Dorfstraße
87642 Halblech-Trauchgau
℘ 0 83 68/8 90 oder 8 31
Fax 0 83 68/72 21

Verkehrsamt Waltenhofen
Immenstädter Str. 7
87448 Waltenhofen

℘ 0 83 03/7 90
Fax 0 83 03/79 30

Verkehrsamt Weitnau
Hauchenbergweg 6
87480 Weitnau
℘ 0 83 75/80 67
Fax 0 83 75/15 31

Touristikinformation Wertach
Rathausstr. 3
87497 Wertach
℘ 0 83 65/2 66
Fax 0 83 65/15 38

Verkehrsverein Wildsteig
Kirchbergstr. 20a
82409 Wildsteig
℘ 0 88 67/4 09
Fax 0 88 67/14 08

# Reisezeit

Die ideale Reisezeit für unsere Wanderungen ist vom späten Frühjahr bis einschließlich Herbst. Während dieser Zeit kann man alle Wanderungen gehen, ausgenommen die Tour von Oberstdorf über das Himmeleck (Nr. 20), die der Höhenlage wegen nur im Sommer zu empfehlen ist. 15 Wege (Touren 2, 4, 5, 7, 8, 9, 18, 21, 22, 25, 26, 33, 34, 35, 36) sind sogar im Winter möglich, soweit es die Schneeverhältnisse erlauben, denn geräumt sind die wenigsten der beschriebenen Wege. Allerdings müssen Sie dann vermehrt damit rechnen, daß Gaststätten geschlossen sind.

# Anreise

**... mit dem Auto:** Drei Autobahnen führen von Norden ins Allgäu: die A 95 von München Richtung Garmisch-Partenkirchen, die A 7 von Ulm bis kurz vor Pfronten und die A 980 vom Autobahnkreuz

Allgäu der A 7 bis kurz vor Isny. Fast alle Orte im Allgäu lassen sich auf gut ausgebauten Bundes- und Landstraßen erreichen, wobei die Deutsche Alpenstraße von Lindau nach Berchtesgaden die wichtigste Ost-West-Verbindung darstellt.

**...mit der Bahn:** Aus Richtung Norden ist das Allgäu auf den Bahnlinien von Ulm, Augsburg und München zu erreichen, doch bestehen nur zu einigen wenigen Orten Direktverbindungen. Fast alle größeren Orte sind durch regionale Bahnverbindungen zu erreichen.

**...mit dem Bus:** Es gibt einige Fernbuslinien, mit denen man das Allgäu bequem erreichen kann. In München kommt der Continentalbus an, der von Helsinki über Schweden, Travemünde, Hamburg und Göttingen fährt. Dort trifft er auf den Europabus »Romantische Straße«, der von Frankfurt kommend über Würzburg, Augsburg und München nach Füssen fährt. In Füssen bzw. München hat man mit der Bundesbahn bzw. über Lokalbuslinien Anschluß an praktisch alle Orte, die in diesem Wanderführer beschrieben sind.

# Fotografieren

Gute Bilder zu machen ist nicht Sache der Kamera oder des Filmmaterials, sondern des Sehens. Wenn man eine Bergwanderung macht, sieht man genügend Objekte: den Gipfel, die Felswand, den Weg, der auf den Berg führt, eine Blume, eine Gemse oder die Freunde, die mit auf der Tour sind. Man drückt auf den Auslöser und ist später irgendwie enttäuscht. Also muß etwas schiefgegangen sein. Was fehlt, ist nur oft ein wenig Nachdenken, das Wissen um ein paar ganz einfache Tricks.

Eine erste und eiserne Regel heißt: Kamera waagerecht halten, auf keinen Fall nach oben verkippen. Das ist einer der häufigsten Fehler, der bei Bergfotos gemacht wird. Man steht vor einer riesigen Felswand, sonnenbeschienen türmt sie sich vor dem Wanderer auf. Natürlich will man das als Foto mit nach Hause bringen, hebt die Kamera steil nach oben – und traut später seinem Gedächtnis nicht mehr: Was man als senkrechte Wand in Erinnerung hatte, ist auf dem Bild ein schräg ansteigender, harmloser Felshang. Was ist geschehen?

Aufgrund perspektivischer Verschiebungen erscheint eine Felswand oder ein Berghang im Bild um genau den Winkel flacher, um den die Kamera angehoben wird. Eine Felswand, die senkrecht vor Ihnen steht, wirkt im Bild also nur dann senkrecht, wenn sie mit geradegehaltener Kamera fotografiert worden ist. Umgekehrt gilt das natürlich auch. (Die Filmleute nutzen das sehr oft, zum Beispiel bei einem Skifilm. Da sausen die Skifahrer unglaublich steile Hänge hinunter, die nur dadurch so steil geworden sind, weil der Kameramann auf einem Gegenhang gestanden hat, der womöglich noch höher ist als der, den die Skiläufer abfahren. Dann kann er die Kamera nach unten schwenken, und genau um den Winkel richtet sich der Hang auf, wird steiler.) Fazit: Es hat keinen Sinn, von unten nach oben zu fotografieren, das

Ergebnis ist immer enttäuschend. Lieber verzichtet man darauf, die ganze Felswand abzubilden.

Die nächste Regel heißt: Es darf auf einem Bild nur ein Gegenstand dominieren. Ein Foto, auf dem eine Person, eine Blumenwiese, eine Gemse im Hintergrund und das Nebelhorn zu sehen sind, zeigt zwar alles Gewünschte, ein Bild, das etwas aussagen kann, wird es nicht. Also: Fotografieren Sie nur einen Berg, nur eine Blume oder nur eine Person. Das heißt nun nicht, daß sonst nichts anderes auf dem Bild sein darf. Im Gegenteil, das wäre arg langweilig. Aber alles muß sich den Hauptobjekt unterordnen.

Und schließlich als letztes: Kontraste schaffen und zum Hauptthema hinführen. Damit ist nicht nur hell und dunkel gemeint, sondern auch die Farbe. Wenn ein Berg hell von der Sonne beleuchtet vor uns steht, dann versucht man, einen dunklen Vordergrund zu finden. Wenn wir eine der typischen Allgäuer Bergwiesen fotografieren wollen, voller frischem grünem Gras, dann tut der rote Rucksack Ihres Begleiters an der richtigen Stelle, nicht zu groß und nicht zu klein, ein wahres Wunder. Und wenn hinter der Wiese der nächste Berg aufragt, dann ist das Bild viel schöner, wenn man sich so hinstellt, daß ein Weg oder ein Pfad über die Wiese auf den Berg zuläuft.

Versuchen Sie mal, bei der nächsten Wanderung an diese drei Punkte – »Kamera gerade«, »nur ein Objekt dominiert« und »Kontraste schaffen« – zu denken. Sie werden sich über Ihre tollen Ergebnisse freuen.

# Informationen von A–Z

## Alpenrundflüge

Rundflüge über die Allgäuer Alpen sind von Kempten und Lindau aus möglich. Weitere Auskünfte und Reservierung beim Flugplatz Kempten-Durach (✆ 08 31/6 59 29 oder 1 69 45) bzw. Flugplatz Lindau-Wildberg (✆ 0 83 89/2 71).

## Grenzformalitäten

Der Grenzverkehr ins Nachbarland Österreich läuft weitgehend unbürokratisch. Daß man trotzdem an den offiziellen Grenzübergängen den Ausweis bereithalten muß, ist wohl selbstverständlich. Auch die Zollformalitäten sind zu beachten, doch diese sind bei einem Tagesausflug sicher nicht problematisch. Hat man in Österreich Geschenke eingekauft, so kann man sich bei der Ausreise die Mehrwertsteuer erstatten lassen und bezahlt dafür lediglich die deutsche Einfuhrumsatzsteuer. Vor allem bei Artikeln, die der österreichischen Luxusmehrwertsteuer unterliegen, lohnt sich dieses Vorgehen. Einzelheiten kann man an den jeweiligen Grenzübergängen erfahren.

Auf Wanderwegen darf man die Grenze jederzeit unkontrolliert überschreiten. Wenn eine in diesem Buch beschriebene Wanderung in die Nähe der Grenze führt, so ist im Vorspann vermerkt, daß der Ausweis mitgenommen werden muß. Es kann schon mal vorkommen, daß eine österreichische oder eine deutsche Streife Kontrollgänge macht und danach fragt.

In die beiden österreichischen Exklaven **Jungholz** und **Kleinwalsertal** darf man ohne Grenz- oder Zollkontrolle einfahren. Für einen Kurzbesuch in Österreich braucht man kaum Geld zu wechseln. Im Grenzgebiet, ja sogar in ganz Tirol oder Vorarlberg, kann man in Geschäften oder Gaststätten mit DM bezahlen. Die Kurse, die für die Umrechnung genommen werden, entsprechen fast dem offiziellen Kurs, so daß kaum ein Verlust auftritt.

# Karten

Im Vorspann zu den Wanderungen sind drei verschiedene Karten angegeben, die alle für Wanderungen gut geeignet sind. Die amtliche, vom Bayerischen Landesvermessungsamt München herausgegebene Karte ist die Topographische Karte. Man kann sie sowohl in Einzelblättern kaufen (bei den Wanderungen sind jeweils die Blattnummern angegeben, z. B. L 8526) als auch in Zusammendrukken, die jeweils eine größere Fläche umfassen (z. B. »Allgäuer Alpen«). Der Maßstab 1:50 000 ist ein guter Kompromiß zwischen Lesbarkeit und Größe. Beim Kauf muß man unbedingt darauf achten, daß man die Ausgabe mit Wanderwegen erhält. Diese Karten enthalten die meisten Details, durch die Informationsfülle sind sie allerdings manchmal etwas unübersichtlich.

Die beiden anderen Kartentypen (Kompass und Zumstein) haben gegenüber den Topographischen Karten den Vorteil der besseren Lesbarkeit, außerdem sind Wanderwege und touristische Höhepunkte deutlicher herausgearbeitet. Durch das Weglassen von Details kann es jedoch Probleme geben, wenn man nur die Karte hat.

# Öffentliche Verkehrsmittel

Die Ausgangspunkte der beschriebenen Wanderungen sind (mit einer Ausnahme) alle mit öffentlichen Verkehrsmitteln zu erreichen, zumeist liegen sie in der Nähe einer Bushaltestelle. Sie können davon ausgehen, daß mindestens je eine Verbindung in der Frühe und am Abend besteht. Oft fahren die Busse oder auch die Bahn aber nur werktags, da sie als Zubringer für Fabriken oder Schulen dienen. Es ist daher bei einer Anreise mit öffentlichen Verkehrsmitteln unerläßlich, den genauen Fahrplan rechtzeitig vor Ort zu erfragen, um gegen böse Überraschungen gefeit zu sein.

# Sehenswürdigkeiten

### Kirchen, Klöster, Schlösser

(Alle angegebenen Kirchen sind normalerweise tagsüber geöffnet)

**Bad Oberdorf** (bei Hindelang): Filialkirche Mariä Himmelfahrt und St. Jodok (Ledereraltar, Holbeinbild)

**Ettal:** Benediktinerkloster mit Klosterkirche St. Maria (barocke Klosteranlage mit Kuppelkirche)

**Füssen:** ehemalige Benediktinerklosterkirche St. Mang (Barockkirche, Krypta, Totentanzkapelle; Besichtigung des Klosters s. »Museen«)

**Kempten:** Basilika St. Lorenz (fürstbischöfliche Stiftskirche, barock)

**Nesselwang:** Wallfahrtskirche Maria Trost am Wanker Berg (Barockkirche mit Hochaltar von 1710; Tour 11)

**Oberammergau:** Pfarrkirche St. Peter und Paul (barocke Dorfkirche mit Dekkenfresko von M. Günther, am Seitenaltar das Gelübdekreuz der Oberammergauer)

**Oberstdorf:** Lorettokapellen am Südrand des Ortes (drei Wallfahrtskapellen mit interessanten Votivbildern)

**Oy-Mittelberg:** Wallfahrtskirche Maria Rain (gotische Kirche mit Barock-Rokoko-Ausstattung, hervorragende Kanzel)

**Reichenbach** (nördlich von Oberstdorf): Kapelle St. Jakobus d. Ä. (erbaut 1540, mit spätgotischem Altar)

**Rohrmoos** (bei Oberstdorf): Kapelle St. Anna (berühmte Innenfresken von 1587)

**Schloß Hohenschwangau** (in Schwangau): neugotische Privatresidenz König Max II. (geöffnet 1. 4.–31. 10. tgl. 9–17.30 Uhr, 1. 11.–31. 3. tgl. 10–16 Uhr, Besichtigung nur mit Führung möglich)

**Schloß Linderhof** (im Graswangtal): Schloß König Ludwigs II. von Bayern in Neurokokostil (geöffnet 1. 4.–30. 9. tgl. 9–12.15 und 12.45–17.30 Uhr, 1.10.–31.03. tgl. 10–12.15 und 12.45–16 Uhr, Besichtigung nur mit Führung möglich)

**Schloß Neuschwanstein** (in Schwangau): »Gralsburg« König Ludwigs II. im Stil einer mittelalterlichen Burganlage (geöffnet 1. 4.–31. 10. tgl. 9–17.30 Uhr, 1. 11.–31. 3. tgl. 10–16 Uhr, Besichtigung nur mit Führung möglich)

**Seeg:** Pfarrkirche St. Ulrich und Anna (aufwendiger Barockbau mit großzügiger Innenausstattung)

**Steingaden:** ehemalige Prämonstratenserabteikirche St. Johannes der Täufer (gotische Kirche mit Rokokoausstattung, Teil des romanischen Kreuzgangs, gotische Kapelle)

**Stiefenhofen-Genhofen** (nördlich von Oberstaufen): Filialkirche St. Stefan (gotische Kirche mit bäuerlichen Wandmalereien um 1600, hufeisenbeschlagene Sakristeitür)

**Wies** (bei Steingaden): Wallfahrtskirche zum gegeißelten Heiland (Wieskirche) (Barockbau mit Rokokoausstattung, einzigartige Harmonie von Architektur und Innendekoration)

**Zell** (bei Oberstaufen): Filialkirche St. Bartholomäus (Kirche, Fresken und Altäre gotisch)

## Museen, Auswahl historischer Stätten

**Bernbeuren:** Molkereimuseum (Besichtigung nach Anmeldung, ℘ 0 88 60/3 10, Fam. Kauer); Römische Ausgrabungen am Auerberg, nur mehr Wälle sichtbar; frei zugänglich, rund um den Gipfel

**Buchenberg:** römische Ausgrabungen an der Straße nach Isny (frei zugänglich) und in Ahegg nordöstlich von Buchenberg (Schlüssel beim Anlieger); Schwedenschanzen im Kürnacher Wald (Weg Nr. 11), frei zugänglich

**Burgberg:** Erzlehrpfad am Grünten, Ausgangspunkt Turnhalle Burgberg (wie Tour 17), Gehzeit 4–5 Std., frei zugänglich

**Eisenberg:** Ruinen Eisenburg und Hohenfreyberg, frei zugänglich (Tour 9)

**Fischen:** Sägemühle von 1508, Mühlenstraße, Baumstämme werden mit Wasserkraft zu Brettern zersägt (geöffnet Frühling, Sommer, Herbst Fr 17.30 Uhr, Winter Fr 16.30 Uhr)

**Füssen:** Stadtmuseum im ehemaligen Kloster St. Mang. Lechhalde 3, Barockräume, Lauten- und Geigenmacherei (geöffnet April–Oktober Di–Sa 11–16 Uhr,

Mi zusätzlich 18–20 Uhr, 1. und 3. So im Monat 11–16 Uhr, Mo geschlossen; November bis März Di–Sa 14–16 Uhr); Staatsgalerie im Hohen Schloß, Rittersaal, Tafelbilder und Skulpturen der Spätgotik aus dem schwäbisch-bayerischen Raum, Kunstgegenstände aus dem aufgelösten Kloster St. Mang (geöffnet 1. 4.–31. 10. Di–Sa 11–16 Uhr, 1. 11.–31. 3. Di–So 14–16 Uhr)

**Hindelang:** Hammerschmiede an der Ostrach, Ostrachstraße, Nagelschmiede, altes Schmiedehandwerk (Besichtigung nach Voranmeldung Kurverwaltung Hindelang);
Galerie im Kurhaus, Marktstraße, wechselnde Ausstellungen u. a. heimischer Künstler (geöffnet tgl. 9.30–21 Uhr außer Mitte November–Mitte Dezember); Kutschenmuseum, Ortsteil Hinterstein, Kutschen aus alter Zeit (geöffnet tgl. 8–19 Uhr, Eintritt frei)

**Immenstadt:** Heimatmuseum in der Hofmühle, An der Ach 14, Stadtgeschichte, Leben am Wasser, Gemäldegalerie, Handel in vergangener Zeit, Heimatstube der Sudetendeutschen Landsmannschaft (geöffnet Di, Mi 14–17 Uhr, Do 17–20 Uhr, Fr 9–11 Uhr, So 15–18 Uhr)

**Isny:** Heimatmuseum im Wassertor, Feuerwehrgeschichte, Flachs, Leinen, Trachten (Führung Sa 9.30, 10.45 Uhr, So 10.30 Uhr, Mi 9.30 Uhr);
Predigerbibliothek in der Nikolaikirche, evangelische Bibliothek (Führung Mi 10.30 Uhr)

**Kaufbeuren:** Stadtmuseum, Kaisergäßchen 12–14, Vor- und Frühgeschichte, Stadtgeschichte, Ostallgäuer Volkskunst, Zunftwesen, Kruzifixsammlung, Hinterglasbilder, Ganghofermuseum (geöffnet Di–Sa 9–12, 14–17 Uhr, So 9–12 Uhr); Puppentheatermuseum, Ludwigstr. 41 a, Drehorgelausstellung, Musikapparate, historische Plakate, Europäisches Puppentheater, östliche Theatersammlung (geöffnet Do–Sa 10–12, 14.30–17 Uhr, So 10–12 Uhr);
Sammlungen im Gablonzer Haus, Neugablonz, Marktstraße 8, Gablonzer Heimatmuseum, Neugablonzer Museum, Industrie- und Schmuckmuseum (geöffnet Di, Mi, Do, Sa 15–17 Uhr, So 10–12 Uhr); Crescentia-Gedenkstätte, Obstmarkt 5, Franziskanerinnenkloster Gedenkausstellung an die hl. Crescentia (geöffnet jeden ersten und letzten Samstag im Monat 15 Uhr)

**Kempten:** Archäologischer Park Cambodunum, Cambodunumweg 3, östlich der Iller, Teil des gallo-römischen Tempelbezirkes, auf originalen Grundmauern zum Teil rekonstruiert (geöffnet Mai bis Oktober tgl. 10–17 Uhr, November bis April 10–16.30 Uhr, Januar, Februar geschlossen);
Alpinmuseum, Landwehrstr. 4, Mensch im Gebirge, von der Vorgeschichte bis zur Neuzeit, Skisammlung, verschiedene Formen des Bergsports (geöffnet Di–So 10–16 Uhr);
Römisches Museum im Zumsteinhaus, Residenzplatz 31, Funde aus der Römerzeit (geöffnet Di–So 10–16 Uhr), Naturkundemuseum im Zumsteinhaus, Residenzplatz 31, Sammlungen zur Geologie und Biologie des Allgäu, Mineraliensammlung (geöffnet Di–So 10–16 Uhr);
Ausstellung Burgen im Allgäu, Westendstr. 21/II. OG, mittelalterliche Burgen in Modellen, Plänen, rekonstruierte archäologische Funde (geöffnet jeden Sonntag von 10–12 Uhr, am ersten Sonntag im Monat zusätzlich 14–16 Uhr)

**Kleinwalsertal, Riezlern:** Verkehrsamt neben der Pfarrkirche, Erdgeschichte, Pflanzen- und Tierwelt des Kleinwalsertals, Walsergeschichte, Alpwirtschaft, Tracht, Volkskunde, Brauchtum, Wohnkultur (geöffnet Mo–Sa 14–17 Uhr, bei anhaltendem Schlechtwetter zusätzlich 10–12 Uhr)

**Lindau:** Städtische Kunstsammlungen im »Haus zum Cavazzen« am Marktplatz, Kunst des Bodensees, Stadtgeschichte (geöffnet April bis Oktober Di–So 10–12 Uhr und 14–17 Uhr);
Friedensmuseum, Lindau-Schachen, Lindenhofweg 25, erinnert an Menschen, die sich für den Frieden besonders eingesetzt haben (geöffnet 15. 4.–15. 10. Di–Sa 10–12 und 14.30–17 Uhr, So 10–12 Uhr);
Modellbahn-Großanlage, Luitpoldkaserne, Hintere Insel (geöffnet 1. 4. bis 31. 4. nachmittags, 1. 5. bis 31. 8. vor- und nachmittags, 1. 9. bis 15. 11. vormittags, Mo geschlossen)

**Lindenberg:** Hutmuseum im Gebäude der ehemaligen Hutfabrik »Mercedes«, Geschichte der Hutmacherei und der Hutmode (geöffnet Mi 15–17.30 Uhr, So 10–12 Uhr)

**Marktoberdorf:** Neues Stadtmuseum, Martinsheim, Eberle-Kögl-Str. 11, Frühgeschichte, Stadtgeschichte, Handwerk/ Industrie, Hauswirtschaft, Glaubenswelt, Textilien (geöffnet So 10–12 und 14–16 Uhr, Mi 14–16 Uhr);
Riesengebirgsmuseum, Martinsheim, Eberle-Kögl-Str. 11, Erinnerung an das Riesengebirge (geöffnet Mi 10–12 und 13.30–15.30 Uhr, Fr 10–16 Uhr, 1. Sonntag im Monat 10–12 Uhr);
Paul-Röder-Museum, Gemälde, exotische Waffen, Nachlaß des Kunstmalers Paul Röder (geöffnet nach Vereinbarung, ℘ 0 83 42/51 68, Herr Schwarte);
Hartmannhaus, Meichelbeckstr. 16, bäuerliches Wohnen und Handwerk, alte Wintersportgeräte (geöffnet nach Vereinbarung, ℘ 0 83 42-15 01, Herr Frischmann, oder ℘ 0 83 42-72 11, Herr Eigler)

**Missen-Wilhams:** Carl-Hirnbein-Museum, Erinnerungen an den wirtschaftlichen Reformer Hirnbein, Einrichtungsgegenstände aus vergangener Zeit (geöffnet Fr 15–17 Uhr)

**Oberammergau:** Heimatmuseum, Dorfstr. 8, Krippensammlung, Hinterglasbilder, Entwicklung der Schnitzkunst, Ortsgeschichte (geöffnet 15. 5. bis 15. 10. tgl. außer Mo 14–18 Uhr, 16. 10. bis 14. 5. Sa 14–18 Uhr, während der bayerischen Oster-, Pfingst- und Weihnachtsferien tgl. außer Mo 14–18 Uhr);
Passionsspielhaus, Theaterstraße, Kostüme, Räumlichkeiten (geöffnet 1. 11. bis 30. 4. tgl. außer Mo 10–12 und 13.30–16 Uhr, 1. 5. bis 31. 10. tgl. außer Mo 9.30–12 und 13–16.30 Uhr)

**Oberstaufen:** Heimatmuseum, Jugetweg 10, Neueröffnung ab Frühjahr 1994, bäuerliches Wohnen, Hauskäserei, Strumpfwirken, Handwerk (geöffnet So 10–12 und Mi 15–17 Uhr);
Bauernhofmuseum, Ortsteil Knechtenhofen, Salzstraße, kleinbäuerliches Anwesen mit Wohnteil und Stallung, Käserei, Fastnachtsmasken, Teppichweberei (geöffnet Mai bis Oktober So 10–12 und 14–17 Uhr)

**Oberstdorf:** Heimatmuseum, Oststr. 13, bäuerliche Wohnkultur, Schuhsammlung, Jagdsammlung, Geschichte des Skilaufs, Trachten, Dichterzimmer, Käsküche, Enzianbrennerei, Geologie (geöffnet Mo–Fr 14–17 Uhr, an verregneten Wochenenden Sonderöffnungen)

**Pfronten:** Ruine Falkenstein, über die Mautstraße vom Ortsteil Meilingen zu erreichen, frei zugänglich (Burgruine, die König Ludwig II. von Bayern zu einer »gotischen« Burg ausbauen wollte)

**Scheidegg:** Handwerkermuseum, Schlosserweg 1, alle Handwerke, die es früher in einem großen Dorf gab (geöffnet am 1. und 3. Sonntag des Monats 10–12 Uhr, Öffnungszeiten während der

Woche sind in der Kurverwaltung zu erfragen)

**Schwangau:** römische Ausgrabungen an der Tegelbergbahn, frei zugänglich, im Winter abgedeckt

**Seeg:** Heimatmuseum, Hauptstraße, Kirchturmuhren, bäuerliche Techniken, ausgestorbenes Handwerk, Dichterstube, Feuer- und Katastrophenschutz (geöffnet Do 14–17 Uhr, So 10–12 Uhr)

**Sonthofen:** Heimathaus, Sonnenstr. 1, kirchliche Kunst, Geologie, Vor- und Frühgeschichte, Alpwirtschaft, Krippe, Lichtbildvorführungen (geöffnet tgl. außer Mo, genaue Öffnungszeiten bitte im Verkehrsamt erfragen)

**Wertach:** Heimatmuseum im Feuerhaus, Grüntenseestr. 27, Ortsgeschichte, Volkskunde, Gemälde und Plastiken Allgäuer Künstler aus der Zeit um 1800 (geöffnet Mi 14–17 Uhr)

**Zell bei Eisenberg:** Burgenmuseum, Dorfstr. 12, Dokumentation über Burg Eisenberg und ihre Ausgrabungen (geöffnet Sa, So, feiertags 13–16 Uhr, im Sommer auch Mi 13–16 Uhr)

# Sport

**Segelfliegen:** Burgberg, Immenstadt, Isny, Kempten, Lindau, Sonthofen
**Ballonfahren:** Hindelang, Lindenberg, Oberstaufen, Scheidegg, Sonthofen
**Drachen- und Gleitschirmfliegen:** in allen Orten mit Bergbahnen
**Kanu- und Schlauchbootfahren:** Burgberg, Fischen (Iller), Sonthofen (Iller)
**Wildwassersport:** Oberstaufen (Weißach), Oberstdorf (Trettach), Saulgrub (Ammer)
**Eissport** (ganzjährig): Oberstdorf

# Unterkunft

Ausführliche Verzeichnisse der Hotels, Gasthöfe, Privatpensionen, Ferienhäuser und Ferienwohnungen sind bei den Informationsstellen der jeweiligen Orte erhältlich (vgl. Auskünfte).

**Campingplätze** gibt es in Füssen, Hindelang-Oberjoch, Immenstadt, Isny, Jungholz, Kleinwalsertal, Lindau, Oberstaufen, Oberstdorf, Oy-Mittelberg, Pfronten, Schwangau, Sonthofen, Waltenhofen und Wertach.

# Veranstaltungen und Feste

**Juli**
Stadtfest in Lindenberg
Sonntag nach dem 4. Juli: Ulrichsritt in Steingaden (Festumzug mit Pferden zu Ehren des hl. Ulrich)
Mitte Juli: Tänzelfest in Kaufbeuren (Schulfest in Erinnerung an einen Besuch Kaiser Maximilians I. in Kaufbeuren 1479)

**August**
3. Wochenende im August: Burgfest auf der Alttrauchburg bei Weitnau

Den ganzen Sommer: Alphornblasen am Schwansee bei Schwangau

**September**
Viehscheid in den Talorten unter den Alpen
2. Samstag im September: Krämermarkt mit Ausstellungen auf der Alttrauchburg bei Weitnau
3. Sonntag im September: Viehmarkt mit Volksfest in Halblech

**Oktober**
1. Oktoberwoche: Kulturtage in Oberstdorf
2. Sonntag im Oktober: Kolomansritt in Schwangau (Umritt zu Ehren des hl. Kolo-

man an der Wallfahrtskirche St. Koloman)

3. Sonntag im Oktober: Leonhardiritt in Wildsteig (Umritt zu Ehren des hl. Leonhard mit der Bitte um Schutz für das Vieh)

Brauchtum- und Heimatabende, Kur- oder Standkonzerte, Bauerntheater oder

Volkstanzfeste finden praktisch in allen Orten während der Saison statt.

In Oberammergau finden alle 10 Jahre die **Passionsspiele** statt, nächstes Mal im Jahr 2000.

# Literatur

Aiblinger, Simon: Vom echten bayerischen Leben. Brauchtum, Feste, Zeitvertreib. München 1975.

Flad, Max: Kunstführer Immenstadt. Kempten 1983.

Jerz, Hermann: Das südliche Allgäu – Ein geologischer Überblick. TELMA, Bd. 12 (1982), S. 13–19.

Leeb, Hermann: Schwangau – Hohenschwangau, Amtlicher Führer. München [4]1984.

Lipp, Franz Xaver: Füssen im Wandel der Zeit. Füssen 1989.

Nowotny, Peter: Alpwirtschaft. Kempten 1991.

Petz, Wolfgang (Hrsg.): Funkenhex' und Wilde Männle. Kempten 1991.

Roth, Karl Friedrich: Carl Hirnbein, der ›Patriarch des Allgäu‹. Weitnau 1980.

Scholz, Herbert; Scholz, Udo: Das Werden der Allgäuer Landschaft. Kempten 1981.

Seibert, Dieter: Ammergauer Alpen, Alpenvereinsführer. München [2]1982.

Thilo, Ludwig u. a.: Heimatbuch des Marktes Oberstaufen. Oberstaufen 1983.

Weitnauer, Alfred; Endrös, Hermann: Allgäuer Sagen. Kempten [7]1990.

Zettler, Ernst; Groth, Heinz: Allgäuer Alpen, Alpenvereinsführer. München [13]1989.

Unser Dank gilt dem Heimatmuseum Immenstadt und dem Carl-Hirnbein-Museum in Missen-Wilhams, die bereitwillig die Erlaubnis erteilt haben, in ihren Räumen für diesen Band zu fotografieren.

# Register